最忆是杭州

目录

- 文明的普及化和教育的多样化
  ——法国汉学家谢和耐笔下的南宋杭州「教育生活场景」 ……〇〇一
- 一九二一年春天的画卷
  ——芥川龙之介写西湖 ……〇〇八
- 在新的和旧的之间
  ——青木正儿说西湖 ……〇一四
- 「西泠片羽」
  ——谢国桢记游西湖 ……〇二二
- 「杭州大学之天然环境」和「西湖的危机」
  ——陶行知先生致浙人的两封公开信 ……〇二八
- 落花水面皆文章
  ——在陈从周先生散文里的西湖风景 ……〇三五
- 「旧时月色」
  ——流在近世文化人散文里的西溪 ……〇四三
- 横笛吹云何处起
  ——现存最早的西湖十景诗 ……〇四九
- 坐对西湖把酒樽
  ——老店名联 ……〇五二
- 留与西湖作画屏
  ——九里松的故事 ……〇五六

目录

和尚家风三碗茶
——径山茶宴 ······ 〇五九

精微仍当吟诗看
——食府新语 ······ 〇六四

『度德量力而识时务』
——钱镠与唐末五代杭州及吴越国的治理 ······ 〇六七

最爱湖东行不足 绿杨阴里白沙堤
——白居易在杭州 ······ 〇七六

平生山林意
——赵孟頫与美丽杭州的文艺因缘 ······ 〇八五

却看明月似寻常
——为政平恕高克恭 ······ 〇九三

纵有微风吹不乱 青山织在浪花中
——杨维桢与《西湖竹枝词》 ······ 一〇五

『看了这壁,觑了那壁,纵有丹青下不得笔』
——关汉卿与杭州的文化因缘 ······ 〇九八

对一种精致生活的追忆
——张岱在湖上的幸福往事 ······ 一一三

满堂花醉三千客 一剑霜寒四十州
——『民国奇人』张静江在杭州 ······ 一二三

『但得西溪秋雪,常在蒹葭深处⋯⋯』
——读近世儒商周庆云撰著《西溪秋雪庵志》 ······ 一三七

目录

晚风拂柳笛声残　夕阳山外山
——李叔同在西湖的出家 …… 一四六

休休有容马一浮 …… 一五六

大学与人
——竺可桢先生在杭州的几次演讲 …… 一六四

逝水人生
——从两部日记看徐志摩在杭州的踪迹 …… 一七五

"湖上的华时"
——俞平伯与杭州的文学文化因缘 …… 一八八

"我用残损的手掌……"
——"雨巷诗人"戴望舒抗战片段 …… 一九九

今宵听雨兼听风　如在西湖山馆里
——青年钟敬文在杭州的民俗学活动 …… 二〇六

植物园·闲适·人性 …… 二一六

吴山意境 …… 二一九

走过北山路 …… 二二三

青山湖 …… 二二五

龙须峡谷 …… 二二七

林泉高致 …… 二二九

秋天·江南·文人 …… 二三二

从蒋梦麟先生的一段话谈起 …… 二三六

后记

最忆是杭州

文明的普及化和教育的多样化
——法国汉学家谢和耐笔下的南宋杭州『教育生活场景』

《蒙元入侵前夜的中国日常生活》是一部十分有趣的书。书的作者法国汉学家谢和耐在这部书的《导言》里写道：

我所选定来描绘中国生活的特定历史时期，是被称之为南宋的那个王朝的末年（1227—1279），即其国都从1276年起陷入蒙古人之手以前的数十年。我所选定的区域则为杭州地区，尤以杭州城本身为主，当时这个大都市称作临安，是中国建都之处……在1275年前后，它却是世界上规模最大和最为富庶的大都会。

谢和耐以中文文献——包括宋代以来的笔记小说、地方志等——作为基本的依据，描述了南宋杭州的社会生活的各个方面，正如这部书的章节名称所表明的："城市"、"社会"、"衣·食·住"、"生命周期"、"四时节令与天地万象"、"消闲时光"等等。谢和耐借助古代书面材料而勾画了南宋杭州的社会生活——它们的整体景象和细节，并作出了一个生活于西方在西方文化中生长起来的人文学者的思考。

譬如对当时杭州的"教育生活场景"的描摹，就饶有兴趣。

在书的第四章"生命周期"的第三节"抚养与教育"，谢和耐一开头就给出了一个总的概貌：

中国的孩子被教养得和气、文雅和恭顺。他们被教导得把自我克制看成最高的品德，同时必须学会乐天知命，并与亲戚、朋友和外人和睦相处。礼法除此之外并无其他目的，它甚至已经传播到了下层百姓之中。这种礼法反映了某种对人生的理解，并且自有其动人的魅力。这是因为，合乎礼法的彬彬举止并非单纯外在形式，它还伴随着和唤醒着其表达的感情，——在它成为唯一准许的表达感情方式时尤其如此。由此，待人接物的规范就教导孩子们从中兴发出尊长敬贤的感情。他们受到这样的教诲：在聆听父母训诫时不得还嘴；在长者（包括父母及其朋友和其他长辈）仍然站立时不得就座；在长辈劝饮时不得推托不喝。在从中亚发现的晚唐时期的文献中，有些教化德行的课本就包括了这类训诫。孝子、挚友和节妇乃是摆在年轻人面前的人格理想，那些人在孝敬和忠信方面表现了登峰造极的英雄主义。

这一大段的文字，或许表明了古代中

《蒙元入侵前夜的中国日常生活》书影

国教育的以德为先的特色,而"德育"的核心内容就是礼,构成礼的主要内容的两翼则是忠和孝。

谢和耐以一个生长于西方文明中的法国人,很显然地对这样的教育是持有所保留的态度的,所以他接下来就说:

这种教养的方式窒息了个性,并且倾向于塑造出顺应社会的刻板人格类型。这很难培养出叛逆精神和个人野心,也不易鼓励出好斗的个性和尚武的精神。

谢和耐又引用了古代的文献,追根溯源:"据记载,体育运动到13世纪已经不大受提倡了。实际上,从唐代开始身体锻炼就开始走下坡路,尽管当时的上流社会还对从伊朗传入的马球投以极度的热情。无论如何,在13世纪,只有军队才演练拳击、角力、击剑、马球、射箭和蹴鞠了。宋代时期,在寻常百姓所喜爱的锻炼身体技能的游戏项目和为文人士大夫所喜爱的贵族化的游戏(棋类、书法和文学)之间,恰成一强烈反差。为军事用途而进行技艺训练的情况已很罕见,且不受欢迎。这就导致了应召入伍者大多属于文盲和农民。"

在作出这样的总体的描述和概评之后,谢和耐的笔触就伸向了当时杭州的更具体更细微的"教育生活场景"。

谢和耐从他所见到的中国古代文献里,推断出当时的杭州人"孩提时代是人生最幸福的阶段之一"——"孩子们获准成群结队地在街头巷尾尽情嬉戏。他们从不被责打,即使对付实在太淘气的孩子,也只不过是借妖怪之类的东西吓唬他们罢了。"换句话说,严格的礼教,在那个时候的杭州,是还没有施加到孩子们的身上的。他们的童年充满了快乐和自由。谢和耐还说:"我们只要看一看走街串巷卖糖果和玩具的小贩为数甚众,便可想见当时的孩子们一定是更经常地受娇惯,而不是受惩戒。"孩子们大约到了七岁左右,他们会被送入学堂,接受教育。富裕人家则会为孩子延聘家庭教师。

在南宋杭州或中国古代社会里的一种主流的"基础教育",可能还是为科举而准备的"基础教育":

城市生活的发展、中产阶级的成长,也许还有印刷术的传播(从公元10世纪起就有两种印刷版本的经书),均有助于推动中国东南城镇之公共教育和私人教育的繁荣。这自然而然地会增加参加官方科举考试的考生数量,而通过这种考试,官僚机构吸收了新的成员,统治阶层也获得了新鲜血液。

在官本位的社会里,如果中举人升进士而进入官僚阶层可以带来更多的好处,则科举教育必有深厚的土壤,为科举而准备的"基础教育"也必定繁荣,所以"杭州城内有不少小规模的学校,其教师为致仕官吏或科场失意者,他们靠学生家长缴纳

文明的普及化和教育的多样化

的束脩过活"。这是私学,教师可以靠学费的收入来维持生计,则可知这类私学的广有"市场"。而"政府"也为满足贵族和高官的子弟之外的社会公众的子弟的读书需求,杭州城便兴办了一家府学和两家县学,"均开设在官衙的围墙之内"。

正如谢和耐所说的,"初级教育完成以后,所有的课程均朝着一个方向设计:把学生塑造成适应官方科场的考生"。学生们于是"终日沉浸在这些古代经典之中,变得不仅能谙熟其中的思想与情感,而且能熟练地掌握表达这些思想情感的方式……进一步说,机械式的训练被赋予了极度的重要性;一位优秀的学生须在心中牢牢记住主要的经典著作,并能充分掌握古代和近代诗人的作品,可以仿照他们的风格写诗"。

这样的教育模式里教育出来的学生,通过科举而进入"各级政府",能够经世致用么?

很多人早就表示过疑问:"有宋一代,许多有识之士对于教育形式的艺术性质深为忧虑,认为这种办法只能教育出审美家和业余的文艺爱好者,而并不具备任何实际的知识——质言之,人们并未为其在行政系统中的预定角色做好准备。"著名的譬如北宋"拗相公"王安石,谢和耐在书里写道——

著名的改革家王安石(他曾经创办过州学和县学)曾于1071年上书痛陈当时的开科取士制度的谬误和阙失。他宣称,这种制度之所以得以创立,完全是因为科场提供了晋身官场的唯一正常途径。可是,究竟还有什么能比强迫精力充沛的青年人关在书斋里以其全部时间和活力去吟诗作赋更荒唐的呢?教育必须为政治哲学和实际行政能力提供更多的空间。

王安石的批评未始没有道理,但是在南宋的杭州,基础教育和高等教育在总体上恐怕已呈多样化的格局。为科举而准备的"基础教育"依旧是主流,但其他形式的基础教育也是存在的。正如谢和耐所表述的:"到了12世纪初叶,实际问题无疑已不再像原先那样受到忽视。"譬如——商业的繁荣,杭州成

南宋都城临安的端午节

为大都会，这使一个人接受基本的文化教育成为必须。所以在那个时代的杭州，谢和耐写道："也许会有大量孩子受到某种形式的基础教育，也就是说，他们被教会粗通文墨，以及如何使用广泛用于计算的算盘。"因为将来到社会上去谋生或立足，用得着这些。这也表明，在杭州一般老百姓那里，教育有没有用，他们是可以从生活实践中自发地得出结论的。但他们的认识恐怕也仅止于此，离开活生生的生活的体验和实践，就未必能将其认识再往更高一个层次提升了。再进一步说，教育的方式和内容要想为公众所接受和认可，其前提必是教育的意义和功效能够为一般公众的生活实践所能验证。教育的理想和激情固然可贵，可若不能被公众认可，又如何能够推行开去呢？一般百姓的实用性的价值判断诚然有其"短视"的一面，但这因讲求"实用"而带来的"短视"，是不是多少也能避免"乌托邦"所可能带来的高成本无收益的风险呢？未成年人为今后能够在社会上立身处世而预先打一些底子所进行的学习，可以叫作基础教育。所以基础教育也就必须与它所对应的社会相适合。"大量孩子……被教会粗通文墨，以及如何使用广泛用于计算的算盘。"——我想，这就是立足于南宋杭州商业文明的有别于为科举作准备的"基础教育"之外的另样的"某种形式的基础教育"吧。

"教育也并非总是纯然文学性和书卷气的。进士科当然是最为人向往的，它考的是韵文和散文，而一登龙门则身价十倍，并为高中者打开了一条辉煌的仕途。不过，此外还有更专门化和更技术性的考试科目，如九经、五经、三礼、三传、开元礼、三史、学究、明法等，不必说还有武学和医学了。"谢和耐讲述道。专科教育不始于宋，唐代就有了。但正如谢和耐所说的，到南宋，实际问题在教育中不再受到忽视。

在谢和耐的这部著作里，我们看到，南宋杭州的教育，在科举教育的主流旁侧，也还并存着其他形式的教育的支流。或者说，谢和耐的著作给我们勾画了南宋时代杭州城里文明普及化和教育多样化的生动场景。假如有所谓的"南宋遗风"，这个"文明普及化和教育多样化"的传统，不是很有意味的么？

2005年8月29日的《钱江晚报》上刊发了一条标题为《杭州欲为"南宋遗风"正名》的消息——

"暖风熏得游人醉，直把杭州作汴州"，杭州的人文精神在精致和谐之外，总是留有"南宋遗风"的影子。多年以来，人们总是将杭州人注重享受、追求安逸的生活态度追究到"南宋遗风"身上，且多持批判态度，而学界对于宋代历史的研究也多只集中于北宋。现在有一批学者准备重修南宋史,50卷本大型南宋史学研究丛书于日前正式启动。

《南宋史研究丛书》由杭州市社会科学院、杭州市社会科学界联合会主持编纂,邀请了一批国内外在南宋史研究领域内一流水平的专家学者,开展南宋的政治、经济、社会、军事、科技、文化等诸多领域内的研究,立体挖掘"南宋遗风"。该丛书包括了《南宋史研究论文集》2卷、《南宋史专题研究》20卷、《南宋人物研究》10卷、《南宋都城临安研究》10卷、《南宋史全书》8卷。其中,"南宋史专题"(上、下卷)将在今年年底出版,其余48卷将在6年内陆续出版。

这是杭州近年继《西湖丛书》之后,又一套集政府和学界之力修订的大型文史类丛书,是杭州市又一项重大文化工程。

有关人士表示,杭州曾经作为南宋的都城,时间长达近一个半世纪之久,南宋的政治、经济、文化、思想、城市建设、衣食住行、风俗习惯,乃至性格、方言等方面,都对后来杭州的发展打下了深刻的烙印。但"南宋遗风"对当今杭州人文精神的形成,究竟有哪些影响,学界未有系统的研究;民间对南宋的影响也多停留在"偏安"文化的负面印象上。重修南宋史,旨在全面挖掘"南宋遗风"中的优秀文化传统,寻找适于当下和谐杭州建设的传统文化遗产。

"南宋遗风"究竟有哪些内容?对今天还有哪些影响?这个研究肯定是有意义的。然而研究还没有整体上的展开,标志性的成果也还没有出现,就已经可以"以论带史"地说要"为'南宋遗风'正名",就可以匡定丛书的卷数和出版的时间,这或

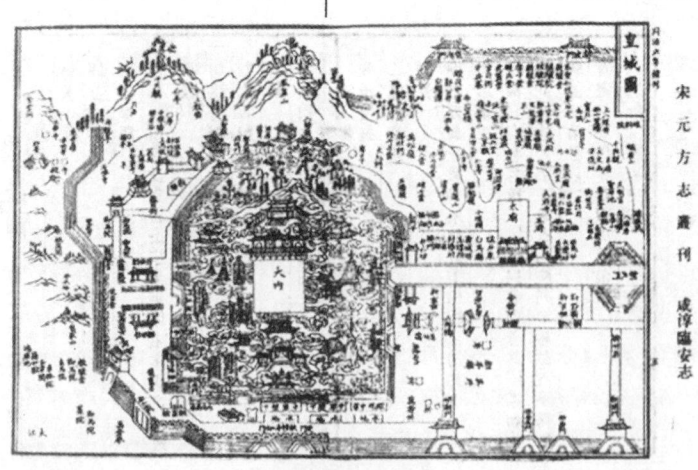

《咸淳临安志》皇城图

许也表明了今日杭州的人文社会科学界里存在着浮夸风和行政化的积弊吧,这是不是也可以叫作"杭儿风"呢?——这是不是也算"南宋遗风"之一呢?

如果谢和耐这部《蒙元入侵前夜的中国日常生活》著作里描绘的南宋杭州"文明普及化和教育多样化"的场景内容属实的话,或许值得我们作更深入和更开阔的考察。或许这个南宋杭州"文明普及化和教育多样化"的场景,是可以列为替"南宋遗风"正名的一个题目的吧?

据说写出皇皇巨著《历史研究》的英国大历史学家汤因比讲过这样的话:要是允许他自由投胎,他最愿意生活的时空区间,当是九世纪(唐代)中国的新疆北部。而写了《蒙元入侵前夜的中国日常生活》的法国汉学家谢和耐,令他最为沉醉的则是七百多年前南宋的临安城,"他有滋有味地细细描绘杭州城的百姓生活,堪称文字的清明上河图"(刘爽《到哪个朝代活一次》,1999年6月11日《中国青年报》)。

谢和耐(Jacques Gernet),法国著名汉学家,1921年12月22日生于当时法国的殖民地阿尔及利亚首都阿尔及尔,1942年之前在阿尔及利亚完成其学业,获得了古典文学(法文、拉丁文、希腊文和语言学)的学士学位和高等教育文凭。1942年,美军在北非登陆,谢和耐应召入伍,参加了抵抗德国法西斯及其同盟的正义战争。1945年退伍后,他便将精力转向中国研究。1952年底完成学位论文《中国5—10世纪的寺院经济》,获得文学博士学位。法国是欧洲的汉学重镇。谢和耐则是继马伯乐之后出任法兰西学院汉学讲座教授的戴密微(Paul Demiéville)的高足。戴密微,生于1894年,卒于1979年。戴氏很早就注意到了敦煌文献中的禅宗写本,他曾与毕业于北京师范大学国文系的王重民先生一同研讨过敦煌卷子中有关汉地和印度僧人在土蕃争论顿渐问题的材料。谢和耐的《蒙元入侵前夜的中国日常生活》已由刘东译作汉语,江苏人民出版社列入"海外中国研究丛书",1995年6月出版。我的这篇短文的引文均采自刘东的这个译本。北京师范大学历史学系教授王子今曾撰写《"豆瓣酱"与"洗澡狂"——翻译的故事与文化》(2001年8月24日《中华读书报》),对刘东这部译著的若干译文瑕疵(主要涉及中国古文献的回译问题)作了纠误,可参看。这部译著第62页的脚注,译者误将莫里哀名剧《贵人迷》(又译《醉心贵族的小市民》)写成《最新贵族的小市民》,则真不知所云了。

最忆是杭州

一九二一年春天的画卷
——芥川龙之介写西湖

芥川龙之介是现代日本产生世界影响的文学家,有『鬼才』之称。1892年生于东京,1927年7月24日,在家中服安眠药自杀。

芥川龙之介的小说,1923年经鲁迅翻译传播进入中国,《罗生门》和《鼻子》是鲁迅最先翻译的,原载由周作人选编的《现代日本小说集》,1923年6月商务印书馆出版。

在芥川龙之介作品进入中国的前两年,芥川龙之介本人就已旅行了中国。1921年,芥川龙之介以大阪每日新闻社记者的身份来中国考察旅行,先后游览上海、杭州、苏州等地,回国后发表《上海游记》、《江南游记》和《长江游记》等散文作品。《江南游记》中有专节写杭州西湖。

芥川龙之介用他的文学的笔,留下了1921年春天,或者说是20世纪20年代初的西湖的景象。芥川龙之介不是单纯地写生和记录,他还表达了对当时西湖以及西湖人物的感受,读来饶有意味。

这篇《江南游记》的第六节,就写到了俞楼:

俞楼就是俞曲园的别墅。规模的确大方,即使作为正式住宅也不坏。据说因缘于东坡故居遗址而建,伴坡亭后边的竹子或沿阶的草长得十分茂盛。一个长着许多水藻的古池,使人心情更加闲寂。登上池畔的高处一看,可见曲曲廊的尽头,镶在墙上的石刻。那是彭玉麟为曲园画的梅花图。它就是东京本乡区曙町谷崎润一郎氏故居二楼挂的那张令人拍案叫绝的梅花图原物。按曲曲廊上小轩的匾额来看,这

小轩名碧霞西舍。看完它之后,我们再次来到山下伴坡亭。亭的墙上挂满了俞曲园、朱晦庵、何绍基、岳飞等人的各种石刻拓片。拓片太多反倒不能确定喜欢哪个了。墙的正面庄重地挂着镶在镜框里的俞曲园的长髯照片,人物服饰十分得体。这家主人送来一碗茶,我喝着茶端详俞曲园的形貌。

写到这里,芥川龙之介把笔宕开来,引录章炳麟的《俞先生传》:"杂流亦时时至门下,此其所短也。"然后芥川龙之介又议论道:

如此说来也多少沾些俗气。也许俞曲园正因为有些俗气,才有给他建造如此别墅的十分出色的弟子们。

芥川龙之介的这个话,也正合中国古语说的"水至清则无鱼,人至察则无徒"之意。芥川龙之介说这话的80多年后,柯平在《潜园传奇》(载《阴阳脸——中国传统知识分子生态考察》,柯平著,东方出版社2004年8月版),也接着说道:俞曲园虽然"研经讲学、著作等身,素为江南士林所仰重……实际生活中走的好像还是袁子才的路子"。柯平甚至还从俞曲园致陆心源的私人书信里,发现俞曲园有向陆心源"公然""敲竹杠"的迹象。这或许也可印证芥川龙之介的"多少沾些俗气"的议论。

从俞楼出来,芥川龙之介去了苏小小的墓。他用笔绘下了当时的苏小小墓:

现在去了一看,这位唐代美人的墓,原来是铺着瓦顶抹了灰泥的毫无诗意的一个土馒头。特别是墓的附近因为建造西泠桥,墓被弄得极其荒凉,所以更增加了凄凉之感。

在《江南游记》第七节的记述里,芥川龙之介对当时西湖景象,表示了一些不满:西湖水太浅,"西湖的自然风貌就像嘉庆、道光时代许多诗人一样,纤细的感情多得过了头。西湖……成为怯于春寒的中国美人"。更重要的是,"……这个中国美人已经被湖岸随处所建的、红灰两色俗不可耐的砖木结构建筑物造成致命的而且已经濒于垂危的病根"。芥川龙之介的这个不满,令我想起中国教育家陶行知与芥川龙之介前后写的一封公开信《西湖的危机》。陶行知在这封信里主要谈论的是西湖的保护问题。其中谈到了与芥川龙之介不谋而合的一个意见:"凡不合美术的调和观念的就是俗",西湖里红顶装烟囱的洋房是最俗的一例了。

当然,芥川龙之介也表示:"我说西湖

西湖群山(摄于1921年前)

不好也并不是全部不好!"他眼中的好的西湖,正像他描绘的:

画舫钻进了跨虹桥,走过了也属于西湖十景之一的曲院风荷附近一带。这一带看不到砖瓦建筑,白墙围着的柳树之中还有迟开的桃花。左边看得见苏堤,那林荫里长着青苔的玉带桥静静地映在水面,也许接近南国的画境。

在《江南游记》第八节,写了岳王庙之游,第九节写了在孤山东岸"槐树和梧桐的树荫里"的楼外楼饭馆用餐时的所见风光:

我们的饭桌就在枝丫交叉的槐树之下,再往前一点脚下就是波光粼粼的西湖之水。那水无休止地晃荡,挤进岸壁的石缝发出的声音也显得柔和。水边有三个穿蓝衣服的中国人,一个人在洗拔了毛的鸡,一个人洗旧衣服,另一个人在离他俩稍远些的柳树下,悠闲自得地拿着他的钓竿。只见他突然扬起钓竿,一条鲫鱼在空中乱跳。这种光景在春光之中给人以十分闲适的感觉。而且,眼前的西湖是那么缥缈,那么辽阔。我确实在这一瞬之间忘却了红砖……面对眼前的和平景色,有了小说中描写的那种心情。——石碣村的柳梢沐浴着晚春的日影。阮小二坐在柳树根处,一直心无旁鹜地钓鱼。阮小五洗完鸡就进屋取菜刀。那位"鬓插石榴花,前胸嵌刺着青豹"的可爱的阮小七还在洗他那件旧裈子。这时走到我们跟前来的——

"一个挎着大竹篮卖散装零售粗点心的"到来的叫卖,中止了芥川龙之介的想象。芥川龙之介的这个想象,固然表明他对中国古典文学和文化的兴趣,然而《水浒传》里的这个场景,恐怕是不能用来类比西湖的吧。至少在《水浒传》里,这个场景的背后是阮氏三兄弟一家生活的拮据,潜藏着"危机",是下一幕暴动场景的伏笔。智多星吴用的到来,是要烧起阮家三兄弟的造反之火。所以,芥川龙之介的这个想象至少仅是看到了表面的相同,而忽视了根本上的

西湖全景图(摄于1930年前)

区别。或者说,芥川龙之介喜欢中国江南水乡生活场景,他唯美地看取了其中他所认同的乡村趣味,而轻轻忽略了他所不愿见到的其他的物事。

《江南游记》的第十节,记录了他所见到的雷峰塔:

饶过小岛的尖角,从远离湖水的嫩绿湖岸上,看得见雷峰塔突兀的身影。走到跟前仰视的感觉仿佛站在花园旁边,数不出十二层的多少层。不仅塔的红砖墙上爬满了常春藤,而且塔顶上还长出了杂树,日光一照迷迷蒙蒙,像个幻影一般高高耸立,的确够雄伟。红砖修塔也未尝不可……

这是一幅用文字绘成的彩色的湖上雷峰塔写生稿。

接下来的第十一节,芥川龙之介描述了从新新旅馆楼上所见到的景致:

西湖现在对我们展示了东岸一带。从新新旅馆楼上看,对面已经披上绿装的石山,据说就是以葛洪炼丹之地而著名的葛岭。葛岭顶上有一座庙,像个正要起飞的小鸟一样,它那屋檐和瓦全是向上翘的。它右边和它相连的山,据西湖全图上说,在宝石山可以看到豪华的保俶塔。这塔身高耸而塔顶尖尖的样子,和形同老衲的雷峰塔相比,也许正如古人所说,简直就是一个美人。然而葛岭是阴天,宝石山顶的草却享受着充足的阳光……连接群山山坡那条白线,一定是今天早晨走过的白堤。白堤左边尽头处,尽管看不见楼外楼的招牌旗幡,但是,一片嫩绿的孤山却横亘在眼前。这样的景色的确很美,这一点是谁也无法否认的。特别是现在菱叶覆盖的水面,掩饰了水底之浅并映出了暗的银色。

是的,当日的西湖固然有不是之处,但西湖到底还是属于天下佳山水,她的美还是掩藏不住的,文艺家芥川龙之介有发现和欣赏美的眼睛,他看到了西湖的动人之处,他用笔记录了这美,并且由衷地承认:"这样的景色的确很美,这一点是谁也无法否认的。"

在接下来的几节里,芥川龙之介描写了西湖周边的山

宝石山(摄于 1930 年前)

水林泉景物。第十二节里，他抄录在杭州写回国内的信件，譬如其中致小穴隆一的信里，他写到了灵隐途中的风景：

去灵隐寺。途中有一小石桥。桥下流水如环佩之鸣。两岸皆幽竹，带雨之翠色仿佛有意媚人。颇近石谷之境。吾诗兴大发，然而旅囊无《圆机活法》，终未成一诗者也。

这一段散体文字，虽是短短几句，却有神韵，确是隽永的小品。

在近代，国外文艺家或旅行家，到杭州西湖游览，他们用照相机留下了当时西湖山水的风貌，这些摄影作品近些年来由浙江的一些出版社，譬如浙江摄影出版社、杭州出版社等等，陆陆续续地出版了。这是老杭州老西湖的非常珍贵的历史图片。

国外的文艺家旅行家，也还有用文字描绘和记录下当时的杭州和西湖的风貌的，这也是老杭州老西湖的非常珍贵的历史文献。譬如芥川龙之介《江南游记》里的一些篇什，譬如德富苏峰《中国漫游记》里的一些篇什，这些既可以当作文学作品来欣赏，也可以作为历史的资料。只是这些文字的作品，还没有能够系统地辑录汇集出版。我所以写这一篇《一九二一年春天的画卷》，也是希望关心近世杭州和西湖文献掌故的有心人，能做这样的辑录工作，为近世杭州和西湖的文献增添一些新的材料，一些来自和出自异国的人的眼光和手笔的材料。

芥川龙之介回国后不几年就自杀身亡。芥川龙之介的自杀，与当时的社会文化状况相关。在当时日本国内无产阶级文学迅速兴起的文坛状况下，追求"艺术至上"的芥川龙之介感到了强烈的时代骚动与不安（用他自己的话来说则是"恍惚的不安"）。他那过分敏感的神经亦令他怀疑自己小说的艺术价值。他发现自己的文友菊池宽和久米正雄逃向了通俗小说的领地，而过分清高的芥川龙之介却苦于无法效仿。他曾表述了自己心中的苦闷状况——"我所期望的是，不论无产阶级还是资产阶级都不应失去精神的自由"。或许还有个人的健康等其他一些原因，芥川龙之介选择了自杀。

芥川龙之介的作品，已全部译成汉语在中国出版，山东文艺出版社于2005年1月出版了五卷本《芥川龙之介全集》（高慧勤、魏大海主编），开创了日本作家个人全集在中国翻译出版的新记录。我的这篇短文引录的《江南游记》里的一些文字，则取自叶渭渠主编、中国世界语出版社1998年8月出版的两卷本《芥川龙之介作品集》，其中散文卷由李正伦等翻译，小说卷由楼适夷、吕元明、文洁若等翻译。特此说明。

最忆是杭州

在新的和旧的之间
——青木正儿说西湖

我写《一九二一年春天的画卷——芥川龙之介写西湖》一文时，想到了青木正儿（1887年—1964年）1922年写的散文作品《江南春》。

青木正儿是日本的汉学家,京都大学"支那学社"的一位狷介不羁的学者。青木正儿于1922年和1924年两次来中国考察,《江南春》是他1922年3月至5月第一次来中国旅行的见闻录,其中开篇的两章《杭州花信》、《湖畔夜兴》,写的就是西湖和杭州游历的所见和所思。《江南春》前些年已被译成汉语,收入《两个日本汉学家的中国纪行》(王青译)一书内,由光明日报出版社于1999年9月出版。

　　芥川龙之介和青木正儿,一位是文学家,一位是研究中国文学的学者,两人几乎前后脚到了杭州,游了西湖,见的是同样的湖上春景,而所感所思却有大不同,或者干脆说就是对立的。这确实是很有意思的。

　　芥川龙之介在他的《江南游记》第七节的记述里,对当时西湖景象,表示了一些的不满:西湖水太浅,"西湖的自然风貌就像嘉庆、道光时代许多诗人一样,纤细的感情多得过了头。西湖……成为怯于春寒的中国美人"。更重要的是,"这个中国美人已经被湖岸随处所建的、红灰两色俗不可耐的砖木结构建筑物造成致命的而且已经濒于垂危的病根"。

　　但是青木正儿不这么看,他完全不认为"湖岸随处所建的、红灰两色"的"砖木结构建筑物"是庸俗的和煞风景的。青木正儿虽然不能苟同这样的建筑物,但他以开放的胸怀接纳了湖上的这些新式欧式的建筑。《江南春》第一章《杭州花信》里,青木正儿先引用了芥川龙之介他们的意见:

　　我曾经听许多人感叹西湖变得俗了,我却觉得有些夸大其词,所谓西湖的庸俗化,指的是近来新建了许多欧式建筑,破坏了与周围景观的调和。

　　然后,针对这样的意见,青木正儿发表了自己的看法:

　　但是请问持如此论调者是出于什么思想呢?不检讨自己的姿态,一味攻击欧式建筑,这是狭隘的,上帝也会说"就是因为你们的不协调的头脑和装束,这里的风景才变得庸俗化了"。看西湖时,自己的头脑中先有一种主观偏见,用这个去衡量景物。

　　青木正儿把这些个认为欧式建筑庸俗化了西湖的意见,归结为是欣赏者主观上的认知偏差所致,而不是风景本身。青木正儿接着说道:

　　当然那些欧式建筑我也不能苟同,但那是时代的要求,而且欧式建筑和中式建筑,风格的差异本来就没有欧式建筑和日本之间的差异大,雷峰塔不正是砖石结构的吗?如果说砖石结构的欧式洋馆不协调,那么雷峰塔也不协调吗?

　　青木正儿从时代与建筑风格变化来立论,虽然一对一的这样简单的对应立

他接下来再递进一层写道：

> 我认为西湖的一角好像中国的缩影，欧式建筑渐渐中国化，在不久的将来肯定会出现与西湖完全协调的景观，中国全国的文化也如此。

青木正儿接着援引中华历史上的文化故事，来给自己的立论作依据：

> 如果我们考察中国古代文化，就会发现外来文化是怎样促进了新文化的兴隆，即使那曾经是他们所轻视过的文化。比如说促进了唐代文化兴盛的不正是西域文化的导入吗？诗律、音乐、美术、用玻璃杯品尝葡萄酒的时髦诗人们，谁能说他们是不协调呢？如果从唐代文明中剔除塞外风情，那将是多么枯燥无味啊！

从对西湖新建筑的看法，青木正儿引出了他对中国文化的一个总体认识，表达了对当时正经历着"三千年未有之大变局"的中国文化前景的乐观的情怀：

> 中国民族的伟大就在于吸收外来文化，以壮大自己，所谓泰山不择土壤，路走不通了，换个方向，就会豁然开朗。不消说清末中国文化已经走到了末路，但是现在亲爱的中国青年们正在摸索新的方向，而那将是把可敬的大国文化从衰老病弱当中解救出来的长生不老的仙药。

写到这里，青木正儿又回到了对眼前的西湖人文风景变化的价值判断：

> 因此即使对西湖的风景产生一点影

俯瞰西湖（摄于1930年）

论有点儿机械，举雷峰塔为例来为欧式建筑做辩护，也有点儿牵强，不是很合适；但青木正儿这样考虑问题的理路，对当时社会经济和文化正经历"三千年未有之大变局"的中国，未始不算是"同情的了解"。他看到了当时中国正在发生的新旧的转型，他赞成中国向西方文化学习，获得自身文化的新生。他是持动态变化的观点，来看待西湖的新建筑的。所以

响也不成为问题，只要不把无辜的西湖柳砍掉，把苏堤建成运动场，就可以酌情改造，毁掉西湖一二个景观没有什么大惊小怪的。

"毁掉西湖一二个景观"是不是"没有什么大惊小怪的"，这是非常具体的风景区规划和建设问题，还得请园林艺术家及其他专家来发表意见；但是暂时先撇开这些非常具体化的意见，从总的理路上来看，青木正儿对西湖新建筑及其相应的新人文景观的认识，未尝没有可取之处。并且，至少青木正儿对西湖新人文景观的建设还是设了一道底线："不把无辜的西湖柳砍掉，把苏堤建成运动场。"而且"改造"还须"酌情"。这到底表明青木正儿的认识还是有学者的理性作根底的。

怀抱着对中国民族和文化的新生的热切希望，青木正儿对当时中国的新气象表达了强烈的认同感：

今天早晨我从旅馆二楼（按：青木正儿入住的是西湖畔一家西洋风格的旅馆"清华旅馆"）望出去，在前面的民众运动场，少年童子军正在有纪律地行动，朝气蓬勃，充满活力。寄语中国青年诸君，只要对这老大国的痼疾有效，任何药都去尝试吧！除此别无出路，我从西湖预想到不久的将来诸君一定会创造出中国文化灿烂的昌盛期。

青木正儿是看到过芥川龙之介《江南游记》的，所以他针对当时一部分日本文化人的见识说道：

西湖不是为个别好管闲事的日本人保存的古董，西湖是活的，是动的，是天惠赐给中国国民的一个娱乐场。有效地享受天赐，建设欧式大菜馆、大旅馆是中国人的自然的要求，也是以人工助成天赐的一个方法，决不能把西湖仅仅看作一个古迹名胜。我忠告各位，如果先入为主，然后再对西湖发出失望的慨叹，那就最好不要到西湖来，只要在文献上探访西湖，闭目幻想吧。

以上是青木正儿对西湖新建筑以及新人文景观的一个基于理性思考的认识，这显然完全有别于芥川龙之介的纯审美的或者说是唯美的出于感性的体认。这样两种态度，这样两个看法，综合起来，可能会更好一些。当然，如何综合、怎样综合，这是非常困难的问题，这不仅得有好的趣味，不仅得博学广见，更得有大智慧，若无大智慧，则断难取舍。

青木正儿对西湖新建筑以及新人文景观基于理性思考，得出上述的认识。但在感性上，青木正儿认同的还是古典的西湖——这或许可借用美国汉学家列文森分析近代中国知识分子的说法：情感和理性的分离。所以青木正儿说道：

议论归议论，诗趣却要求我注目古典的事物。穿着筒袖和裤子的妇人看起来很

之江（摄于1920年前）

轻快，但我还是认为裙子等传统服饰更好，就像《儒林外史》上写的："见那一船一船乡下妇女来烧香，都梳着挑鬏头，也有穿蓝的，也有穿青绿衣裳的"（第十四回）。乡下人穿老式的蓝衣，肩膀上搭着黄色或红色的袋子，系着同色的带子，袋子上写着"朝山进香"，或者写着某地某氏，成群结队地到灵隐寺和天竺寺烧香。这种情形使诗情顿时涌出。良家女子乘轿，轿后摇摇摆摆地跟着拿着提篮和银纸钱、红蜡烛、线香的，好像画中一样。

然而在青木正儿看来这么美好的有诗趣的情景，也被一些个不谐和的细节所破坏了，他傍晚回到旅馆，却看见从老式轿子中有女子拄着手杖走出来，青木正儿说这情形"显得奇形怪状，把我的诗情破坏殆尽"。但转念一想，"对于因缠足而行动不便的中国妇人来说，手杖可以使她们免于摔倒"，这么想想，青木正儿也就释然了，觉得这也就"没有什么不协调的了"。这也可以说是青木正儿的通达吧。

青木正儿由眼前所见的裙子等传统

服饰而联想起中国古代小说《儒林外史》；芥川龙之介由眼前所见的西湖之景而联想起中国古代小说《水浒传》。两人都爱读中国古典文学，都因眼前景而联想古代小说，但相比较而言，芥川龙之介的联想可能有点儿表面化，以阮氏三兄弟和石碣村来作比西湖及游人，好像有些不伦不类。青木正儿的联想则还是贴切的。这或许源于青木正儿是学有素养的汉学家，而芥川龙之介只是中国古典文学爱好者的缘故吧。

青木正儿在湖畔一个名叫"凤舞台"的"勾栏"看了一出旧戏，属文戏，曲子虽不是青木正儿一直想听的明以来的传统昆曲，而是清中叶以后勃兴的京调，"不过服饰保留着明代遗风，非常典雅"。由此，青木正儿又生出了关于古典和现代的思考：

任何国家古代服饰都非常优美，那不仅是出于怀古情趣，冷静观察一下，确实胜于现代，繁忙的工作和辛苦的生活使文明人的服饰日益远离优美。

在审美上，青木正儿有很好的趣味，他的美学触觉很灵敏，所以他初见西湖，就欣赏了柳树和水的美妙动人：

西湖的柳树很有名，绕堤翠柳，如烟似雾。其娇弱有如纯洁少女，使人顿生爱怜，真是不观西湖勿谈柳。火车沿线到处可见柳树，每株柳树都足以胜过日本柳树。如果说有所谓春天的气息，恐怕就是从柳树和桃树枝条升起的。柳如烟，桃似火，西湖的基调可以说就是柳。

从整体上看，西湖景物轻盈柔和，那多半是来源于柳的梦幻情调和水的温柔媚态。西湖的水没有震撼的魄力，水浅岸低，清澈的水拍打着汀岸，好似琼浆落玉盘……

大约是青木正儿的这个描绘太生动太形象了，也可能青木正儿不仅写了文章，在京都大学还讲起过西湖的印象，所以比青木正儿晚生十三四年的吉川幸次郎，晚年回忆 1928—1931 年留学中国学习中国文学以及在中国的游历考察，还想起青木正儿所讲过的关于西湖的话。在 1955 年 1 月写成的《雷峰塔》一文里，吉川幸次郎对西湖这样写到：

水之色，柳之色，都比日本的更明艳、更细腻。如此细腻的风景，日本却是没有的，青木正儿先生的这句话，果真如此。一切都像美玉一样，玲珑剔透，可爱无比。

吉川幸次郎曾是京都大学的学生，后来做了京都大学的教授，是日本有成就的汉学家。在上个世纪三四十年代日本侵华期间，吉川幸次郎远离那时弥漫日本朝野上下的军国主义和狭隘的民粹主义气焰，埋首于学术研究。《雷峰塔》的汉语译文，收在光明日报出版社 1999 年 9 月出版的《我的留学记》(吉川幸次郎著，钱婉约译)

日本汉学家著作

一书内。

青木正儿是看过芥川龙之介《江南游记》的,所以他在写《江南春》时,常忍不住要对《江南游记》作"纠偏"。譬如《江南春》的第三章《姑苏城外》里,青木正儿写道:

现代文坛的某才子在江南游记中嘲笑西湖画舫,谓此等简陋的白色阳伞遮盖的小船如何能称之为画舫。的确,西湖是简陋的,有许多名不副实的东西,但西湖也有名副其实的画舫,帘幕之间还有姑娘隐现。不能因为自己的丑陋就吝于成人之美,我辈胸怀阔大,即使迷了路,吃尽铁桥的苦头,仍然对人之美称赞不已。

这里的"现代文坛的某才子"和"江南游记",显然说的就是芥川龙之介和他公开发表的《江南游记》。至于上文中说到的"迷了路,吃尽铁桥的苦头",则是指青木正儿在姑苏城外的一段路程。在纯粹的学者眼里,"才子"通常情况下不是一个赞美性的词。这在中国也是一样的。

正如我们已经所见到的,青木正儿对西湖也并不是毫无保留的一味地唱赞美诗,他在自己的散文里也记录了西湖人文景观中的不够美好的地方,譬如他写到:

菜馆楼上恐怕是上海的精明生意人吧,到处摆着宴席,胡琴声夹杂着猜拳声和叫骂声,令人不快。世界上没有比满身铜臭的家伙更令人厌恶的了,他们把庸俗的快乐当作至高无上,把世界的名胜西湖据为己物,以喧骚打扰这里的幽境。

这是一位对汉语言文学有很好修养的青年学者的感受,未始不值得我们反思。据说近来西湖边的茶楼,譬如青藤茶楼,靠近西湖的一侧,是不允许打牌搓麻将的。我以为这确实可以算是文明进化的体现。

青木正儿所在的京都大学的研究汉学的"支那学社",创立于1920年。这个时候,日本也正经历着大正民主思潮的洗礼,西方的各种学说思想和文学艺术被引入日本,震荡了日本的社会和文化。而中国也正经历着辛亥革命和"五四"新文化运动。感同身受于中日两国当时的社会与文化的变革,"支那学社"的成员寻求以新的态度来研究中国文化,对中国的未来表示了强烈的关心。青木正儿对西湖新建筑及新人文景观的认识,正是有此学术思想为背景的。当时日本研究汉学有两大学派:以东京帝大汉学家为中心的东京学派,以京都帝大汉学家为中心的京都学派。那个时候的中国学者,譬如陈寅恪,更看重的是京都学派的汉学。青木正儿是京都学派的杰出代表,正如学术史所表明的,青木正儿对中国文学的研究,在日本的汉学谱系里"起到了承上启下的学术桥梁的作用"(引王青语)。本文介绍青木正儿说西湖的散文,并与芥川龙之介写西湖的散文相对照来阅读,对我们或许不无温故而知新之效用吧?

最忆是杭州

『杭州大学之天然环境』和『西湖的危机』
—— 陶行知先生致浙人的两封公开信

上个世纪 90 年代后期，浙江的包括杭州大学等在内的三所高校被并入浙江大学，从那时起，『杭州大学』这个名字就从今日中国的高校名录里消失了。它已成了历史。

虽然后来又有其他的几所大学想改名叫"杭州大学",但至少到现在为止,都未果。

那所被浙江大学并掉的杭州大学,它的前身是1952年全国高等学校院系调整之中建起来的"浙江师范学院"(它跟后来设在金华的浙江师范学院——前些年更名为浙江师范大学——是两所风马牛不相及的学校),改用"杭州大学"这个名字则是1958年的事了。

这所"杭州大学"是不存在了。通常以为,"杭州大学"这个名字1958年才有,但若追根究底起来,则知不是那么一回事。上个世纪的20年代,当时的浙江省议会曾酝酿建立一所大学,名字就定为"杭州大学",只是这所"杭州大学"事实上没有建成罢了。

阮毅成在他的一篇文章《杭州大学》里讲起过这件事:

浙江省的高等教育,始于清季之高等学堂,地址在杭州蒲场巷……

辛亥光复以后,高等学堂停办,直至民国十六年,国民政府在南京成立,始有浙江大学的设置。因之,在民初十余年中,浙江以一省之大,三千万人口之多,竟无一所公立大学。

所以在南京国民政府成立前,"浙江教育界人士曾多次努力,思创办一所大学。民国十年蔡子民(元培)、蒋梦麟等先

生回到故乡,向省政当局建议,浙江应该有一所大学,免得想入大学求学的青年,远的要到北京,近的要到上海,路程远,费用多,家境清寒的,实不胜负担。省政当局因为蔡先生的面子,便同意其意见。并由省议会通过了筹设计划"(见阮毅成《杭州大学》)。

阮毅成,生于1904年,卒于1988年。字静生,号思宁,学名冠华,余姚人。"五四"时期与浙江省立一中的同学查猛济创办《明星》月刊,后相继改为《双十》、《浙江新潮》,为浙江最早用白话文介绍新思潮之刊物。后留学法国巴黎大学,获法学硕士学位,1931年回国任中央大学教授,曾任浙江省政府委员兼民政厅长。著有《政治论丛》、《比较宪法》、《中国亲属法概论》、《国际私法》等。《杭州大学》一文收录在他的由台北正中书局1973年出版的《三句不离本"杭"》一书内。这部书里的文章均与杭州有关。

阮毅成这篇文章里,还说起一段关于男女能否同学的讨论,颇有意思,兹录于后。当时省政当局同意蔡元培诸先生的提议,不久,便由当局聘定了筹备委员九人,包括蔡元培、蒋梦麟、阮性存等先生在内。第一次筹备会在省长公署举行,决定名称为杭州大学,地址在万松岭敷文书院旧址。阮性存在会上力主男女同学,省长张暄初(载阳)问:"不防男女学生谈恋爱

耶？"阮性存就回答："男女皆大学生，若成婚配，亦属门当户对之事，又何必防？"今天大学男女同学已是事实，而在上个世纪的一二十年代，一般人还是对此疑虑重重的。阮性存即阮毅成的父亲，生于1874年，病逝于1928年。早年留日，创办浙江私立法政学堂。他是杭州最早的知名律师，曾主持浙江省宪起草工作。他去世后葬于九里松石莲亭。昔时杭城有路名性存路，即今庆春路众安桥以西段。

【宋】叶肖岩：《双峰插云》

阮毅成的这篇《杭州大学》，属随笔文体，他并不是要写成一篇专史，所以文章也就不能"面面俱到"、"竭泽而渔"。当时为兴办这所"杭州大学"出过力的，还有其他好多人，譬如教育家陶行知先生，阮毅成的这篇《杭州大学》就没有写进去。

陶行知，安徽歙县人，生于1891年（清光绪十七年），卒于1946年。1914年他以名列第一的优异成绩从南京的金陵大学文科毕业，毕业论文题为《共和精义》，代校长文怀恩发给美国纽约大学承认的文科学士文凭，由江苏省教育司司长黄炎培授中文文凭。在金陵大学代校长的帮助下，陶行知赴美留学，先入伊利诺伊大学，最初攻读市政，后来觉得没有真正的公众教育，就不能有真正的新共和，于是在获得伊利诺伊大学政治学硕士学位后，便转入哥伦比亚大学师范学院主攻教育。在美国，他师承孟禄、斯特雷耶、克伯屈、杜威、康德尔等著名教授，接受了杜威的"教育即生活"、"学校即社会"学说。1917年，陶行知应南京高等师范学校郭秉文之聘，提前于8月回国，获哥伦比亚大学"都市学务总监资格"文凭。

陶行知喜欢杭州和西湖，他说他每年都要来西湖游览一两次。1922年浙江省议会选举蔡元培、蒋梦麟等人为筹办杭州大学董事。1922年12月，南京高等师范学校并入东南大学。1923年春天，时任东南大学教授、教育系主任和中华教育改进社主任干事的陶行知,在杭州大学筹备董事何炳松的陪同下,考察了杭州大学建校校址。何炳松(1890—1946),字柏丞,金华人。曾留学美国威斯康星大学和普林斯顿大学,专攻史学,获硕士学位。回国后做过北京大学、北京高等师范学校(北师大前身)等校的教授。他在杭州时当过省立一师、一中的校长。

陶行知在考察了杭州大学的校址后,接连写了两封致浙江人民的公开信,发表了他对兴办杭州大学以及保护西湖的意见。

他的第一封信即《杭州大学之天然环境》。筹划中的杭州大学将建于万松岭敷文书院旧址,而且面积不仅限于旧书院,还要扩大,正如阮毅成《杭州大学》一文里描述的:

万松岭是杭州西湖通钱塘江江干的大道。南宋的故宫,在其附近。南宋时,曾在岭上建有孔庙,后毁于兵火。敷文书院也是南宋以来的讲学之地,却也早已片瓦无存。岭上松树特多,与西湖上的九里松,同以松树著名。其地可以左眺钱塘江,右瞰西湖。风景佳胜,确为治学的好地方。

风景这样好,所以陶行知在这封信里感叹:

中国还能找出第二个像这样好的大学校址吗?不独在中国,就在世界上,像这样的校址,能有几处呢?

但是建立一所大学经费所需颇多,省议会怕增加人民负担,建或不建尚在犹豫不决。陶行知在这封信里,从教育经济学的角度,提出了他的一个看法:

我深信杭州大学是浙江人民未来幸福之泉源。用钱办这个大学,不是为人民耗费,乃是为人民保险储蓄作最有益的投资。

不是从教育谈教育,而是从经济和社会发展立论来谈教育的投入与回报,教育学者称"这也许是国内教育家中首次提出""教育是'最有益的投资'的著名主张"(见童富勇

宝石山(摄于1921年前)

《陶行知与浙江教育》，载《杭州师范学院学报》"社会科学版"2004年第2期）。

在这封公开信里，陶行知以杭州大学之胜景而坚信她必定"能够罗致第一流的导师，培养第一流的人才，创造第一流的学术"。"杭州大学的前途岂可限量？"——陶行知先生深寄厚望。从杭州大学的选址，陶行知在这封信里提出了大学选址"五项标准"：

一要雄壮，可以令人兴奋；二要美丽，可以令人欣赏；三要阔大，可以使人胸襟开拓，度量宽宏；四富于历史，使人常能领略数千百年以来之文物，以启发他们光大国粹的心思；五便于交通，使人常接触外界之思潮，以引起他们自新不已的精神。

陶行知还对杭州大学的校舍建设发表了很好的看法：

我希望杭州大学将来的校舍，外表采用中国式的建筑，为与环境调和做个表率。人工只可增进天然的美感，断不可将它败坏。我还希望以后在湖边造房子的人，未造之先，必求自己的房子和四周风景联为一气，目光要射在四周，不可专注在自己的房子上。

但这所"杭州大学"事实上没能建起来。阮毅成《杭州大学》一文里写道：

杭州大学只开过一次筹备会，便没有了下文。蔡、蒋两先生，又回北京去了。省政当局本无诚意，省议会中也再不提起，

这是胎死腹中的一所大学……

杭州大学是没能建成，但陶行知先生表达的关于大学建设的思想，却无疑是具有生命力的，应该进入中国现代大学建设的"思想库"。在筹划中的杭州大学的校址范围里，上个世纪50年代后又先后建了西湖小学、长桥中学。1979年成为了杭州师范学校的校址。杭州师范学校创立于民国二十年（1931）八月，当时名叫浙江省立杭州师范学校。杭州师范学校现在转为杭州师范学院的初等教育学院，不久之后，初等教育学院将搬迁下沙，这里将成为杭州师范学院的音乐艺术学院。

陶行知在写了第一封公开信《杭州大学之天然环境》后，马上又写了第二封公

【宋】李嵩：《夜月看潮图》

开信《西湖之危机》。他在这封信里主要谈论的是西湖的保护问题。陶行知以为西湖的危机就是"上海化的趋势"。他概括了"上海化"的三个特点：第一个特点是忙。上海来的人忙得很，嫌自己的腿慢，要坐汽车。游湖的人看见汽车来了，也就跟着它忙个不停，直到汽车尽过，才慢慢的复原。"上海化"的第二特点是俗。"凡不合美术的调和观念的就是俗"，西湖里红顶装烟囱的洋房是最俗的一例了。"上海化"的第三个特点是私。十座哈同式的花园，就可以把西湖封锁起来。陶行知在信里开出了矫正"上海化"的方子：为维持同乐起见，湖滨大路，应绝对禁止汽车通行；要提倡符合风景的建筑；环湖大路要筑在房屋和西湖之间，免于封锁的危险。这三条建议，确实可以当作西湖保护的三项重要纲领。事隔80多年回头再来看这三条建议，第一条经过杭州市政当局的努力，前两年曾实现过：2003年10月起至2004年，湖滨路曾一度改成了步行街。虽说现在又不"步行"了，但至少表明若是下个决心、合理规划，这事还是可以做成的。第二条则有些困难了，西湖畔与西湖环境"不调和"的建筑，早已不是一小栋或几小栋，北山路上的，湖滨路上的，都傲然挺立着数大幢建筑的风格、建筑的高度都与西湖环境"不调和"的高大威严的商业大厦或大饭店，颇有些"积重难返"的样子。至于第三条，它的核心意思是，要让西湖成为"公共"的。譬如去年西湖南线改造，坐落于南山路西湖边的大华饭店让出了靠西湖一侧的地方，使人们游览西湖从六公园到涌金广场能贯通一气，不被阻隔。大华饭店率先把这些地方从自己饭店的"势力范围"划出来，成为西湖这个"大公园"的一部分，这是应该表彰的。我记得已故的园林艺术家陈从周先生写于1983年的《也谈园林风景建设问题》一文，表达过相同的意思——虽然他是从美学的角度而不是从"公共"这个理念出发来谈论的——"在公园附近搞宾馆宜小不宜大，宜散不宜聚……"从美学的角度来看，宾馆"大"了或"聚"在一起，就有可能把风景区切割得支离破碎、不连贯、不通气，使宾馆"压"过风景。宾馆"小"和"散"（分散），则使宾馆点缀在风景里，也成为了风景的一部分。

陶行知先生以力倡和实践平民教育、乡村教育建设而著称于中国现代教育史，但仅从他发表的这两封公开信也可知，他对高等教育、对风景区的保护等等，也都有自己的真知灼见。陶行知先生的这两封致浙江人民的公开信，现已收入《陶行知全集》第八卷，由四川教育出版社于1991年出版。

最忆是杭州

「西泠片羽」
——谢国桢记游西湖

沦陷区内的北平，1943年2月3日，旧历小除夕。正值天晚微雪，四十出头的历史学者谢国桢先生有了怀旧的情绪了，于是在他的书房持筹籀史斋，写下了他的一篇著名的散文《三吴回忆录》。

谢国桢的北平居所,原位于城西小水车胡同,昔为雷氏故居。雷氏,即"样式雷"。"样式雷"是对清代承办内廷工程的一个雷氏建筑世家的美称。他们是著名的皇家建筑师,家族先后七代为工匠,在清康熙中期至民国初年的200多年时间里,为清朝历代皇帝设计修建了大量皇家建筑,因长期执掌"样式房"而得名,又称为"样子雷"。这个"样式雷"家族的始祖是雷发达,至第五代传人雷景修,把祖上传下来和自己工作中留下来的设计图样(包括各个历史阶段的草图、正式图)、烫样模型专门收集起来,装满三间房子存在家里,在中华建筑史上被称作"样式雷图档"。雷景修生于嘉庆八年(公元1803),卒于同治五年(1866)。清亡后,雷氏家族没了生活来源,家境日渐败落,"样式雷图档"被雷家后人陆续卖了出去。"样式雷"故居也被出售。谢国桢以"鬻稿之资得之"(语见《寒斋记》,载《瓜蒂庵文集》,谢国桢著,辽宁教育出版社1996年9月版)。

在草稿于1950年代初期、定稿于1972年9月20日(农历中秋前二日)的《寒斋记》里,谢国桢写道:"……又未几日寇肆虐,故都不守;大盗窃国,燕市为墟。……徒以忧谗畏讥,乃不免于踉跄出走,远居沪渎,室遂租赁于他人……余当淮海战役之后,北平解放之时,由滇南转沪,遄返春明,抵我里门,则令威归来,室宇如故,而庭草不除……"这段自述,是比较笼统的。如果照这段笼统的自述,则谢国桢写这篇《三吴回忆录》时,其北平老屋似已"租赁于他人",谢国桢此时是不是另有寓所呢?我想恐怕应该不是这样的。姑且存疑吧。

谢国桢在"寒风扑面的旧京,晚来欲雪的天气,在火炉旁边,缅想以往的故事,写我游历江南的绮思"(见《三吴回忆录》,载《蠹鱼编》,上海古今出版社1943年12月版,署名谢刚主。按:谢国桢,字刚主)。

这篇《三吴回忆录》,记录了谢国桢本人于民国十九年、民国二十三年、民国二十七年,三次游历江南的往事。其中的主要篇幅记录的是民国十九年的游历,所记的游西湖山水也在这一次。

谢国桢,1901年5月28日生于河南安阳,祖籍江苏武进罗墅湾,1982年9月4日病逝于北京。谢国桢小时候常听祖母讲起春天故乡江南的美丽,所以自小就对江南"起了很好的印象"(见《三吴回忆录》)。晚年,谢国桢在《我的治学经历》(载《明末清初的学风》,谢国桢著,人民出版社1983年6月版)一文里,回首旧事,写到:

我服务于北京图书馆差不多十年,其初是编辑馆藏丛书的目录,后来就在梁启超先生纪念室里整理馆藏金石碑版和作我的明清史研究工作。我每当休息的时候,依扶着北海玉石栏杆,遥望琼岛的春荫和太液的秋波,同时又缅想着江南的烟景。

江南的数次游历,令谢国桢毕生难忘。

民国十九年(1930年),谢国桢服务于国立北平图书馆。从图书馆办公室里,"可以看见北海的琼岛和一泓的秋水"(引自《三吴回忆录》)。谢国桢此时正在整理明清的史料,馆长袁守和先生就派谢国桢到江浙,参观江浙公私各家的藏书。这就有了谢国桢民国十九年的三吴之行。

这一趟江浙访书的行程,依照《三吴回忆录》里有确切记录的时间,大致可作如下的排列(本篇以下引文,除标明出处的以外,均引自《三吴回忆录》,不再另注)——

民国十九年九月十九日由北京动身,在天津乘船到上海去;

二十二日早晨,到了上海;

十月一日下午五时到了南京;

十月七日……下午三时半到了苏州。

访南浔嘉业堂的日期,文中没有明确的记录,但从苏州的行踪约略可推测,应是10月9日从苏州出发到的南浔。这天上午乘船,"下午四时就到了南浔"。

由南浔到嘉兴登烟雨楼,也无明确的日期,但由"我在南浔嘉业堂,共看了五天书"一句,或可推测,由南浔到嘉兴可能是在10月15日。当天下午仍坐船由嘉兴至平湖,访书葛氏传朴堂。

"我在葛家共看了三天书,本打算要走了,葛先生强留我住一天,约我逛当湖的弄珠楼。""我们逛完了当湖(按:当湖是东湖的古名)……下午……葛先生……亲自送我到门口,并在门前池塘旁边,一个茶馆里喝了一杯茶,就拱手作别了。"于此可知,谢国桢"下午三时离开了平湖"可能是10月19日的事,同一天"下午八点钟到了杭州"。

这样,我们基本可以推算,谢国桢这一趟江浙访书,抵达杭州的日期,大概是在10月19日左右。在杭州,住的是湖滨的清泰第二旅馆,"一间楼上靠着湖边的房间",当晚住下,"在夜色苍茫中,可以看见隐约的湖光"。接下来的两天,"一天游山,一天游水",所以离开杭州的日期,该是10月22日左右吧。

谢国桢到杭州,本意是阅览浙江省立图书馆藏的图书,但访馆长杨立诚先生不遇,"……我觉得很失望;但是我生性喜欢独游的,可以到深邃的远山,可以探苍茫的幽谷,一个人高兴到哪儿去,就到哪儿去,要是找到不适当的游侣,反倒受拘束了。于是决定了游踪,一日游山,一日游水……"

谢国桢这一回杭州访书未果,倒是意外地给我们留下了一篇西湖的游记,那便是《三吴回忆录》里的第七章《西泠片羽》。

10月20日是游山。从他的游记可知

这一天的线路依次为：从图书馆出来先到香山九老洞，然后沿山至玉泉寺。出玉泉寺，道经普福寺，进灵隐。在韬光佛庵山门外一家饭铺用午饭，素食，休息片刻，"从庙门由北而南"，一路上，"曲折的小花园，半亩的竹园，苍虬的老树，一幅一幅的云林画境，都到我眼前"。过于谦祠，"横穿过山岭"，到烟霞洞。由烟霞洞再至龙井，由龙井折回虎跑泉，再从虎跑寺出来到六和塔。登临六和塔后，顺着大路从南屏山下经过，一路进城，回旅店。晚饭"到王顺兴吃烧豆腐、件儿肉，喝了三杯老酒"。然后造访余绍宋先生，"归来夜已三更"。

10月21日是游水。这一天的行程线路是：早晨先至孤山放鹤亭，在放鹤亭雇船渡到孤山对岸的葛庄，再由葛庄乘船到葛岭，上岸，与船夫同登葛岭，先后至抱朴庐、初阳台，复由黄龙洞到紫云洞、金鼓洞，金鼓洞出来后游岳庙，然后在杏花村用午饭，食西湖醋鱼等。饭后从岳庙门口上船，"逛了湖心亭、三潭印月、平湖秋月等不少地方"，"眼看着金黄色的夕阳，照在嫩绿的柳条上，船已经到湖滨公园了"，于是结束了这一天的游程。

谢国桢虽是术业有专攻的历史学家、版本目录学家和藏书家，但文采甚好，这篇游记，写得兴致勃勃，趣味盎然。虽说这得益于他的文笔，探根究底，主要还是缘于谢国桢对自然山水、人文景观有很好的感受力，又有很丰厚的文化素养，所以眼前景虽人所能见，形诸笔墨则非常人能道。试举一两例。

在烟霞洞，谢国桢实写风景，又生联想，妙笔生花——

洞门遍生苍苔小树，极为幽雅，从洞门往右边走，经过了许多房屋，仿佛已到尽头，忽然从房屋的套间里，走进去是一个阁子，前面和右面临空可以眺远，雪白的粉壁上挂着胡适之写的白话诗横条。我从阁子外边的走廊上往下看，看见阁子下面，全是青翠的树木，绿叶飘荡着，大有凌风欲仙之慨。由绿树的外边，可以看见一片白茫茫的湖水，湖水的外边，便是钱塘江。那时我感觉到的，如置身在万绿丛中，可以看见婆娑的绿树，绿树外的湖水，湖边隐约可见的红楼，红楼外如带的钱塘江，江外隐约可见的青山，而我的眼，我的心灵，真有一望无穷之感，真不知道山外还有山，水外还有水了。我更觉得坐在阁子上远望湖山，闲品清茶，固然好了；要是风雨来时，山色凄迷，湖光灿烂，或是驾一叶扁舟，披着蓑衣在舟中看雨；或是披着蓑衣，骑着小驴，走过山径竹树丛中，来到山寺的阁子上听着清翠的雨声；或是在阁子上看见竹树环合，丛翠摇动，湖山改色，大雨滂沱，点点飞来，一望无际，不知山，是水，是湖，真是有如东坡所说"千山动鳞甲，万谷撼笙钟"的气势，那时候必定另有一番景象。

　　看着这段文字,我想起曾有过的游烟霞洞边上那"阁子"的经验,心有同感。并生出了再游一次的意兴。

　　再如由龙井而虎跑泉,既写一路所见,又联想"北平西山卧佛寺",饶有兴味:

　　由龙井折回去,到虎跑泉。一座小山上两面全是树林,树叶经霜,已经渐渐的变红了,深黄的斜阳,照在碧绿和微红的树叶上,格外觉着秀丽,泉水从水涧树林边流出来,微微的可以听见泉声,树上有几个小鸟在那里叫着,与流水合鸣,恰成了音乐一部。我忽然想到,北平西山卧佛寺前门的甬道上,两边全是古柏,成了一带的长林,太阳从森林中发出清光,显着格外的皎洁,泉水从涧中潺潺的流着,颇有虎跑的景象,但是没有虎跑那样的幽洁蔚茂。不知不觉走到虎跑寺后院山下的亭子里休息,泉水曲折从亭子前面流过去……泡了一碗龙井茶,喝着非常的清冽……

　　我二十多年前游虎跑,还能产生这种"幽洁蔚茂"的感觉,现在重游,则已然人声鼎沸了。

　　又比如写金鼓洞:

　　从紫云洞出来是极宽的石阶,阶旁长着无限的修篁。出了庙门,经过白沙泉,又走了一里多路,山路更窄了。看见一条最高的山道,两边全是郁茂的长林,那就是金鼓洞。别的洞是很宽阔的,金鼓洞却是以幽邃胜。前面是一个大殿,殿后便是一个如屋的洞。洞里摆着几个石凳子,中间一张石桌子。洞的前面,被庙遮着,只看见一线的天和洞上的青苔野草,除了听见洞上的鸟声,看到微微的阳光从洞隙上透过了,一切都归于寂静了。

　　谢国桢游览时,金鼓洞还这么的幽静,等到我们如今重游时,早已没了这样的光景,杭州人爱休闲,这儿常有人摆开桌子打牌了。

　　我不是要借谢国桢的这篇游记来评说西湖山水今昔的好坏,而只说我每读谢国桢的这篇游记,常勾起湖山的游兴。

　　这一趟杭州之行,谢国桢有没有在省立图书馆观书呢?谢国桢文中没有明确的交代,不过《西泠片羽》的最后是这样写的:从湖滨上岸,"就回到旅社,忙着收拾行李,预备我的归程"。估计是没能看到书。这篇游记的最后一句是:

　　西湖的秋柳,仍是浮沉在我的脑海里。

　　这一句是照应了文中这样一段话:"温柔的湖水,飘荡着轻舟,微风吹来,万柳千条,拂着船面,引起我无数的情丝。"这使我想到了谢国桢清华国学研究院的老同学、也是老朋友的刘盼遂教授讲过的一句话。上世纪五六十年代,在中国科学院历史所做研究员的谢国桢,曾劝在北京

锦带桥(摄于1921年前)

师范大学中文系任教授的刘盼遂多参加些社交等活动,刘盼遂因此说:"谢多情,刘寡欲。"(见聂石樵、邓魁英《怀念刘盼遂先生》,载《刘盼遂文集》,刘盼遂著,聂石樵辑校,北京师范大学出版社2002年4月版)。今证之谢国桢的这篇散文,果不其然。刘盼遂与谢国桢同于1925年考取清华。谢国桢晚年撰《记清华四同学》(载谢国桢著《瓜蒂庵文集》),文中云盼遂先生"记闻淹雅,考证精湛,为梁、王、陈诸先生(按:即梁启超、王国维、陈寅恪诸先生)所赏识"。文中又说:"君好静,而余喜动;君

恬于荣利,而余嗜躁进……""谢多情",所以考史之余,偶写散文,便多有佳作,譬如这篇《三吴回忆录》,譬如《从广和居谈到同和居》(刊《旅游》1980年第2期)、《两粤纪游》(刊1936年2月《禹贡学会游记丛书》)、《锦城游记》(载《瓜蒂庵文集》)等,都是有趣味、有识见、有内容、有文采的好文章,均可归入"学者散文"的上品。

谢国桢在写这一篇怀旧的《三吴回忆录》时,故都北平已沦陷,文中所记的旧日访书之地如上海、南京、苏州、南浔、平湖、杭州等地,也为日寇所侵占。1943年旧历

的小除夕,岁暮天寒,谢国桢写这一篇文字,会不会是寄托了对故国山河的文化之思呢?

谢国桢民国十九年秋天的杭州之行,可能没有在孤山边上省立图书馆看书。1962年秋天,年逾花甲的谢国桢重访杭州,在西泠之文澜阁观藏书,并有诗云:"湖楼读罢日初斜,沿堤闲步履平沙。昭庆寺里黄昏候,灿烂花枝照晚霞。""文革"结束后,谢国桢暮年又下江南访书。历次观书所见,写出读书笔记,一书一记,《江浙访书记》在他故世后由三联书店于1985年12月付梓。谢国桢于每篇读书笔记前均注明所读之书现藏于何地何馆,一派史学家、版本目录学家和藏书家的风格。十多年前,北方有位博士生写近代中国小说叙事模式变迁的学位论文,来浙江图书馆看馆藏图书。馆中人请该生能于文中注明所引书现藏于浙图,该生颇不屑。我想,假如所引用之书尚未公开出版,或者是清代或民国年间的出版物,近年没有重印,则注明所藏之馆阁,不是给大家提供了很好的信息,嘉惠学林么?又有何不可呢?想来年少气盛,又与传统学风学脉暌违日久,以至于少见而多怪,甚或大惊小怪了。

最忆是杭州

落花水面皆文章
——在陈从周先生散文里的西湖风景

散花滩，又名仓基上，古建筑和园林艺术家陈从周先生晚年在散文《故居》里说，这可能是南宋藏粮的地方，位于杭州城北青莎镇，四面环水，有三座桥通市上，三洞的华光桥，一洞的黑桥，还有一座桥叫宝庆桥，宝庆是南宋皇帝的年号。

陈从周的父亲自立后就在散花滩建造了房子。陈宅后临河被称作华光桥河下。河则是大运河的后尾。

1918年11月27日，陈从周在散花滩故居"爱吾庐"的左厢楼上出生。

陈宅如今早已被夷为平地，改建了公房。陈从周先生在《故居》里用文字留下了它的面貌：

我家的主要建筑是楼厅，名尚德堂，西向，面对照屋，我们叫它回照，是书房，悬"清可轩"额。旁则两廊翼之，厅翻轩铺石板……地面用方砖……尚德房后为上房，是一座走马楼，以"爱吾庐"名之……楼后隔墙为东花厅三间，其旁南向一间是父亲颐养祖母之处……后园中乔木荫天，本有山石花木，我生的那年，大厅旁的新花厅建成，这些山石花木移到新花厅去了。后来又从南邻陆家旧宅中移了一些旧山石来。新花厅是三开间带围廊的半洋楼，后增书房一间，楼上是父亲晚年静居之处，园中以湖石石笋为花台，满布书带草……

陈从周先生在这篇散文里怀念故居，怀念曾在故居里的儿时生活——在"清可轩"的大厅里伏在方砖地上"用水写练大字"，怀念故居里的一草一木——他说他爱这"书带草"的"感情"是"从小培养出来的"。

少长湖上，半生湖海，至老钟情，陈先

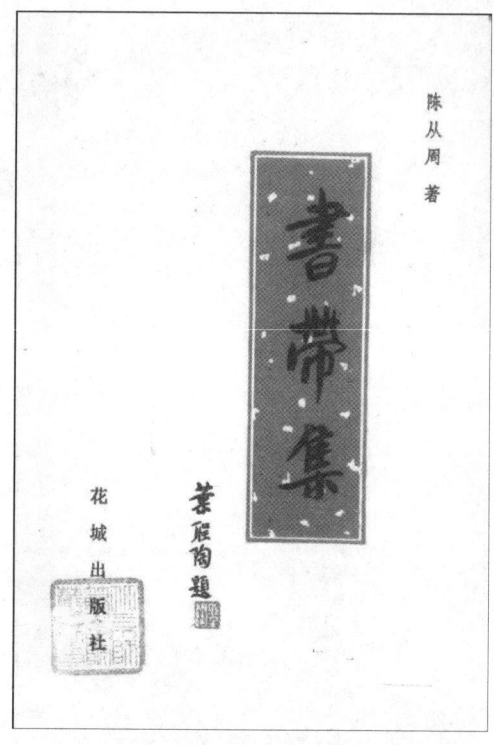

《书带集》书影

生中年偶有篇章谈西湖，晚年写的散文随笔里，则一再谈及西湖山水，虽非宏构巨著，然则或专文品评，或兴至感言，吉光片羽，弥足珍贵。

《西湖园林风格漫谈》是陈先生1962年的作品，初刊于当年3月14日的《文汇报》，晚年又作了增补和修改。西湖位于杭州古城西首，三面环山，一面临城，在凭眺上就有三个面，即向南山、北山和面城的西山。陈先生说：

以风景而论，从南向北，从东向西比从北望南来得好，因为面北向西，山色都在阳面，景色宜人，如私家园林的"见山楼"、"荷花厅"多半是北向的。

既然西山和北山是最好的风景面，那么接下来就有一个问题：这两山（包括孤山）是否该筑楼，或如何建筑？陈先生的意见是不可造过于高大的建筑物——如孤山，本来就不大，如果重重地满布建筑物，会占去太多的绿化面与山水，头重脚轻——

即使不得已在实际需要上必须建造，亦宜大园包小园，以散为主，这样使建筑物隐于高树奇石之中，两者会显得相得益彰。再其次，有些风景遥望极佳，而观赏者要立足于相当距离外的观赏点，因此建筑物要求发挥观赏佳景作用并不等同于据此佳丽之地，大兴土木，甚至踞山盘景，而是若即若离地去欣赏此景，这就是造园中所谓"借景"对景的命意所在……过去诗文中常常提到杭州城南风光，依我看来还是北望宝石山、孤山与白堤一带景物更为美妙吧。

"好花须映好楼台"，这是中国园林的一个特点。西湖的亭台楼阁是不是也得像私家园林那样呢？它该怎样设计呢？是不是得像苏州的古典园林那样呢？它的个性在哪里呢？陈先生说：

西湖不同于今日苏、扬一带的古典园林，建筑物的形式不必局限于翼角起翘的南方大型建筑形式，当然红楼碧瓦亦非所取，如果说能做到雅淡的粉墙素瓦的浙中风格，予人以清静恬适的感觉便是。大型的可以翼角起翘，小型的可以水戗、发戗或悬山、硬山、游廊、半亭，做到曲折得宜，便是好布置……再者西湖范围既如此之大，地区有隐有显，有些地方建筑物要突出，有些地方相反地要不显著，有些地方要适当点缀，因此在不同的情况下，要灵活地应用，确定风景和建筑何者为主，或风景与建筑必须相映成趣……

园林得有树，古人曾有句子勾勒西湖："明湖一碧，青山四围，六桥锁烟水。"则西湖该有什么样的树木呢？还是在同一篇文章里，陈先生写道：

西湖在整个的绿化上不能不有其主要的树类，然后其他次要的树木才能环绕主要树木，适当地进行配合与安排……正如画一样必定要有统一的气韵格调，假山有统一的皴法……西湖似应以杨柳为主，其次必须注意到风景点的特点，如韬光的楠木林、云栖龙井的竹径、满觉陇的桂花、孤山的梅花，都要重点栽植。这样既有一般，又有重点，更好地构成了风景区的逗人风光。至于宜于西湖生长的一些花木，如樟树、竹林，前者数年即亭亭如盖，后者隔岁便翠竿成荫，在浙中园林常以此二者为主要绿化植物，而且经济价值亦大,我认为亦不妨一试,以标识浙中园林植物的特点。更若外来的植物,在不破坏原来风格的情况下,亦可酌量栽植,不过最好是专门辟为植物园,那么所收效果或较散植为佳。盆景在浙江所用的,比苏州扬州更丰富多彩,我记得过去看见的那些梅桩与佛手桩、香橼桩,苍枝缀玉,碧树垂金,都是他处罕有的,皆出金华、兰溪匠师之手。像这些地方特色较重的盆景,如果能继续发扬的话,一定会增加西湖景色不少。

《西湖园林风格漫谈》一文,集中地谈了陈先生对西湖风景及其风格的认识。而在他其他的一些散文随笔里,更散落着许多零锦碎玉。

终篇于1982年1月20日的《说园》五章,洋洋万言,是陈从周先生的得意之作,陈先生自谓:"半生湖海,踏遍名园,成此空论,亦自实中得之。"

在《续说园》一章里,陈先生立论:"前人安排景色,皆有设想,其与具体环境不能分隔,始有独到之笔。"他举了满觉陇作例:

西湖满觉陇一径通幽,数峰环抱,故配以桂丛,香溢不散,而泉流淙淙,山气霏霏,花至而馥郁,宜秋日赏桂,游人信步盘桓,流连忘返。

写到此处,先生亦有遗憾:"闻今已开公路,宽道扬尘,此景顿败。"

还是在这一篇里,陈先生赞叹西湖三潭印月是"大湖包小湖"的"佳例"(在《中国园林散记》一文内,先生也曾感叹"至于大湖中包小湖的办法,要推西湖的三潭印月最妙了")。

《说园》(三)谈到了杭州的"叠山":

浙中叠山重技而少艺,以洞见长,山类皆孤立,其佳者有杭州元宝街胡宅,学官巷吴宅,孤山文澜阁等处,皆尚能以水佐之。

《说园》(四)写成于1981年10月10日,内中记述了7月游杭州金沙港:

7月间到西

西湖佳景全图

三潭印月（摄于1921年前）

湖,园林局邀游金沙港,初夏傍晚,余热未消,信步入林,溽暑全无,水佩风来,几入仙境,而流水淙淙,绿竹猗猗,隔湖南山如黛,烟波出没,浅淡如水墨轻描,正有"独笑熏风更多事,强教西子舞霓裳"之概。我本湖上人家,却从未享此清福……

陈先生因此对金沙港一带景区规划提出看法:"若能保持此与外界气候不同之清凉世界,即该景区规划设计之立意所在。一旦破坏,虽五步一楼,十步一阁,亦属虚设,盖悖造园之理也。""风景区之经营,不仅安排景色宜人,而气候亦须宜人。"——

金沙港应属水泽园,故建筑、桥梁等均宜贴水、依水,映带左右,而茂林修竹,清风自引,气候凉爽,绿云摇曳,荷香轻溢,野趣横生。"茅黄亭子小楼台,料理溪山煞费才。"能配以凉馆竹阁,益显西子淡妆之美,保此湖上消夏一地,他日待我杖履其境,从容可作小休。

今日湖西景成,正承先生之旨趣,而先生作古,已不复能游了。

"城市兴衰,善择其要而谋之",陈先生在这一篇里,对杭州城市面貌亦殷勤致

水竹居（摄于1921年前）

意：

　　西湖为杭州之命脉，西湖失即杭州衰，今日定杭州为旅游风景城市，即基于此。至于城市面貌亦不能孤立处理，务使山水生妍，相映增生。沿钱塘江诸山，应以修整，襟江带湖，实为杭州最胜处……

　　郭庄是西湖边上一座精致典雅的园林，一度已是断垣残壁，鹅鸭成群，荒芜多年。郭庄得以复原，得力于《新民晚报》发表陈从周先生的《郭庄桥畔立斜阳》。陈先生在这篇文章里赏析了郭庄之美：

　　郭庄在卧龙桥北，离刘庄不远，滨湖之西岸，选址极好。我那天去已是夕阳西下向晚的时分了，虽然小颓风范，而水池宛然。其最令人叫绝者，应该说是跨溪一桥，桥以湖石垒成，上建一阁，桥外西湖如镜，桥内小溪如环，引入园境。此海内孤例也。如果以舟游，从湖上望景色尤美。以此一桥一溪，园与湖贯气了，而登阁呼啸，湖上风光，园中幽色，皆收眼底，构思在"巧"。园固为大池，中隔以一亭，分左右两部，亭廊皆面水，以桥洞通湖。水汪洋矣，建筑安排紧凑，可与苏州网师园媲美。但网师园园外无景可借，还稍逊一筹呢。

　　陈先生雅人深致，发而为文，遂挽救一代名园。1990年6月，陈先生再访郭庄，此时郭庄正由先生弟子陈樟德负责修复。

在《西湖的背影》一文里，陈从周先生说："陈君颇能解我意，修旧花园，应该说是复园，要体会当时设计时的意境，还它本来面貌，如今已能依稀看得出来了，等于一张照片在显影药水中，渐渐清楚了。"

杭州夏季较热，刘庄主人给别墅取名"水竹居"，陈从周先生以为"实以水与竹来改善环境气候，生凉迎风，隔热蔽荫，而使众鸟有托，时鸣得意，自然令人产生凉适之感"。他在《水竹宜人》一文里点评道：

以"水竹居"闻世的庄子……小阁临流，山横浅黛，鱼现港湾，莺啭高枝……山与水皆移置槛前……风景园林借景的手法，在此达到最大的广角度。刘庄负山面湖，苏堤如带，有此一隔，空灵极了……

山色自朝至暮，不时地在变动。清晨晓雾迷蒙，看不见山。渐渐由浅到深露出了轮廓，仿佛湿笔未干，远峰近山，层翠间出现沉浮的雾气，如轻纱，如白练，缥缈着如仙子舞衣……偶然林间数声流莺，跃过水面传来，太清脆了……

在这篇文章的结尾，陈先生曲终奏雅，于"造园绿化"三致意焉："楼台虽好，花木荡然，正如美人无发……凡从事土木建筑城市建设者，对造园绿化一端，千万勿等闲视之……"

《水边思语》一文也说到了刘庄之美：

初夏向晚的湖山，波光平静，水风凉爽，饭罢小坐刘庄水竹居枕流亭中，眼前杨柳依依，细鳞尾尾……近处的苏堤，堤上垂柳，柳下桥洞，将水面围而不隔，空透有致，比园林的花墙更玲珑。水竹居有此一隔，景自成区，建筑学家谓之"收头"，如文章之结尾。但是文章并不到此为止，堤外有山，山中有景，净慈寺隐现于南屏山下，其晚钟遥送入耳，因为穿过树林，掠过水波，声音朦胧神秘……

陈先生《秋水》一文里有言"在高层上望西湖，我说这是'近视眼望钱塘江——白茫茫'而已"。《水边思语》赞许水竹居选址之妙，连带着品评了西湖十景之一的"平湖秋月"：

水竹居选址，实在高明，本来这里以低地为多，筑室非宜，然主人着眼在观景，懂得一个"观"字。我曾登上望湖楼的顶层，滋味别有一番。高楼观湖，大中见小，楼越高湖越小。平湖秋月，妙在一个"平"字。水竹居与平湖秋月，是真正看湖之处。

陈从周先生在写成于1980年5月的《说园》（三）里讲过这样的话：

能品园，方能造园，眼高手随之而高，未有不辨乎味能著食谱者。故造园一端，主其事者，学养之功，必超乎实际工作者。计成云："三分匠，七分主人。"

陈从周先生是造园大家，学养丰厚，还是大画家张大千的入室弟子，1948年，他30岁时，在上海开办个人画展，以"一丝柳，一寸柔情"蜚声海上画坛。他的散文也是潇洒飘逸,清丽脱俗。以陈先生之功力,品评西湖山水,自然丝丝入扣。我曾见多种解说西湖山水的手册,言语无味,面目可憎,陈辞滥调,不得要领。想起陈从周先生的美文,于是从中搜寻了一部分有关西湖的文字,集于一篇,或许能添湖山之兴,或许对做其他事的(譬如西湖或西溪或钱塘江畔的房产开发)也能有所裨益。

　　陈从周先生的散文里也说到了西湖风景规划建设里的一些败笔。试举一例,《说园》(三)里讲道:

　　　　西湖烟霞洞本由小径登山,今汽车达巅……从何处话烟霞矣。闻诸西湖诸山拟一日之汽车游程可毕,如是,西湖将越来越小……

　　这是就西湖风景所言,而背后所含的原理,则正如陈先生在同一文中所说的:

　　　　风景区之路,宜曲不宜直,小径多于主道,则景幽而客散,使有景可寻、可游,有泉可听,有石可留,吟想其间,所谓"入山惟恐不深,入林惟恐不密"。山须登,可小立顾盼,故古时皆用磴道,亦符人类两足直立之本意,今易以斜坡,行路自危,与登之理相背。更以筑公路之法而修游山道,致使丘壑破坏,漫山扬尘,而游者集于道与飙轮争途,拥挤可知,难言山屐之雅兴。

　　这是真懂山水者的话。陈从周先生《秋水》一文里借一位朋友的话说"关键要扫'园盲'"。这个话头虽是由建筑与园林工作者而起的,但恐怕也不该单单止于此。

　　陈从周先生已于2000年3月15日作古,生前是同济大学建筑系教授。陈先生暮年著文每多念旧,忆及儿时在杭州的生活,尤其感念西湖山水陶冶了他对自然的兴会(名学者叶恭绰先生曾集四部园林古迹之书目为一联书赠陈从周:"洛阳名园,扬州画舫;武林遗事,日下旧闻。"这"武林"指的就是杭州,西湖诸山旧时又称武林山,武林遂成为杭州的别名)。陈先生未能留下一部像他的《苏州园林》那样专门品评和研究西湖山水与园林的传世名著,殊为可惜。

最忆是杭州

『旧时月色』
——流在近世文化人散文里的西溪

杭州城西的西溪,是晋代留下来的名字。南宋吴自牧撰著的《梦粱录》,是一部描写南宋都城临安市情风物的书,而尤详于淳祐至咸淳之间(1241—1274),书成于宋末(也有说是成于元初)。《梦粱录》卷十一写道:

自武林山之西,名曰西溪。

于是西溪就流在了古代人、近世人的著述里了。

明人田汝成辑著的《西湖游览志》，记录了杭州西湖名胜、掌故传说，"叙列山川，附以胜迹，揭纲统目，为卷二十有四"。在卷八里叙述了"西溪"得名"留下"的由来：

西溪，居民数百家，聚为村市，俗称留下。相传，宋高宗初至杭时，以其地丰富，欲都之，后得凤凰山，乃云："西溪且留下。"后人遂以为名。

我在去年初秋游过一次久被荒废的西溪，坐的是农家船。其时芦花尚未怒放，虽略有几分野趣，但到底是不能跟西湖比的。回来翻检浏览近世文化人所写的游西溪的散文随笔，不胜今昔之慨。

清末举人林纾，不懂英文，却能用文言"翻译"西方的小说，以中国文人认可的"雅语"讲述世俗人情，晚清中国人从林译小说里瞥见了西方的文化与人生。他无意间而成为中国新文化的一位先驱。1899年，林纾47岁，秋游西溪，回来后写成《游西溪记》和《记花坞》两篇散文。花坞也是西溪的风景。

《游西溪记》里写到：

溪上之山，多幽蒨，而秦亭特高崿……溪行数转，犹见秦亭也。溪水潆然而清深……野柳无次，被丽水上，或突起溪心，停篙攀条，船侧转乃过。石桥十数，柿叶蓊荟，秋气洒然。桥门印水，幻圆影如月，舟行入月中矣。

对交芦庵，林纾尤其赞不绝口：

交芦庵绝胜。近庵里许，回望溪路，为野竹所合，截然如断，隐隐见水阁飞檐，斜出梅林之表。其下砌石，可八九级。老柳垂条，拂扫水石，如缚帚焉。大石桥北趣入乌桕中，渐见红叶……一色秋林，水净如拭。西风排竹，人家隐约可辨……

林纾文中的景致，我这回游西溪，已经一点都看不到了，不但看不到，西溪的水上很多地方还漂浮着废弃物。

《记花坞》文字亦清丽：

行西溪未半……登陆……入花坞矣。坞以多花名……一径绝窄，出万竹中，幽邃无穷。崖下多沃壤，尽以莳竹。小溪宛宛如绳，盘出竹外。溪次有微径两三道，咸阴沉上沮白日，细草翠润，香气蓊勃。稍南多杉，霜皮半作深紫之色，杂立竹中，紫翠荡漾，如垂湘帘。路断辄支石梁，潭水出其下，为小石所沮，潆然作声。潭中生石菖蒲，小鱼出没蒲根，涵虚若空游，或联队行，或否。

藕香桥景愈幽丽。路右趣至潭而毕，过桥乃得路。深绿间出红叶，人声阒然，画眉之声始纵。茅庵十九处，不相袭，各自力构：或砌小石级，状若修蚓入云，莫穷其端；或疏篱当竹，梵唱琅然；或银墙沿竹，墙尽不见门宇柴关。乃背临溪上，步武错迕，窈然而深，廓然而容，皆因竹为曲折也。

秋雪庵（摄于1929年前）

白云堆陡绝，左倚深丛，右临枯潭，樵步出没，瞥如猿猱。小庵当群松而门，庵后四山合沓，时出云气，弥望皆竹。风过籁发，萧然不类人境。僧言花坞路止此矣……

真是"不类人境"，"僧言花坞路止此矣"置于此段文字后，虽是写实，却有弦外之音，令人遐想。

南社诗人姚石子，1915年暮春游西溪，也写过《游西溪记》，他比较了西溪和西湖：

西溪之境如苎萝美人，澹冶幽娴，云鬟蓬松，而自然绝世，与西湖之如美人已入吴宫，韶丽明靓，浓妆艳抹，固有别趣。

他在文中还写到：

溪以芦花称，当九秋之际，飞绵滚絮，皑若白雪。溪又多梅，时届三冬，暗香浮动，苍雪触目……

不过，姚石子是作暮春之游，来不及看到这秋冬胜景了。

姚石子还能作此芦花遥想，到大诗人徐志摩1923年著《西湖记》时，西溪景色看起来是已有点儿颓败了：

西溪的芦苇，年来已经渐次的减少，主有芦田的农人，因为芦柴的出息远不如桑叶，所以改种桑树，再过几年，也许西溪

【清】吕焕成:《西溪图》

的"芦雪",竟与苏堤的断桥(按:断桥在白堤),同成陈迹!

所以徐志摩会在这篇文章里说:

与其白天看西溪的芦花,不如月夜泛舟到湖心亭去看芦花,近便经济得多。

但花坞还是不错的——

花坞的竹子,可算一绝,太好了,我竟想不出适当的文字来赞美;不但竹子,那一带的风色都好,中秋后尤妙,一路的黄柳红枫,真叫人应接不暇!

以上所引徐志摩的文字,均写于1923年10月21日。

小说家魏金枝大约1926年的"梅花落后,满山杜鹃花映红的时节","来此古西溪边",不过他留下来的文章却是《留下镇上的黄昏》,以小说家的白描功力写了市井生活场景。

张其昀是历史地理学家,做过几所大学的教授,《西湖风景史》写于民国十八年,里面第二节"四时花木"也谈到过西溪:

清代则以西溪之梅为最盛,西溪在西湖北山之阴,即灵隐寺之山背,地甚幽僻,多古梅。西溪梅花皆是村上养生产业,故各勤加培护,无不盛之岁。花时香雪霏霏,四面来袭人。居民百余家,隐隐深林,但见炊烟出林杪耳。

(按:《万历钱塘县志》载:"西溪……二月梅始花,香雪霏霏,四面来袭人。"雍正九年(1731)由浙江总督李卫主持修纂的《西湖志》,记录了清代新增的西湖十八景,"西溪探梅"即名列其中。明人高濂《四时幽赏录》还列有"西溪楼啖煨笋"的"春时幽赏"、"西溪道中玩雪"的"冬时幽赏"等。)

小说家张恨水1929年6月在《世界日报》上连载《湖山怀旧录》,刊于6月13日上的这一篇里讲道:

西湖水景,除里外湖而外,则当推西溪,两岸梅竹交叉,间具野柳,斜枝杂草,直当流泉。小舟自远来,每觉林深水曲,欲前无路,及其即前,又豁然开朗。蒹葭缥缈,烟波无际,远望小岫林,如画图开展。两岸密丛中,时有炊烟一缕,徐徐而上,不必鸡鸣犬吠,令人知此中大有人在矣。

词学家夏承焘《天风阁学词日记》不单单说词学,谈学问、话文学、赏誉品藻人物……范围很广,是一部很有意思的书,治近世文化史的,好像对这部书还没有足够的重视。其中1930年11月16日这一条里,道及当天的西溪之游,他对西溪的印象是:

西溪比西湖清幽,弯环秋绿,净不可唾。霜淑人家,历历在画。扁舟摇曳,穿十五座桥。诗意曲折不穷。

风光这样好,所以夏承焘"对临溪小筑,时动移家之兴"。

郁达夫写于1935年10月22日的《西溪的晴雨》,可以算作近世关于西溪的诗文里的一篇经典。文章里说：有朋友以为西湖"湖光山色，太整齐，太小巧，不够味儿"，于是"微雨里下西溪"，"尝一尝这西湖近旁的野趣"。虽然芦花并未怒放，树叶也不曾凋落，"原不见秋，更不见雪"，但"清明浩荡，飘飘然，浑浑然"，也颇惬意。其中有一节文字，很有趣味：

　　从留下下船，回环曲折，一路向西向北，只在芦花浅水里打圈圈；圆桥茅舍，桑树蓼花，是本地的风光，还不足道；最古怪的，是剩在背后的一带湖上的青山，不知不觉，忽而又会得移上你的面前来，和你点一点头，又匆匆的别了。

　　这一段文字真有宋词的意境。

　　刊于《越风》1936年第11期的《闲话花坞》，署名"余小可"，有学者推测是陈大悲的作品，"小可"为其笔名。陈大悲，浙江杭县（今杭州）人，剧作家。"花坞多古庵，可是新兴的也不少"，这篇《闲话花坞》叙录了作者一路所游的花坞里的古庵新庵。

　　近世文化人写西溪的文章，我想肯定会有我所没有见到的。但仅仅这篇短文里举到的这几篇，也足够叫我们神往了。现在是看不见那样的景致了。我去年初秋去游时，芦苇已所剩无几，梅林更见不到，岸上满是菜畦（苫上铺席、花下晒裤、果园种菜、花架下养鸡……这在晚唐诗人李商隐的《义山杂纂》里，都是被列入"杀风景"一类的），不过是江南乡下常见的村野溪河而已。

　　古建筑和园林艺术家陈从周先生晚年在《湖山人情能留客》一文里，哀叹西溪风景区的消失。陈先生说：

　　我国有名的旅游点，大多均有一正一副，即有主次之分。泰山有个长清，杭州附近有南北湖、超山等，西湖原来旁边有个西溪，也是一个为副的旅游点，可惜不慎重地改为工业区，风景点消失了。

　　"没有副就没有缓冲"，陈先生在文中吁请："目前应该在副字上做做文章。"

　　我那次游过西溪后不久，去岁秋冬，《杭州市西溪湿地保护区总体规划》终于出台，其中列入一期的保护工程现在已经开始实施，东起深潭港，西至长家滩，南起沿山河，北至朝天暮港及新开河，包括秋雪庵保护区全部，曲水庵保护区等的部分，总面积2.63平方公里，将于今年秋天完成。西溪文化研究会也已成立，并开始了调查和研究的工作，首次确认了西溪湿地核心景区的古景点"秋雪八景"的遗址。这是叫人高兴的事。

　　西溪周边的一些房产，也陆续开了出来……读读近世文化人的清词丽句，想想西溪"旧时月色"，望望已能看得见的西溪前景，我也忍不住"时动移家之兴"。但愿这些已获准开发的房产商们，能好好造房子，好好规划并实施，千万不要佛头著粪辜负了西溪的这片大好美景啊……

最忆是杭州

横笛吹云何处起
—— 现存最早的西湖十景诗

给风景取名,相当于『画龙点睛』。好的景名,『随物赋形』,可以拈出风景里最有意境的特质,可以钩沉风景的趣味和意味,自然也会增添我们游山玩水的好兴致,譬如『西湖十景』。

西湖十景,是西湖山水的精华,自宋代以后,渐成定评,元、明、清三朝迭有增补,前些年又有西湖新十景、西湖三评十景,虽然风景名目有变化,但是湖山的审美风格、美学趣味,则还是脉络相续的。

西湖十景的名字,源出于南宋西湖山水画。宋室南迁,定都临安,重建画院。画院建在万松岭山麓的紫云殿。画家们傍湖而居,如南宋四大家李唐、刘松年、马远、夏珪多有佳作描画西湖。画院画师以有趣味的画笔,摹山写水,西湖四时风光呈现于画家笔底。西湖的十景名目亦陆续出现在这些画家作品的品题中,就中尤以马远、僧若芬等为胜。

大约成书于南宋理宗嘉熙三年(1239)的《方舆胜览》一书,凡70卷,南宋建阳人祝穆撰著。这部书的刻本流传约始于度宗咸淳二年(1266)。清代乾隆年间编修《四库全书》,把《方舆胜览》放入史部地理类。祝穆在这部书里写到:

好事者尝命十题,有曰平湖秋月、苏堤春晓、断桥残雪、雷峰落照、南屏晚钟、曲院风荷、花港观鱼、柳浪闻莺、三潭印月、两峰插云。

吴自牧撰著,大约成书于宋元易代之际的《梦粱录》,记述南宋都城临安城市风貌,也记录了西湖十景的名称,仅顺序和文字稍有出入。这或许可以说明,西湖十景名称在南宋出现,首先因画家作画品题

而成,十景名目至南宋末已广为流传。

元、明、清西湖十景的原有的名目依然存在,同时又有新的西湖十景的名称出现,这或许可以说明西湖风景在文人画师的眼中,变幻无尽;亦说明湖山之胜。清人张云璈《西湖》诗说得好:"十景传来总不同,西湖烟水本难穷。"今日流传的西湖十景的"定格"的名称是:平湖秋月,苏堤春晓,断桥残雪,雷峰夕照,南屏晚钟,曲院风荷,花港观鱼,柳浪闻莺,三潭印月,双峰插云。

西湖十景,代有诗人吟咏,最早的西湖十景诗是谁的作品,又是怎样的诗作呢?

流传至今的最早的吟咏西湖十景的诗作,是南宋福建人王洧的十章七言绝句《湖山十景》。

王洧的这十首咏哦西湖十景的诗作分别是:

孤山落月趁疏钟,画舫参差柳岸风。
莺梦初醒人未起,金鸦飞上五云东。
——《苏堤春晓》
塔边分占宿湖船,宝鉴开奁水接天。
横笛吹云何处起?波心惊觉老龙眠。
——《三潭印月》
避暑人归自冷泉,埠头云锦晚凉天。
爱渠香阵随人远,行过高桥旋买船。
——《曲院风荷》
万顷寒光一夕铺,冰轮行处片云无。

鹫峰遥度西风冷，桂子纷纷点玉壶。
　　　　　　——《平湖秋月》
　涑水崖碑半绿苔，春游谁向此山来。
晚烟深处蒲牢响，僧自城中应供回。
　　　　　　——《南屏晚钟》
　如簧巧啭最高枝，苑树青归万缕丝。
玉辇不来春又老，声声诉与落花知。
　　　　　　——《柳浪闻莺》
　浮图对立晓崔嵬，积翠浮空霁霭迷。
试向凤凰山上望，南高天近北烟低。
　　　　　　——《两峰插云》
　塔影初收日色昏，隔墙人语近甘园。
南山游遍分归路，半入钱唐半暗门。
　　　　　　——《雷峰夕照》
　断汊惟余旧姓传，倚阑投饵说当年。

沙鸥曾见园兴废，近日游人又玉泉。
　　　　　　——《花港观鱼》
　望湖亭外半青山，跨水修梁影亦寒。
待伴痕边分草色，鹤惊碎玉啄阑干。
　　　　　　——《断桥残雪》

　王洧，号仙麓，南宋闽县（今福建福州）人。宋理宗宝祐四年（1256）入浙江帅幕。王洧的这十首诗作，诗风工丽典雅，深得湖山旨趣。七八百年后，我们重读王洧诗篇，漫游湖山，依然可以体会当年西湖风物和王洧的诗情。王洧开其源的"西湖十景诗"，至今余音不歇，前两年还有新诗人以新体诗来做成西湖风景诗集《我对美看得太久》。

平湖秋月（摄于1921年前）

最忆是杭州

坐对西湖把酒樽
—— 老店名联

文史学家、敦煌学家周绍良写的一部随笔集子里讲到过一个故事：

上世纪50年代，聂绀弩、周绍良同在人民文学出版社工作。一次两人在便宜坊吃烤鸭。鸭子是由食客在店里自选的，烤得红得发亮，又盛在木案里，师傅端出来问过食客如何片法后，即以娴熟的手艺在另一桌上片起来，所片鸭肉大小均匀，色如琥珀，薄如蝉翼，并将烤鸭的前胸、后背、鸭腿等部分的肉分装五个盘子。裹上面饼、大葱、心里美萝卜条，蘸上酱，聂吃得甚满意，以为比刚出炉的广东烤乳猪还美。

二十多年后，聂从北大荒回到北京，住在西城。一日，聂约周至一有大名气的烤鸭店吃烤鸭。鸭子既没让他们挑选，也没见烤好的鸭拿来给他们看。端上来时，只是堆得高高的一大盘，分不清哪是胸肉、哪是腿肉。聂说："这鸭子未经验明正身。"鸭肉软耷耷的，不冷不热，也不脆。周说："现在烤鸭用电炉，一炉十几只，谁还教你验明正身？今天的烤鸭是大众化的、普及的。"聂没说什么，喝起酒来，好久，才说："烹调也是艺术，这几年艺术在退化……什么'大众化'，什么'普及'，全是在骗人，只有偷工减料是真的，骗那些没有吃过烤鸭的人。"

聂绀弩是吃过"改良"前的便宜坊烤鸭的，且深得烤鸭之"三昧"，所以他对后来的"改良"后的烤鸭，能够识别它的"偷工减料"。

这个故事也可以部分地说明，以有限的美食经验来奢谈老字号的美食，是多么坐井观天。

未曾在老字号的鼎盛时代品味过美食的，我想，恐怕也不是写老字号美食的合适的著者。

杭州的餐饮名店，虽然有一些是劫后重生，老店新开，但这些老店都是有自己的传统的。其中之一，就是它有自己的妙趣横溢的楹联，这些联子，是这些老店的"画龙点睛"，平添食客的兴会，甚得饮食之趣。

西湖边俞楼旁的楼外楼，初建于清代道光二十八年（1848），老楼主洪瑞堂。楼外楼的"西湖醋鱼"、"宋嫂鱼羹"也是传世名菜了。它的楹联融合山水、饮食和文化，给楼外楼添加了文化的韵味。戎马书生题写的楹联：

一楼风月当酣饮，
十里湖山豁醉眸。

楼外楼在西湖边，食客登楼把酒，眼前湖光山色，风月无边，这副楹联道出了这番美好的意境。

易铨题写的楹联：

闲开东阁索梅笑，
坐对西湖把酒樽。

坐对湖山、把酒言欢的趣味，在这副楹联里得到了表达。

邓云乡的楹联是：

鱼羹美酒味中味，
春色湖光楼外楼。

"味中味"对"楼外楼"，浑然天成有趣味。

楼外楼1958年由俞楼旁迁到西泠印社东侧。

清代的西湖餐馆五柳居，在孤山六一泉东侧，今已不存。但五柳居的楹联尚存，是当年梁同书所撰书：

清风明月本无价，
饮酒食肉自得仙。

绍兴人孙翼齐1913年创建的知味观，也是杭州今存的有名的老字号。孙翼齐开店迎客，写了"欲知我味，观料便知"八个字，贴在门楣上，又从这几个字里选出"知味观"三字作店名。知味观当年以小笼包、"猫耳朵"等点心知名，据说有名士慕名前来品尝，大快朵颐之余，题了一幅楹联：

闻香下马，
知味停车。

雅士名联遂成了知味观的广告招牌。

吴山脚下大井巷，旧时有王润兴饭庄，饭庄所制作的大方块盐肉白煮称作"盐件儿"，店中的一副楹联写到：

肚饥饭碗小，
鱼美酒觞宽。

王润兴饭庄今在河坊街、高银巷都开出了门面，生意兴隆。

杭州是一座有雅趣的闲闲的城市。如果说近代沪上多酒吧，则杭州更著名的或许是茶楼。

清代杭州涌金门外西湖湖滨，有一家"三雅园"茶馆，民国年间更名为"仙乐园"。其中有楹联曰：

山雅水雅人雅，雅兴无穷，真真可谓三雅；
风来雨来月来，来者不拒，日日何妨一来。

既解释了"三雅"之意，也表达了殷殷盛情。

还有一副楹联，尤为著名：

为公忙，为私忙，忙里偷闲，吃碗茶去；
求名苦，求利苦，苦中作乐，拿壶酒来。

言简意赅，且又风趣。

建于光绪年间的藕香居茶馆，当年在西湖涌金门码头旁，后来称为"颐园"。它的楹联也是相当有趣味。譬如陆莲撰写的：

红也藕花，白也藕花，真个花花成世界；
风来水面，月来水面，尽教面面吸湖光。

还有一副集苏东坡诗句的楹联：

欲把西湖比西子，
从来佳茗似佳人。

上联出自苏东坡《饮湖上初晴后雨二首》的第二首："水光潋滟晴方好,山色空蒙雨亦奇。欲把西湖比西子,淡妆浓抹总相宜。"下联出自苏东坡《次韵曹辅寄壑源试焙新芽》:"仙山灵雨湿行云,洗遍香肌粉未匀。明月来投玉川子,清风吹破武林春。要知冰雪心肠好,不是膏油首面新。戏作小诗君一笑,从来佳茗似佳人。"集句成佳联,妙手偶得之。

还有一副楹联,在别处也见到过:

四大皆空,坐片刻无分你我;
两头是路,吃一盏各自东西。

文字通俗,机锋暗藏。

今日雷峰塔下的藕香居,袭用旧名,而和原先的藕香居茶馆已经没有丝毫渊源了。

我曾在一篇纪念范敬宜的文章里看到这样一个故事,文人气息甚浓的报人范敬宜,一次在小饭店里吃饭,见墙上贴着一篇《红烧肉赋》,感觉有趣,便放下筷子,从头至尾抄下来。服务员大奇,以为这文中有什么毛病。饭馆虽小,也没有名气,但一篇《红烧肉赋》却给小饭店增添了许多趣味。这就是文化,具有中华传统特色的饮食文化。

我居住杭州也将有三十年了。三十年间,杭州的饭店,有名的,我想我可以算是都尝遍了。但要我写写杭州的美食,我想我仍然是不够格的。回想吃过的饭店,除了美味,还有可以记忆的就是店中的楹联和那一份美好的心情。有一年春天,孩子当时还在读小学,星期天,我们全家到杨公堤畔的知味观味庄用晚餐,饭后出来,又到花港散步。这个时候游人散尽,公园里寂静安宁,我们漫步在湖边,湖水静静地映着晚霞,晚风轻轻地吹拂着杨柳。现在回想起来,那是多么美好的时刻啊。

湖滨公园(摄于1921年前)

最忆是杭州

留与西湖作画屏
——九里松的故事

九里松,多有古意、多儒雅、多有气魄的名字,我喜欢这个名字。

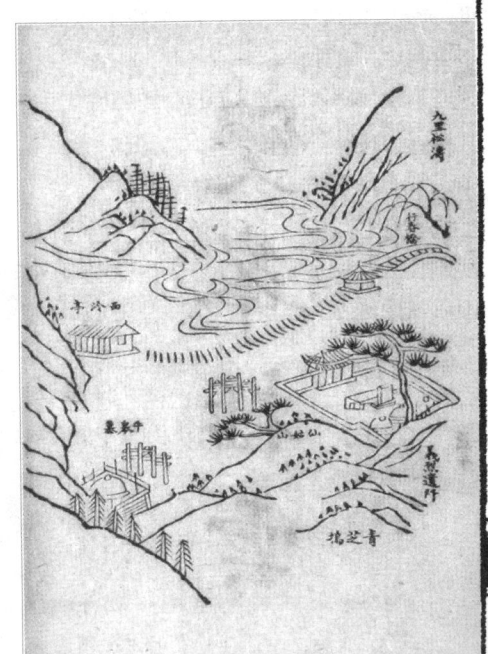

九里松，杭州西湖的地名，在杭州灵隐路，起自洪春桥，止于下天竺。

九里松，最先是袁仁敬做杭州刺史时所种植。袁仁敬是唐代著名的司刑官，与贤相张九龄甚为友善。据说袁仁敬病逝后，连囚犯都悲痛万分，作《袁仁敬歌》以怀念，歌中唱道："天不恤冤人兮，何夺我慈亲兮。有理无申兮，痛哉安诉陈兮。"

唐代玄宗开元十三年（725），袁仁敬到杭州做刺史。政务之暇，常喜欢去灵隐天竺一带游览，于是让人在灵隐道两旁——位置在今天的洪春桥到灵隐一带——种植了许多松树，左右各植三行，每行相距八九尺，松树连绵九里，因此得名九里松。袁仁敬还在洪春桥建起九里松亭，百姓多称之为一字门。袁仁敬雅爱灵隐天竺，让人植松树，自己的喜好也因此可以成为众人分享的好景色。

治杭州历史的学者称，袁刺史栽九里松，这是杭州有史记载以来比较早的一次大规模绿化城市的行动。

围绕九里松，有两个故事颇有意味。

九里松的道路上，旧有"一字门"，门上有额，上书"九里松"三个大字，为王安石外孙吴说在南宋初年时所题写。据说宋高宗南渡杭州，好几次都想把这个字换下来，放上自己写的字。宋高宗赵构，学识渊博，也是有名的书画家，于字画颇为自得，他尝自谓："余自魏、晋以来以至六朝笔法，无不临摹，众体备于笔下，意简犹存取舍，至若禊帖，测之益深，拟之益严，以至成诵。"但高宗赵构写了好多次，都不满意，觉得比不上吴说写的，所以最终还是没有把吴说题的"九里松"三个字换下来。后来宋高宗派吴说到信州做知州，还对吴说说起这事，赞誉吴说的字。这个故事见于宋代陈晦撰著的《行都纪事》一书。宋帝高宗，可非议之处固甚多，但他不倚仗自己的帝王之势去强行更换比自己写得好的牌额，这说明他在书艺上还是能够知己亦知人，懂得艺术，趣味不俗，也是得了道的。

宋理宗时，宠幸阎妃婉容。淳祐十一年（1251），理宗在九里松附近给阎妃建造功德院集庆寺。阎妃要砍伐九里松的松树来建大殿。当时灵隐寺僧无肇写了一首诗相劝，诗云：

不为栽松种茯苓，
只缘山色四时青。
老僧终不将归去，
留与西湖作画屏。

意思是九里松的松树我也带不走的，就留着给西湖作屏风吧。宋理宗读到这首诗后，就下旨不得砍伐。理宗固风雅之人，亦能纳言。善哉！

高宗、理宗的这两个故事，或许都可以提炼出不逞己势毁公产的意思，值得今人深长思之。

"九里云松"在元代时列为"钱塘十景"。明末王思任著《游杭州诸胜记》，文章里写到了九里松："九里松夹灵隐路植，有六朝者，有南宋者，有国初所补者，龙擎虬舞，不与六桥桃柳争媚。"清朝雍正年间李卫主持编修的《西湖志》卷三记载："唐刺史袁仁敬植松于行春桥（即今洪春桥），西达灵竺，路左右各三行，每行相去八九尺，苍翠夹道，阴霭如云，日光穿漏，若碎金屑玉，人行其间，衣袂尽绿。今旧松多不存，而新植者已渐如偃盖，时时与灵山白云相接，故曰云松。"

九里松在清乾隆后期被毁殆尽。现在的九里松是1962年新植的。

【明】宋懋晋：《茶松山岭》

最忆是杭州

和尚家风三碗茶
——径山茶宴

宋代释道原《景德传灯录》是一部有趣味的书。这部书第十二卷记载了一个故事：僧人问吉州资福如宝禅师："如何是和尚家风？"师曰："饭后三碗茶。"

资福寺如宝禅师是唐末五代僧人。这个禅宗故事或许可以想见那时饮茶已和佛教相关联。

还有一个饶有趣味的故事，或许也可说明，禅宗以茶待客，自当另有深意。唐代赵州从谂禅师问一位外来的僧人是否到过他这里，对方说曾经到过，他便吩咐："吃茶去！"某日又一位僧人来到，赵州同样问他是否来过，对方回答没有来过，他也吩咐："吃茶去！"站在一旁的院主深感不解，问赵州为什么来过的和没有来过的都要去吃茶，于是赵州便喊了一声："院主，吃茶去！"

这两个故事也许能够暗示"茶禅一味"的哲理意境。

杭州径山万寿禅寺的茶宴，形成并盛行于南宋，并在宋代传入东洋日本。

寺院茶宴，有严格的规矩。宋代修云门禅的宗赜，著《禅苑清规》，里面有专门的篇章"赴茶汤"，记载了受请和尚"赴茶汤"的规矩：

院门特为茶汤，礼数殷重，受请之人不宜慢易。既受请已，须知先赴某处，次赴某处，后赴某处。闻鼓版声，及时先到，明记坐位照牌，免致仓遑错乱。如赴堂头茶汤，大众集，侍者问讯请入，随首座依位而立。住持人揖，乃收袈裟，安详就座。弃鞋不得参差，收足不得令椅子作声，正身端坐不得背靠椅子。袈裟覆膝，坐具垂面前。俨然叉手，朝揖主人。常以偏衫覆衣袖，及不得露腕。热即叉手在外，寒即叉手在内。仍以右大指压左衫袖，左第二指压右衫袖。侍者问讯烧香，所以代住持人法事，常宜恭谨待之。安祥取盏橐，两手当胸执之，不得放手近下，亦不得太高。若上下相看一样齐等，则为大妙。当须特为之人，专看主人顾揖，然后揖上下间。吃茶不得吹茶，不得掉盏，不得呼呻作声。取放盏橐，不得敲磕。如先放盏者，盘后安之，以次挨排，不得错乱。右手请茶药擎之，候行遍相揖罢方吃，不得张口掷入，亦不得咬令作声。茶罢离位，安详下足。问讯讫，随大众出。特为之人，须当略进前一两步，问讯主人，以表谢茶之礼。行须威仪序序，不得急

径山茶宴

行大步及拖鞋踏地作声。主人若送，回有问讯，致恭而退。然后次第赴库下及诸寮茶汤。如堂头特为茶汤，受而不赴（如卒然病患，及大小便所逼，即托同赴人说与侍者）。礼当退位，如令出院，尽法无民。住持人亦不宜对众作色嗔怒（寮中客位并诸处特为茶汤，并不得语笑）。

这儿所说的茶汤会，即茶宴。寺院茶宴，和俗世所谓的喝茶恐怕是了不相干的，而是由品茶至悟禅，机锋偈语，慧光灵动，也是一种参禅。也有学者以为：径山茶宴"是在径山寺举行的以茶汤助缘之斋会，是临济禅宗以茶会友、以茶食为主，与社会大众建立良好互动的茶宴会"。这两个方面，也是可以共存的。

现代学者研究得出的结论是：径山寺第二十五代住持密庵咸杰（1118—1186）是把径山茶道传扬开来的第一人。密庵咸杰住持径山寺约三年，他写过《径山茶汤会首求颂二首》：

径山大施门开，长者悭贪俱破。
烹煎凤髓龙团，供养千个万个。
若作佛法商量，知我一床领过。

有智大丈夫，发心贵真实。
心真万法空，处处无踪迹。
所谓大空王，显不思议力。
况复念世间，来者正疲极。
一茶一汤功德香，

径山禅寺（周维强摄）

普令信者从兹入。

这两首诗所述情形，可能与和尚禅修体验的"茶汤会"有了区别，而主要说的是寺院与善男信女的良好互动。

日本关西大学图书馆藏有《类聚名物考》，这是日本18世纪的百科全书，著者是江户时代中期的著名学者山冈俊明。这部书的第四卷明确记载：

茶宴之起，正元年中，驻前国崇福寺开山南浦绍明，入唐时宋世也，到径山寺谒虚堂，而传其法而皈。

南浦绍明，日本镰仓时代的临济宗僧人，南宋开庆元年（1259）渡洋入宋求学，拜

【南宋】刘松年:《撵茶图》

净慈寺虚堂智愚为师学佛。宋咸淳元年,虚堂主持径山寺,绍明亦随虚堂上径山继续学习佛学、种茶、制茶及"径山茶宴"礼仪。咸淳三年(1267)回国。《类聚名物考》里的这条记载,或许可以说明,日本茶道源于中华的径山茶宴。

更早时期,日本临济宗僧人,也是佛教史家的师蛮,1703年著成杰出的日本佛教史传著作《本朝高僧传》,书里就有"南浦昭明由宋归国,把茶台子、茶道具一式带到崇福寺"的记述。

在南浦绍明来华之前,南宋瑞平二年(公元1235年,日本嘉祯元年),日本圣一国师圆尔辨圆也来到中国,从径山寺无准法师修佛,还学习种茶、制茶。回国后,他把从径山带去的茶籽播种在静冈县的安培川和藥科川。圆尔辨圆还带回了《禅院清规》、锡鼓和饮茶方法等。圆尔辨圆在日本创建了东福寺,开创了日临济宗东福寺派法系,依《禅院清规》制订出《东福寺清规》,把茶礼列为禅僧日常生活中必须遵守的行仪作法。

日本茶道的"和、敬、清、寂"四规的总结提炼,则已到了相当于中国明朝中后期的日本丰臣秀吉时代,由日本茶道高僧千利休所阐发(亦有学者研究说明:"和、敬、清、寂"四规也是原发于中国湖北黄梅五祖山法演)。日本茶道的这四规，"和"表示茶道与外界和谐的追求，"敬"表示个人责任感和合宜的礼节，"清"表示对维护社会和思想正直的承诺，"寂"表示享受转瞬即逝的片刻，提升个人境界。关于日本茶道规矩的这几项说明，可参见美国学者威廉·E.迪尔撰著的《探寻中世和近世日本文明》一书，中译本已由商务印书馆2010年10月出版。

日本茶道源于中国径山茶宴，而后出神入化，青出于蓝胜于蓝。这是日本创造性地学习中华文明以及后来学习西洋文明，或者说日本与世界文化交流的一个"具体而微"的真实生动的写照。

径山，位于杭州城外西北，是天目山的东北峰，四围怀绕堆珠、大人、鹏抟、宴座、朝阳、凌霄、御爱等七座山峰。宋时被誉为江南五山十刹之首万寿禅寺坐落于径山。据记载，距今1250多年的唐代，径山便开始植栽茶树，比闻名天下的江南名茶"西湖龙井"都要早上好几个朝代。宋朝的翰林学士叶清臣在他的文集中说："钱塘、径山产茶质优异。"清代《余杭县志》载："径山寺僧采谷雨茗，用小缶贮之以馈人，开山祖法钦师曾植茶树数株，采以供佛，逾年蔓延山谷，其味鲜芳特异，即今径山茶是也。"《续余杭县志》记载："产茶之地，有径山四壁坞及裹山坞出产者多佳，至凌霄峰尤不可多得。"《新唐书·隐逸传》记载，径山也是唐代茶圣陆羽隐居和撰著《茶经》的地方。

径山茶宴传入东洋，深刻地影响了日本人的茶道精神、日常起居以及艺术文学。但在它的祖国，径山寺屡建屡毁，1997年4月才又修复。径山茶宴后来也曾长期失传，直到2009年秋天才重新恢复，2010年5月入选第三批国家非物质文化遗产名录。我们有多少美好的文化被我们自己亲手毁掉，每念及此，不能不浩叹。班固著《汉书》引孔子语"礼失而求诸野"，我们现在常常是唐宋文明尽失而还得到日本去寻找。日本在明治维新"脱亚入欧"后，在原有文明的基础上，政治、经济、法治、社会、文化、教育、科技全面现代化。我们还是得承认，某种意义上说，日本国文明程度和融入世界的程度，远远超迈亚洲诸国。美利坚固多发源于英吉利，但英人何曾以美人爷爷自居呢？"谦受益"，我们还是得虚心学习别国长处才是。

径山茶宴固然在前些年恢复了，但是茶宴后面的精神，我们有没有恢复呢？

最忆是杭州

精微仍当吟诗看
——食府新语

晋人《世说新语》，文采风流，雅为国人所喜，傅雷家书里亦言是日人枕边秘籍。

平时闲读杂书,偶见书中所载杭州食府掌故,或趣味盎然,或可见世故人情,固隽永可喜。爰仿传统笔记体,辑录整理,或可添诸君宴饮清谈之兴会。

袁枚,清代钱塘人,诗主性灵,亦知味,所著《随园食单》亦替杭州餐饮保存了颇多的食谱。梁章钜《浪迹丛谈》说:"《随园食单》所讲求烹调之法,率皆常味,并无山海奇珍,不失雅人清致。"梁章钜所概括的《随园食单》的要义,亦是早先杭帮菜之精髓,虽是常见食材,却能做得入味。如同近世学术大师陈垣谈好的学问,乃于常见史籍得出不平常之识见。今日杭州酒家餐馆中常见的荷叶粉蒸肉、芙蓉肉、南肉春笋、蜜汁火方、生爆子鸡、八宝豆腐、卤鸭等风味名菜,均可在袁枚的《随园食单》里找到。袁枚自谓:"吟诗之余作《食单》,精微仍当吟诗看。"

清末大学问家俞曲园先生西湖边所居住的俞楼,建于1878年。当年俞楼前侧新建一菜馆,菜馆老板洪瑞堂就到俞楼请曲园先生命名,曲园先生说:"既然你的菜馆在我俞楼外侧,那就借用南宋林升'山外青山楼外楼'的名句,叫做'楼外楼'吧。"

俞曲园先生来杭州居住时,常以从河南学来的宋嫂鱼羹待客,置酒湖楼,习以为常。又由于中州鱼羹多用黄河金鲤,而江浙鲤鱼不及河鲤肥嫩,曲园先生改用西湖鲩鱼(即草鱼),兼取宋嫂鱼和德清人(曲园先生原籍浙江德清)烹鱼的方法,烧煮西湖醋鱼,受到宾客盛赞。俞曲园先生所著《春在堂全集》之二五六卷内有诗云:"宋嫂鱼羹好,城中客未尝。况谈溪与洞,何处白云乡。"诗后自注云:"西湖醋鱼相传宋嫂遗制,余湖楼每以供客,皆云未知有此味。"其后,市肆仿曲园先生之法烧制西湖醋鱼,遂成杭州一绝。

上世纪二三十年代,北平中山公园辟有茶座,为社会名流茗谈雅集之处。语言学家马叙伦教授常光顾那里的川黔馆长美轩,觉得长美轩菜烧得好,汤则不甚佳,遂将自己所创的"三白汤"制作方法告诉厨师。长美轩仿制后命名为"马先生汤",味极鲜美,食者甚众,以后便成为长美轩的名肴。所谓"三白",即白菜、笋、豆腐,三种原料均为白色,故名。原料虽简单,做法却复杂,不但主料得选上好的,还要加配料二十多种。马叙伦《石屋余沈》云:"此汤制汁之物无虑二十,且可因时增减,惟雪里蕻为要品……"马叙伦,杭州人,"马先生汤"亦正具有杭帮菜之特点。

浙江余杭塘栖、江苏吴县洞庭山、福建莆田宝坑,中国三大枇杷产地,其中尤以塘栖枇杷量多质高。近世大画家吴昌硕常常于超山赏梅后,来到邻近的塘栖,欣赏团团绿树、累累金果的枇杷林,并创作不少以枇杷为题材的国画,其中一幅题诗曰："五月天热换葛衣，家家卢橘黄且肥。鸟疑金弹不敢啄，忍饥空向林间飞。"

1929年前后，语言学大师、余杭人氏章太炎寓居上海鬻书为生，经济颇为拮据。这年春应杭州昭庆寺方丈之邀，章太炎偕夫人汤国梨、门生陈保康（即后来成为上海名医的陈存仁）到昭庆寺小住。寺内供奉的素斋虽丰盛，但食久乏味。一日兴起，章太炎等人乃赴"楼外楼"小酌。"楼外楼"主人一见国学大师莅临，殷勤招待。章只点了三味菜：醋熘混鱼、东坡肉、蜜汁火腿。主人见了菜单说："大师太节俭了，这些菜是不够吃的。"自作主张在上菜的时候添了不少名肴。章太炎也不问究竟，饱餐之后，看到邻桌已铺好纸墨笔砚，即离座而起，拿起笔问主人要写什么。店主回答说："单求墨宝，听凭大师挥毫。"章太炎居然写了一首张苍水的绝命诗，洋洋长篇。传说，楼外楼主人得了章太炎所书墨宝，竟以200银元出售于人。

上世纪20年代末，章太炎一日在杭州西湖边楼外楼吃饭。蒋介石、宋美龄轻装简从，由杭州市长周象贤陪同，也登楼入座，似同常客。当时楼座别无他人，蒋氏一行安详地也点了三味菜，对着西湖纵览湖光山色，双方都不打招呼。蒋介石夫妇一向不喝酒，很快餐毕起立。临行时，周象贤轻声对蒋说，那面在写字的就是章太炎。蒋介石听后立刻过来招呼说："太炎先生你好吗？"章太炎也不停笔，回答说："很好，很好。"蒋又问他近况如何，他笑笑说："靠一支笔骗饭吃。"蒋说："我等你一下，送你回府。你在杭州有什么事可以随时关照象贤，他会替你办的。"章连连说："用不到，用不到。"并且坚持不肯坐车。蒋氏不便再请，就把自用的手杖送给章太炎作为纪念。章对这根手杖倒很满意，接在手里和蒋氏伉俪一行频频握手点头，称谢而别。

北里湖，俗称里西湖（摄于1921年前）

最忆是杭州

"度德量力而识时务"
——钱镠与唐末五代杭州及吴越国的治理

在历史上,宋王朝打不过金兵,被迫南渡,败退古杭州。南宋皇朝无力收复中原故土,"山外青山楼外楼,西湖歌舞几时休;暖风熏得游人醉,直把杭州当汴州。"

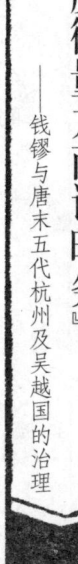

钱镠像

于是,"偏安一隅"也连带着几乎成了杭州的恶名。然而考诸历史,杭州作为都会也曾有过大发展的时候,那时,它仿佛是一下子从古代中国的三等城市跃居第一等的行列。

这一次的飞跃发生在五代十国时期,领导这一次飞跃的是建吴越国的钱镠。

钱镠,字具美,杭州临安县人,生于唐宣宗大中六年(852)二月十六日,卒于后唐明宗长兴三年(932)三月二十六日。钱镠"七岁修文",少小骁勇过人,后以家境贫困,靠贩私盐为生。他生活的年代正是唐末和唐亡之后我国历史上的又一个天下分裂的大动乱时代。钱镠在唐末投入浙中节度使董昌的军中,屡建战功,不断升迁,后又消灭要称帝的董昌,统一了战乱不休的吴越十三州一带地区。唐昭宗任钱镠为镇海镇东等军节度使。五代梁太祖朱温灭了唐朝后,在开平元年(907)封钱镠为吴越王;后梁龙德三年(923),梁册封钱镠为吴越国王。吴越国大体与五代相始终,至宋而亡。

吴越国的领土,有学者依照传统的说法,稍加变通,以为共有一军十三州:安国衣锦军,杭州、越州、湖州、温州、台州、明州、处州、衢州、婺州、睦州、秀州、苏州、福州。而以杭州为首府。吴越国的全部范围包括今天的浙江和江苏南部及福建北部一带(参见倪士毅《治杭八六载 有国七

二年——吴越国始末》,载《吴越首府杭州》,浙江人民出版社 1997 年 6 月版)。但浙江省社会科学院越文化研究所何勇强博士分析考辨多种资料后,在他的著作《钱氏吴越国史论稿》(浙江大学出版社 2002 年 4 月版)中,以为传统讲的"十三州",具体内容各有不同,罗隐《甲乙集》里讲的"十三州"是虚指;钱俶向宋纳土时所称的"十三州"是指吴越实际占有的土地,包括新置的秀州和后占的福州,而非地方行政单位;《旧五代史》之"十三州"系宋人附会之辞,未足为据;倪士毅的"一军十三州"之说也"甚不妥"。但对吴越国土地的前后范围的指认,则应该没有多少原则性不同的意见。

钱镠治杭,曾数次对杭州城垣作拓展和营建。吴越国首府杭州城的城址范围,也是说法不一,本文姑且采用陆鉴三《城凡三重　纵宽横仄——吴越国杭州城》(载《吴越首府杭州》)的表述:"钱镠当时所筑杭城,南至秦望山麓与六和塔一带,北抵今之武林门外,西濒西湖,东以菜市河(今之东河)为界……"

钱镠治吴越,以保境安民为军事外交政策。这项"基本国策",共有三项主要内容,可用十二字来概括:尊奉中原,连横诸藩,对抗淮南(参见何勇强《钱氏吴越国史论稿》)。这项"基本国策",在钱镠之后,也仍为吴越国的历任继位者所遵循。

保境安民要以实力作依托,要有硬的一手,你有本事把人家打怕了,人家才不敢来欺负你。"尊奉中原"与"连横诸藩"是为"对抗淮南"服务的,"对抗淮南"是吴越国对外军事战略的最终旨归(参见何勇强《钱氏吴越国史论稿》)。钱镠本就骁勇善战,他对吴越国北方的强邻淮南就经历了反复通好和交恶,经过衣锦军保卫战和狼山江水战(指挥这场战役的已是钱镠的七子钱元瓘),直到后梁贞明五年(919),才打出一个"淮人遣使通好"的太平局面,从此"休兵乐业二十余年"(参见蔡涉《东南重望 吴越福星——武肃王钱镠传略》,载《吴越首府杭州》)。当然,正如何勇强在《钱氏吴越国史论稿》一书的"淮浙战争"和"吴越国同吴国的战争"这两节里所分

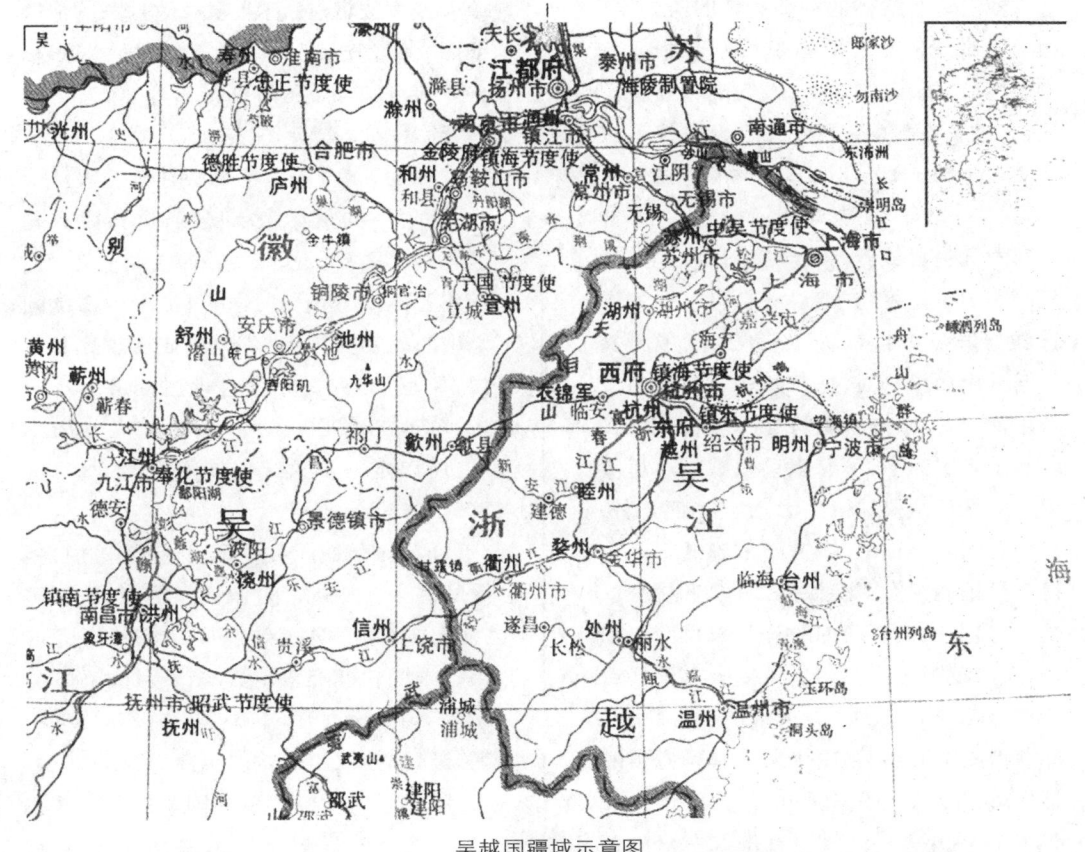

吴越国疆域示意图

析的，浙、淮军事冲突，双方是互有胜负。虽则谁也不能一边倒地制服谁，但"淮南"也因此领教了钱镠及吴越国的厉害，所以也就同意休兵了。

保境安民不是四面出击，硬的一手之外，还要有软的一手。所谓有"斗争"，有"团结"。唐哀帝天祐四年（907），梁太祖朱温灭唐，封钱镠为吴越王。当时以节度使判官罗隐等为代表的一些唐朝旧臣，劝钱镠出兵讨伐朱温。罗隐说："纵无成功，犹可退保杭、越，自为东帝，奈何交臂事贼？"（引自钱俨《吴越备史》，钱俨为文穆王钱元瓘之十四子）。钱镠不许，他说："古人有言，屈身于陛下，是其略也。吾岂失为孙仲谋邪？"（引自钱俨《吴越备史》）以钱镠的军事实力也许可与朱温一较短长，但如果真的与朱温交上火，那么，淮南的威胁又如何分出力量来对付呢？所以钱镠说："我若出征，邻国乘虚来袭，百姓必遭荼毒，我以有土有民为主，不忍兴兵杀戮。"这里所说的"邻国"主要是指当时的"淮南"。"一旦拒绝向朱温称臣，失去了朱温的军事支持，吴越能否像罗隐说的那样'退保杭、越'，实在是很成问题的。"（引自何勇强《钱氏吴越国史论稿》）。吴越国有了钱镠这样的脑子清楚的领导人掌舵，所以也才能获得安定的局面，用今人谭其骧先生的话来讲："晏然无事者垂90年。"（语见谭其骧1947年11月30日在浙江民众教育馆的演讲《杭州都市发展之经过》，载人民出版社1987年出版的谭其骧论文集《长水集》）。钱镠临死之前嘱咐子孙："善事中国，勿以易姓废事大之礼。"（见《资治通鉴》）。钱镠传下的《武肃王遗训》十条，其中第二条是："凡中国之君，虽易异姓，宜善事之。"第三条是："要度德量力而识时务，如遇真主，宜速归附。"（见民国安徽广德人钱文选辑《钱氏家乘》）。李志庭《也谈钱镠"保境安民"国策》（载《中国史研究》1997年第3期）还特别指出这个"善事中国"的"中国"实际上也包括了契丹。自然，以钱镠的霸气，他也不是心甘情愿服从中原，据说诗僧贯休曾献诗钱镠，诗中有句云"一剑霜寒十四州"，钱镠要贯休改"十四州"为"四十州"。这也可见出钱镠欲问鼎中原的勃勃雄心。但钱镠到底也还是明白"吴越"终究是动荡时世里的地方小政权，邻有强敌，自保尚可，要成大气候则难，所以定下了这个保境安民的"基本国策"。

何勇强《钱氏吴越国史论稿》里说：钱镠的这个"基本国策"收到了成效，特别是在唐末梁初，钱镠受到"淮南"的压力甚大，朱梁朝廷经常出兵与钱镠遥相呼应，牵制了"淮南"的军事势力。南唐时，宰相冯延巳曾建议李昇攻打吴越，但李昇以为"钱氏父子，动以奉事中国为辞，卒然犯之，其名不祥"（转引自何勇强《钱氏吴越国史论稿》),没有听取冯的建议。宋灭南唐,钱元瓘九子钱俶正领导着吴越国,先不问钱俶是主动还是被迫,也暂且不管吴越国有多少大臣反对纳土,钱俶最终对宋是不战而纳土归朝,这确是事实。

而当时别的地方又是怎么样的情况呢?唐代许多第一流的大城市如长安、洛阳、扬州等,屡经唐末兵火洗劫,入宋后往往令人"酸鼻"(宋人洪迈《容斋随笔》论唐宋扬州之盛衰语)。宋人欧阳修《有美堂记》在比较五代进入北宋时南唐首都金陵与吴越首都钱塘的不同遭际时说道:"金陵以后服见诛,今其江山虽在,而颓垣废址,荒烟野草,过而览者,莫不为之踌躇而凄怆。""独钱塘自五代时知尊中国,效臣顺;及其亡也,顿首请命,不烦干戈,今其民幸富完安乐……邑屋华丽,盖十余万家……可谓盛矣。"虽然欧阳修描述的是他所见的北宋时代的杭州,但他也还是把这繁华景象归结到了吴越国的"尊中国,效

钱王祠(摄于1921年前)

臣顺"、"顿首请命,不烦干戈"这些个"政策"。

在这将近90年的安定的日子里,吴越国有机会致力于经济建设,而终于能够使吴越国首府杭州有可能超升为全国第一等的城市。杭州到唐代曾是中华东南的"大都"、"名郡",但只是列在第三等。在当时的东南大城市里,属于第一等的是全国的经济首都扬州,属于第二等的是两浙的政治重心苏州与越州(今绍兴),第三等才能轮得到杭州(参见谭其骧1947年11月30日在浙江民众教育馆的演讲《杭州都市发展之经过》),现在,到钱镠的手里,钱镠"度德量力而识时务",以保境安民为基本国策,广揽人才,以建设为中心,杭州终于有可能跻身于全国第一流的大城市行列了。史称"钱塘富庶,盛于东南"(语见司马光《资治通鉴》)。这个机会是头脑清醒的钱镠给抓获的。在这个意义上,我愿意把钱镠看做是"务实的战略家"。

钱镠说:"民为社稷之本,土乃百物所生","有土斯有财","无水即无民"。因此,他致力于治理水土,发展农桑,两浙经济得以繁荣。当时,吴越国在三面受敌的情况下,开拓海上通道,推动了海运和贸易事业的兴旺。吴越国的与外部的交往和贸易,东至新罗、日本,北达契丹,南及海南,西抵大食。海外先进的生产技术和生活用品也不断输入,譬如阿拉伯的石油,吴越的舟师就将它运用于军事活动(参见蔡涉《东南重望 吴越福星——武肃王钱镠传略》)。

钱镠身为当时吴越国的领导人,对于西湖的开治、对于保障西湖,也是很有功劳的。唐景福年间,钱镠扩建杭州,当时有个方士向钱镠献策道:"若改旧为新,有国止百年。如果把西湖填了,以建府治,国运将会十倍于此。"钱镠却这样回答这位方士:老百姓借西湖水来灌田,没有了西湖也就没有了老百姓的生路。再说了,哪里有江山千年不换主人的?我吴越国能够有百年就足够了。这就是钱镠的眼光。假如钱镠听信了这位方士的话,西湖早就没了,吴越国也当然不会延续三代五王。没有了西湖,杭州是不是还能以江南名城的身份来立足,自然也就大可成疑问了。

钱镠治理水土,修筑海塘,疏浚内湖。他设置都水营使,专门负责治水工作,招募兵卒成立专门建制,称为撩浅军。在西湖也设置撩湖兵千人,每年都要挖掘淤泥,清除葑草,所以西湖的水足以供应。

吴越国王钱镠及其子孙都信佛,所以当时杭州佛事大盛,有"佛地"之称。明代进士田汝成的《西湖游览志余》说:"杭州内外及湖山之间,唐以前为三百六十寺,及吴越立国、宋室南渡,增为四百八十,海内都会未有加于此者。"《咸淳临安志》说:"九厢四壁,诸县境内,一王所建,已盈八

功德崇坊（摄于1921年前）

十八所，合十四州悉数数之，不能举目矣。"吴越国时，在杭州创建和扩建的佛教寺院，如今有据可查的就不下二百余所。杭州著名的"四大丛林"，除了孤山的圣因寺是清代康熙行宫改建的以外，昭庆寺、净慈寺是吴越国时建的，灵隐寺也在那时扩建。当时创建的还有九溪的理安寺、赤山埠的六通寺、灵峰的灵峰寺、云栖的云栖寺、北高峰下的韬光庵、天竺山（上天竺）的法喜寺、月轮山的开化寺、吴山的宝成寺等等。除了这些之外，改建或扩建的也有不少，譬如玉泉寺改建为净空院，中天竺改建为崇寿院，下天竺改为五百罗汉院等等。宝石山上的保俶塔、月轮山上的六和塔、闸口的白塔和南屏山上的雷峰塔，也是当时新建的四座塔。今天的飞来峰青林洞摩崖的三尊造像，烟霞洞十六尊罗汉石刻，玉皇山南坡慈云岭的观音、弥陀、大势至摩崖石龛以及灵隐天王殿的经幢等等，全都是吴越国时期遗留下来的文物古迹。杭州佛教，始于两晋，盛在吴越，吴越国寺塔之盛，为南方诸国之首，此言不虚（参见倪士毅《治杭八六载 有国七二年——吴越国始末》）。

钱镠小时候读书不多，最多也就可能是粗通文墨。他由贩盐而行伍，所以起先也是重武将而轻文人，对文人抱有偏见。但到了要治理吴越国时，他认识到了文才跟武将一样都很重要。所以他建了"握发殿"，效法周公"吐哺握发"的故事，延揽四方士人，为己所用。像罗隐、沈崧，都是很会给钱镠提出不同意见的人，钱镠也照样重用。吴越国大兴土木，赋税很重，连渔民在西湖上捕点鱼，每天都要向国家缴纳数十斤鱼，名为"使宅鱼"，交不出的要挨板子。西湖渔民怨声载道。于是罗隐借了进见钱镠的机会，根据壁上画的《蟠溪垂钓图》做了一首诗，婉言劝说，说垂钓渭水的姜子牙，"若教生在西湖上，也是须供使宅鱼"。据说钱镠听了，不但不生气，反而哈哈大笑，西湖渔民的这份"使宅鱼"的税也就从此免掉了。既然钱镠这样肯听谏言，各地名士前来投奔他的也就不在少数，文韬武略，人才济济。据说他曾建功臣碑，刻于碑上的"凡五百人"（参见清人吴任臣《十国春秋》）。钱镠手下的能人之多，一时有"满堂花醉三千客"（贯休诗句）之称。

"武勇都"是钱镠的主力部队，天复二年（902）八月，右都知兵马使徐绾、左都知兵马使许再思领着这支战斗力十分强大的主力军在临安发动叛乱。虽然叛乱很快被镇压，但钱镠因此而大受刺激，据说

他从此每天晚上睡觉，都用圆木做枕头，或者以大铃当枕，以保持警觉。他在床边置一粉盒，想到要办的事就随时记下来，作为备忘录。

相传钱镠的居所也是很简朴的。每年除夕举行宴会，数曲后即散席，他说："只怕别人以为我作长夜饮，也要效仿。"但这恐怕不能用来说明他的生活朴素。《旧五代史》里就说钱镠发达后，在他老家临安大兴土木，"穷极壮丽"，他回故乡，都是"车徒雄盛，万夫罗列"，排场很大。搞得他父亲钱宽每次听说钱镠来了，就故意躲开不见。成语"衣锦夜行"就是从钱镠那里来的。

南宋小朝廷的不思进取，叫杭州背了千年的"偏安"恶名，弄得杭州在中国七大古都里似乎不大能抬得起头来，因为南宋小朝廷是逃难逃到了杭州（当时叫"临安"），杭州只好算是"陪都"。在中国的七大古都里，只有杭州是"败国之都"，是一个衰落的王朝在逃难中临时所建的陪都。名作家郁达夫在1934年3月写的《杭州》一文中说："吴越国人，一向是好战、坚忍、刻苦、猜忌，而富于巧智的……南宋迁都，固有的杭州人的骨里，混入了汴京都的人士的文弱血球……""意志的薄弱，议论的纷纭；外强中干，喜撑场面；小事机警，大事糊涂……只解欢娱，不知振作等等……"（原载1934年11月1日《中学生》

第四十九号)。郁达夫的评说未始没有道理,未始不值得我们警觉,只是我们在举出南宋小朝廷的"偏安"时,还该记得钱镠的这一次对于杭州的发展意味深长的建都。

　　时维五纪乱何如,
　　史册闲观亦皱眉。
　　是地却逢钱节度,
　　民间无事看花嬉。

　　这是前人赞美钱镠的诗句,写得不算好,但也恐怕是部分地道出了实情。虽然钱镠及吴越国极有可能如欧阳修《新五代史》等所记载的那样重敛虐民,但至少杭州或"吴越国"这个地方近90年没有受到过大动荡和大规模的战事的干扰吧;而且也正如何勇强《钱氏吴越国史论稿》所分析的,钱镠及吴越国的赋税虽重,但有很大部分还是用在了地方的公共建设上了,譬如杭州城的扩建、捍海塘的修筑、杭州城饮用水的淡化处理等等(何勇强《钱氏吴越国史论稿》对"重敛虐民"之说有详细的考辨,可参阅。假如何先生能据史实而进一步对钱镠及吴越国的赋税的用途,一一作出定量的考释,那当然是更好了)。据罗隐的记录,钱镠谈到杭州城的兴建时,讲过这样的话:"千百年后,知我者以此城,罪我者亦以此城。苟得之于人而损之己者,吾无愧歁!"(见罗隐《杭州罗城记》,载《罗隐集校注》,潘慧惠校注,浙江古籍出版社1995年6月版)。

　　北宋熙宁十年(1077),杭州郡守赵抃特地为钱镠建立"表忠观"。苏轼又作《钱氏表忠观碑》立钱王祠侧,赞美钱镠保卫两浙之功,"其有德于斯民甚厚"。

　　杭州历史上产生的杰出的政治家不多,钱镠是为数不多的几位里的一个代表。他们不鸣则已,一鸣惊人;不飞则已,一飞冲天。

最忆是杭州

最爱湖东行不足 绿杨阴里白沙堤
—— 白居易在杭州

写「文化名人与杭州」，白居易是绕不过去的。可是白居易在杭州的故事，几乎没人不知道的。再写一遍，还有意义么？所以纵然我也很爱读白居易的诗篇，但迟迟没能动笔，——实在也是缘于自己确实没有多少复述的兴致。

春节里，在书店很偶然地翻到北京师范大学文学院副教授刘宁以前在北京大学研究生院念古代文学博士时做的一部讨论唐宋诗歌演变的著作，里面说到白居易，拈出白居易的"制度意识"、"职责意识"这些概念，这使我豁然开朗，也生发了重写白居易在杭州的故事的兴致。刘宁的这部著作即《唐宋之际诗歌演变研究》，书的副标题是"以元白之元和体的创作影响为中心"，北京师范大学出版社2002年9月出版。

一般的关于杭州的文史读物都说，白居易第一次到杭州，是避难越中，"年十四五"，即十四五岁的时候。譬如《走读西湖——从湖西开始的风雅之行》（王旭烽著，浙江摄影出版社2003年9月版），譬如收入"西湖全书"丛书的《白居易与西湖》（余荩著，杭州出版社2004年10出版），这些书就是用的这个说法。这个说法的依据是白居易诗文中的自述。但这是不确的，白诗中的"十四五"，是笼统的说法，只表明他的生长的阶段，类似于"青少年"这样一个概念，而不是准确的年纪。曾经在北京师范大学研究生院从启功、邓魁英念古文献学博士，后来在清华大学中文系做教授的谢思炜，在他的博士学位著作《白居易集综论》里，广征博引各种史料和古今各家著述，多方辨析后，得出结论：白居易"十一二岁时避难迁居徐州符离，十

七岁时随父往越中，得识若干前辈名人，二十岁重回符离……"（详见《白居易集综论》，谢思炜著，中国社会科学出版社1997年8月版）。

如果我们同意谢思炜的意见，那么，白居易第一次到杭州，应当在他17岁至20岁这个年纪。白居易的这次少年行，杭州肯定给他留下了十分美好的回忆，所以他后来会在一篇文章中说："异日苏杭苟获一郡足矣。"

真是天遂人愿，白居易的这个愿望获得了满足：唐穆宗长庆二年（822），白居易被任命为杭州刺史，当年十月初至杭州履职。这一年，白居易大约51岁。

这次出任杭州刺史，在白居易是快慰平生，他心情甚为愉悦。年过半百的白居易，在赴杭途中欣然写诗道："余杭乃名郡，郡郭临江汜。已想海门山，潮声来入耳……闻有贤主人，而多好山水。"

白居易到杭州做"市长"时，他已经历尽了宦海沉浮。他早年意气风发，元和元年（806）撰成的《策林》75篇，虽有唐代多种经世书文作参考，譬如白居易把唐代的治政范本《贞观政要》当作过蓝本，也以杜佑《通典》及《通典》的节本《理道要诀》（"理道"即"治道"，因避高宗讳而改，唐人习语）为蓝本，还受到了德宗朝的陆贽的奏议（如《均节赋税恤百姓六条》等篇）的影响（详见谢思炜著《白居易集综论》），但

断桥残雪（摄于 1921 年前）

《策林》主要的还是白居易早期"理道"思想的一个总结，这是没有疑问的。谢思炜对文献做调查后认为："分门别类、囊括各种治政问题的《策林》之作，实为白居易的创例。"《策林》"更突出了兵赋之学的重要地位，在整体结构上更清楚地区分了政治、经济、军事等'实学'与文化及精神思想问题两个层次，较《通典》的编排应该说更为合理。《策林》的这一编排，同样反映了中唐最新也是最有价值的学术动态"（详见谢思炜著《白居易集综论》）。谢思炜也指出《策林》的几个比较大的毛病：唱高调不切实用；唯从舆论时议，知其不可行而强言；立论圆滑，多所折衷。这泰半源于白居易那时还缺少实际从政的经验，但他"对策学这类政治'话语'的独特意识形态特征却把握得十分准确……"（详见谢思炜著《白居易集综论》）刘宁则认为从《策林》里可以见出"白居易对'立制度'的重视"，可以见出白居易的后来的治政思想和实践的端倪（参见刘宁著《唐宋之际诗歌演变研究——以元白之元和体的创作影响为中心》）。换句话说，白居易当时就倾向于"制度损益派"的思想和实践，所以他也才会以"制度损益派"代表人物杜佑的《通典》作为《策林》写作的蓝本。按刘宁的解释,"制度损益派"注重以具体政治制度的损益来改良现实,不同于以韩愈为代表的"儒学复兴派"以儒学的复兴为基础、彻底重建一整套社会秩序。

"制度损益派"比较务实,不主张从抽象的政治理想出发来重构社会政治制度。这也是白居易日后从政的一个基本风格。他在左拾遗的职位上也曾对朝政激昂论辩,这似乎与"务实"的风格有所不合,但那时白居易初入仕途,难免锋芒毕露;而更重要的因为这是一个谏官,发表言论是"岗位职责"所在,白居易自己就在《论制科人状》里讲过:"臣职为学士,官是拾遗,日草诏书,月请谏纸,臣若默默,惜身不言,岂惟上辜圣恩,实亦下负神道。"移用刘宁的分析,这是白居易的职责意识使然,"职责意识在激发政治热情的同时,也使白居易自觉地用为官的权限,来约束自己的政治行动"。当他离开左拾遗这个位置后,也就不再或很少对朝政大发议论了,这恐怕不是由于个人在政治上的受挫,而主要还是"岗位职责"发生了变化。所以政治上的受挫,还是没能影响他在其他职位上的政治作为。这也就可以解释白居易经历宦海沉浮、年过半百到杭州做刺史,仍旧勤政为民,造福一方。

在中唐,白居易这样的"寒士"(或者套用白居易自己习惯自称的"中人")——近代以来所谓的庶族地主阶级或中小地主阶级——为了跟大贵族、宦官等特殊利益集团相抗衡,强化了对中央集权的王权和政统的拥护,而不再像盛唐某些士人那样幻想士贵王卑、待价而沽。这是中唐士人的一种崭新的政治姿态(参见谢思炜著《白居易集综论》)。白居易在《代书诗一百韵寄微之》等诗篇里曾以效忠王权、鸷勇敢为的"鹰"来赞美挚友元稹,谢思炜以为这头"鹰"也是白居易本人所期待的一种政治角色。把白居易的"制度意识"、"职责意识"放在这样的社会政治背景下来看待来理解,或许离事实会更接近。当然,"鹰"也会有各种不同的类型,像白居易,务实平和,是"良吏"。别的也有可能会是"酷吏",或其他各种对社会经济、对社会力量的均衡对比都破坏性甚大的吏。"鹰"在中古社会里的功能和他们所产生的具体的各种作用,是好是坏,是建设性的还是破坏性的,无论从宏观的大历史的叙述角度来看,还是微观的,都很复杂,不能一概而论。但白居易肯定是正面意义上的"鹰"。

白居易这次来杭州任"市长",名义上是三年,实足计算只一年多的时间。白居易在杭州可能做了很多事,但其中的两项业绩肯定足以使他也使杭州名垂千古:一是他的兴修水利,治理西湖,解决民用淡水短缺问题;一是他的关于西湖山水的诗篇。

白居易的兴修水利而以治理西湖最为著名。他是历史上最早发动人民大规模治理西湖的一任"市长"。当时的西湖要比今天大得多，西面直到西山脚下，东北延伸到武林门一带。西湖虽说天生丽质，但水利未修，连天大雨，就湖水横溢，难于蓄存，也使郊区农田遭水涝祸患；设若久旱不雨，则又无水灌溉。所以白居易到任之后，详加调研，提出治理西湖的方案。史传白居易的主张遇到重重阻力。有的说，放西湖水灌田，"鱼龙无所托"、"菱芡失其利"；有的说，"放湖即廓内六井无水"。六井无水，自然会殃及城内民用水的供应。好在白居易早已事先作过调查，面对一些人的非难，他胸有成竹，一一据理据实反驳。白居易还责问这些漠视民生的官吏："鱼龙与生民之命孰急？菱芡与稻粱之利孰多？"照我们今天的说法，白居易给算了两本账：一本是政治账，一本是经济账。两本账算下来，结论都显然有利于白居易的治理西湖。白居易还说道："出仕为官，重在救民济世。"道理都已讲得很充分了，反对者也已没有再多的话可说，治湖工程也就顺利进行。大诗人白居易的从政能力确实很强。他之要求出任地方官，恐怕也不仅仅是要远离宫廷政治的风浪中心。诗人情怀，务实作风，在白居易是兼而有之。

在治湖过程中，白居易亲自到下流踏勘，精密设计，从钱塘门到武林门一带修筑了一条长堤，把西湖一分为二，堤内为上湖，堤外为下湖，与郊区良田千顷相连。钱塘大堤的修筑成功，极大地改善了西湖四周的农田灌溉，也发展了交通，促进了杭州的繁荣。明朝王稚登在《重修白公堤疏》里写到："若夫白公堤者，据采云之名里，实吴会之通逵。山郭近而轮鞅喧，水村深而帆樯集……买鱼沽酒，行旅如云；走马呼鹰，飞尘蔽日……江州司马，筑此芳堤。"这条湖堤造福杭州，所以人民把它叫做"白公堤"。它跟我们今天所见的"白堤"不是一回事，今天我们所说的"白堤"在当时人称"白沙堤"或"沙堤"。沧海桑田，"白公堤"后来已湮没，但是人民爱戴这位为人民做过好事的诗人市长，为了纪念这位诗人市长，杭州人民愿意在感情上接受"白沙堤"即"白公堤"这一美好的误传。

白居易治湖，本意是为民生计，但大规模的浚湖筑堤，确也使西湖焕然一新，更加风姿绰约。据说"西湖"这一名称的最早提出者，也是白居易。"西湖"之名最早见诸的文献，是在白居易写的《西湖晚归回望孤山寺赠诸客》和《杭州回舫》两篇诗里。白居易三年刺杭，遍访杭州山水，除了钱江观潮、天竺赏桂、韬光品茗之外，孤山听雨、湖上夜游、白堤踏春……也因白易的诗篇而享有盛名。西湖山水慰藉了这位大诗人的心灵世界；大诗人的敏锐的审美眼光发现了西湖新的美,晴雨晦明,花晨月夕,四时佳趣,都让白居易给写得活灵活现,他发现了西湖之美,又以生花妙笔一咏三叹。西湖山水借了白居易之笔而声名远播。据说诗人张籍收到白居易的《江楼远眺,景物鲜奇,吟玩成篇,寄水部张员外》一诗后,作答诗云:"乍惊物色从诗出,更想工人下手难。"我们可以想见当日张籍的慨意了。白居易的诗友元稹时任越州(今绍兴)刺史,元白诗信交往,各自赞美本郡山水之美,他们因此还发生了有趣的争论。白居易以为杭州的山水名胜在江南无出其右,他对元稹说:"知君暗数江南郡,除却余杭尽不如。"(《答微之夸越州州宅》)"可怜风景浙东西,先数余杭次会稽。禹庙未胜天竺寺,钱湖不羡若耶溪。"(《答微之见寄》)。白居易之赞美西湖山水,自然不是"王婆卖瓜",我们绝不可以低估一

白堤,旧作白沙堤(摄于1921年前)

位伟大诗人的才情与慧眼,我们也绝不可以低估一位走过南北大好河山的伟大诗人的眼界。大凡一地风物山水之美,往往总要经一些大诗人大画家的慧心独具的品评,方得以"定格"下来,而后广为传播。这不是因为他们名气大,而是雅人深致,能见出人所不能见之美,又有好手段把这个美用文字用色彩表现出来。至北宋之前,白居易描写杭州风光的诗篇之多,恐怕为历代诗人之最。宋人葛立方《韵语阳秋》说:"钱塘风物,城中之景,唯白乐天所赋最多。"这没有别的原因,只是杭州山水与大诗人白居易的心灵世界最为默契。而白居易及他的诗篇的存在,又把浓浓的人文色彩抹遍了西湖风光。

白居易在杭州还流传下来许多有趣的佳话。白居易与西湖凤林寺开山和尚鸟窠道林时相往来。传说道林不在禅房打

坐,喜欢坐在寺内一棵大松树上,与鹊巢为邻,所以人们称他作"鸟窠禅师"。有一次,白居易来到凤林寺,对着坐在松树上参禅的道林和尚戏言:"大和尚,你坐在高处太危险啦!"道林却回答说:"太守,你比我更危险哩!"白居易说:"我做太守,有什么危险?"道林说:"名缰利索作怪,官场风浪难测,你说难道不危险吗?"道林出径山道钦门下,属禅宗中的牛头宗。这个故事见载于《景德传灯录》卷四。据谢思炜的辨析,"鸟窠"之得名,只是因"有鹊巢于其侧",而并非是人栖止树上,《咸淳临安志》所记更近事实。谢思炜考证,这个故事的真实程度很可疑,《酉阳杂俎》续集卷三载刘晏与径山道钦问答,与鸟窠、居易问答的后半部分用语完全相同。《传灯录》所载多有移花接木和重出叠见之例,刘晏、道钦在鸟窠、居易前,《酉阳杂俎》之作在《景德传灯录》前,"因此很有可能是牛头门下原有此传说,在流传中逐渐转移到鸟窠、居易名下"(详见谢思炜著《白居易集综论》)。谢思炜在他这部书的注里还录下了钱钟书《谈艺录》里的一条发现:道钦之语与《高僧传》卷九耆域答竺法行语相似。谢思炜在注后加案语:刘晏、道钦以及鸟窠、居易的问答,均是耆域、法行问答的翻版。鸟窠、居易的问答虽说可能是后人的附会,但轶闻佳话,倒也不妨增添我们游湖的兴致。

当代一位很有名气的学者兼散文家,曾写过一篇文章,说白居易、苏轼仅仅因辞章而入选为一架僵硬机体中的零件,极偶然地调配到了这个西湖边,"搞了一下别人也能搞的水利"(见《西湖梦》,载《秋雨散文》,余秋雨著,浙江文艺出版社1994年10月版)。这篇文章总的意思也不算太错,白居易、苏轼确实还应该在民族精神的世界里发挥更大的作用。中古社会的体制使他们不能人尽其才,大展宏图。但说白居易、苏轼筑堤,是叫做"搞了一下别人也能搞的水利",则未免口气太大,出语太轻薄,太低估了国计民生,也太低估了水利在中古农业社会里的经济和政治意义。我们知道,白居易当初发兴治湖,一开始就遇到重重阻力,他是深入调查,力排众议,才有治湖工程的顺利完成。关于白居易的筑堤,后人有言:"在1100多年前,有这样精细的堤坝设计,能完成这样规模巨大的工程,不能不说是杭州水利的一大成就。"(参见《西湖人物》,潘一平著,浙江人民出版社1999年6月版)苏轼治湖,也不是率性而作任意为之,他是在杭州大旱之年来做知州的,后又遇连日暴雨,洪涝成灾,这使他更深地看出西湖水利年久失修而带来的后果的严重。所以他才屡次上书朝廷,请求治湖。在中古农业社会里,水利是农业的命脉。白居易治湖,增加了西湖的蓄水量,得以满足濒湖及钱塘至盐官河道两岸农田灌溉之需，同时也解决了城市民用淡水的供应问题。苏轼治湖，他也曾例举五大好处，其中具有较大实际意义的四条是：灌溉、民饮、助航、酿酒。以灌溉而言，放水一寸，可灌官河两岸田1500多亩；以酿酒而言，用西湖水造酒，质好味醇，每年所缴酒税达20余万缗，为全国第一。这是经济头脑和政治头脑兼备的"市长"才可能算出来的账。可纵是有这么多的好处，苏轼后来还是被一个叫贾宜的御史在皇帝那儿参了一本，这位贾"检察官"告御状说苏轼挪用公款，开西湖是为自己的游赏作乐。你道这水利是人人都能搞一下的么？再进一步说，在中国中古农业社会里，治水并不是一件孤立存在的小事，也不单单是一件技术性的工作，它在事实上就是国家管理的一个核心的部位，是一项牵一发而动全局的"政治工程"。古代中国的历朝历代会把治水看得如此重要，不是没有道理的，而是有这么一个社会政治的"大语境"。著名的中国史专家、犹太人魏特夫就专门写过一部关于古代治水社会的专著《东方专制主义——对于极权力量的比较研究》，对这个问题作过详细讨论。魏特夫的这部书，中国社会科学出版社1989年9月出过中文译本。我说这些的意思是，白居易的治湖，在中古社会里并不是件无足轻重的小事，"搞了一下别人也能搞的水利"这话不免说得太轻飘飘

了。精神领域的横空驰骋固然意味深长，国计民生也绝不可等闲视之。这是两个不同的维度，它们之间缺少可比性，你没法说谁更重要、谁不更重要一些；你也不好用这一维来排斥那一维，或用那一维来抵消这一维（我在《历史文化名城杭州》一书关于杭州人物的这一章内，也曾谈过这个想法。这部《历史文化名城杭州》由浙江人民出版社于2000年10月出版）。白居易离开西湖前两个月，堤成，他写了一篇《钱塘湖石记》，详细写下了堤的功用，蓄水、放水和保堤岸的方法，刻在石碑上，立于湖边。这是一篇重要的西湖水利文件，如今西湖畔圣塘路口的水坝亭子上，就立有石碑，上面镌刻着这篇《钱塘湖石记》。文章开首言：钱塘湖事，刺史要知者四条，具列如左。文末作者署曰：长庆四年三月十日，杭州刺史白居易记。

白居易，生于唐代宗大历七年（772）正月二十日，卒于武宗会昌六年（846）八月，字乐天，晚年号香山居士，祖籍太原，生于河南新郑。他不是杭州人，但在杭州找到了自己灵魂上的山水朋友。他在杭州任期将满时写的《春题湖上》有句云：

　　湖上春来似画图，
　　乱峰围绕水平铺。
　　松排山面千重翠，
　　月点波心一颗珠。

碧毯线头抽早稻，
青罗裙带展新蒲。
未能抛得杭州去，
一半勾留是此湖。

而文明悠远的杭州，展开双臂拥抱了这位第一流的诗人兼"市长"。白居易在杭州时，与当地的风雅之士诗酒唱和，佳话连篇，趣味盎然。当白居易离别杭州时，杭人扶老携幼，提着酒壶，万众夹道，洒泪送别。白居易诗篇《别杭州》里留下他当日临别的话：

税重多贫户，农饥足旱田。
惟留一湖水，与汝救荒年。

王旭烽《走读西湖——从湖西开始的风雅之行》以数字概括了白居易在杭州的功绩："一湖清水，一道芳堤，六井清泉，200首诗。"这是白居易给杭州所留下的财富。白居易把杭州看成了自己的家，公元834年，63岁的白居易在北方的洛阳写的一首诗里说：

历官二十政，宦游三十秋，
江山与风月，最忆是杭州。

他身在洛阳而心念杭州的景物，有名的《忆江南》词就寄托了他的这份心情，这是白居易67岁时的作品，其中第二首写到：

江南忆，
最忆是杭州：
山寺月中寻桂子，

郡亭枕上看潮头。
何日更重游？

中唐著名诗人姚合到杭州做刺史，白居易写诗送他，开篇就说：

与君细话杭州事，
为我留心莫等闲。

对杭州的感情，跃然纸上。

山河助兴，让白居易创作出数以百计的美妙的诗文，为中华文艺谱写了新的华章，他的清词丽句又是西湖山水的画龙点睛的"眉批"，唤醒了沉睡的西湖之美。假如湖山有灵，这个灵魂很可能首先是由白居易浇灌进去的。他也把自己的基于"制度意识"和"职责意识"的平和务实的政治风格，清雅飘逸淡泊博大的人文气象，以行动、以诗文、以逸事注进了杭州和西湖。

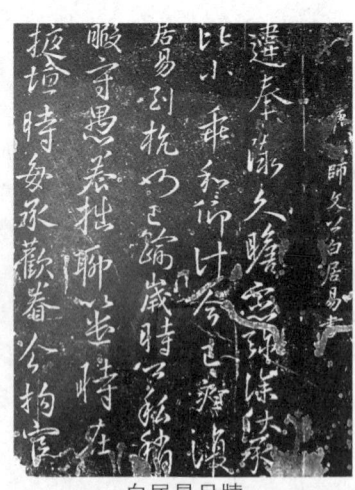
白居易尺牍

最忆是杭州

平生山林意
—— 赵孟𫖯与美丽杭州的文艺因缘

元王朝至元二十一年（1284），上距蒙元军队攻占南宋都城临安（即杭州）八年，下离赵孟𫖯到杭州任职十五年，意大利人马可·波罗（Marco Polo）自称他在这一年被元王朝封为江浙行中书省枢密副使。

他说他在这个职位上做了三年,其间常来杭州采风问俗。他在他的那部大名鼎鼎的奇书《马可波罗行纪》(本文采用上海书店出版社2001年出版的冯承钧先生的汉译本,包括书名)里头关于杭州的记述非常丰富。

"至元"是元世祖忽必烈当政时的两个年号之一,起于公元1264年,止于1294年;前一个年号为"中统",起于1260年,止于1263年。

马可·波罗1254年生于威尼斯商人家庭,如果他所说的1284年起他任职江浙行中书省枢密副使这一件事属实的话,那么,他应该是30岁上开始做这个官的。

在《马可波罗行纪》里头,马可·波罗妙语连珠,"妙笔生花",给我们录下了当时杭州的繁华与美丽。

他在这部书的第二卷第一五一章"蛮子国都行在城"开首即说:

自强安骑行三日,经行一美丽地域,沿途见有环墙之城村甚众,由是抵极名贵之行在(Quinsay)城。行在云者,法兰西语犹言"天城"……既抵此处,请言其极灿烂华丽之状,盖其状实足言也,谓其为世界最富丽名贵之城,良非伪语。

"强安",即今之海宁长安;Quinsay,即杭州。译《马可波罗行纪》为中文的冯承钧先生对此有注释,不赘。

接下来,他分别叙述了杭州的城市风貌、工商贸易、国家赋税等等。

按马可·波罗的口述,杭州城内当时有"一万二千石桥,桥甚高,一大舟可行其下"。桥多"不足为异","盖此城完全建筑于水上,四围有水环之,因此遂建多桥以通往来"。

关于百工商贾的记录:

此城有十二种职业,各业有一万二千户,每户至少有十人,中有若干户多至二十人、四十人不等。其人非尽主人,然亦有仆役不少,以供主人指使之用。诸人皆勤于作业,盖其地有不少城市,皆依此城供给也。

……城中有商贾甚众,颇富足,贸易之巨,无人能言其数。应知此职业主人之为工厂长者,与其妇女,皆不亲手操作,其起居清洁富丽,与诸国王无异……

关于城市建设的记录:

城中有一大湖,周围广有三十哩,沿湖有极美之宫殿,同壮丽之邸舍,并为城中贵人所有。亦有偶像教徒之庙宇甚多。湖之中央有二岛,各岛上有一壮丽宫室,形类帝宫。城中居民遇有大庆之事,则在此宫举行。中有银制器皿、乐器,举凡必要之物皆备,国王贮此以供人民之用……

在此城中并见有美丽邸舍不少,邸内有高大楼台,概用美石建造,城中有火灾时,移藏资财于其中,盖房屋用木建造,火灾时起也。

……

城中街道皆以石铺地……由是通行甚易,任往何处不致沾泥……

书里还特地记录了杭州人爱清洁的习俗:

城中有浴所三千,水由诸泉供给,人民常乐浴其中,有时足容百余人同浴而有余。

这部书还说到杭州人沐浴的好习惯:

每日早起非浴后不进食。

还是在同一章里,记录了当时杭州的十所"大市",即十大贸易市场,"大市方广每面各有半哩,大道通国其间。道宽四十步,自城此端达于彼端,经过桥梁甚众。此道每四哩必有大市一所……"。"市后与此大道并行,有一宽渠,邻市渠岸有石建大厦,乃印度等国商人挈其行李商货顿止之所,利其近市也。"十大市场"周围建有高屋,屋之下层则为商店,售卖种种货物……"

马可·波罗还记录了市场上中外物产品类之富、数量之丰。

书里记录了当时杭州城里人们的举止风度:

居民举止安静,盖其教育及其国王榜样使之如此……诸家之间,从无争论失和之事发生,纵在贸易制造之中,亦皆公平正直。男与男间,女与女间,亲切之极,致使同街居民俨与一家之人无异。

互相亲切之甚,致对于彼等妇女,毫无忌妒猜疑之心。待遇妇女亦甚尊敬,其对于已婚妇女出无耻之言者,则视同匪人。彼等遇来共贸易之外人,亦甚亲切,款之于家,待遇周到,辅助劝导,尽其所能。

从马可·波罗的口述里,我们看到,当时的杭州人,真是既文雅、有教养,又开明、不排外,还会做生意,都是绅士一样的人啊。但在马可·波罗的口述里,我们也可以看到杭州人也不是"好好先生",他们也有自己爱憎,有自己的大是大非的观念,"彼等对于士卒,以及大汗之成兵,悉皆厌恶……"

关于马可·波罗其人其书的真伪,国外过去有人质疑过,前些年英国人伍芳思旧事重提,又写专文《马可·波罗到过中国吗?》表示疑问。但学术界大都对马可·波罗其人其书持肯定态度。中国当代元史学界目前还健在的几位最有成就的学者杨志玖、陈高华、蔡美彪等先生都在深入而具体研究后,持肯定意见。陈高华、蔡美彪两先生在1998年秋季北京师范大学古籍整理研究所举办的"元代文化高级研讨班"上作过专题讲座。蔡美彪先生的讲题就作"马可·波罗和《马可·波罗游记》"(参见《元代文化研究》第一辑,北京师范大学古籍整理研究所编,北京师范大学出版社2001年出版)。黄时鉴在伍芳思的文章出来后,也在《中国社会科学》杂志上专门写了一篇论文,以证明"伍说"的不确。马可·波罗口述时,可能会有吹牛的地方(西谚所谓"远游归来人有吹牛的特权"),但基本情况应该是属实的。

在宋代,杭州是中国第一流的城市,文化昌盛,经济繁荣。蒙元军队南下临安(即杭州),当时的南宋皇帝曾修书忽必烈,恳请不要在杭州杀伐,以保持这座富丽名贵之城的完好。这件事也见于《马可波罗行纪》。据说忽必烈也曾致意大将伯颜要保护好这座城市。所以由宋入元,杭州的经济、文化未曾遭遇大破坏。所以马可·波罗还能见到这样的繁华景象。

杭州经济文化光昌流丽,"钱塘自古繁华",风景也十分宜人。在宋代有"西湖十景",入元后,以西湖为中心的景区不断扩大,到元末,则出现了元代的"钱塘十景"的名目:六桥烟柳,九里云松,灵石樵歌,冷泉猿啸,葛岭朝暾,西湖夜月,孤山霁雪,两峰白云,北关夜市,浙江秋涛(参见郎瑛《七修类稿》)。这些风景名称虽然是出现于元末,但它们的形成得有一个过程,这是没有疑问的。

在马可·波罗来杭州的十五年后,元王朝大德三年(公元1299年),赵孟頫任职集贤直学士行江浙等处儒学提举,负责管理学校、教养、钱粮及考校进呈著述文字等。据说"集贤直学士行江浙等处儒学提举"这个职位是朝廷专门为赵孟頫特设

的。在元代大德年间,江浙行省的辖境包括今江苏南部、安徽东南部、浙江和福建两省及江西部分地区。行省治署在世祖忽必烈至元年间多次移动于杭州和扬州两地,至元二十六年起固定于杭州。"大德"是元成宗铁穆耳的年号,起于1297年,止于1307年。

至大二年(1309),任期满后,赵孟頫转任扬州路泰州尹等职。"至大"是元武宗

赵孟頫像

海山的年号,起于1308年,止于1311年。

赵孟頫到杭州,当然会早于大德三年。因为他原本就是江南人,宋室血脉。但"集贤直学士行江浙等处儒学提举"这个职位使赵孟頫在以后的近十年里,虽身为朝廷官员而仍可以常住杭州。

赵孟頫生于江南,而尤其钟情于杭州。大德二年(1298),著名诗人戴表元为赵孟頫《松雪斋集》作序,序里讲道:

浙东西之山水莫美于杭,虽儿童妇女未尝至杭者知其美也,使之言杭,亦不敢不以为美也,而不如吾二人之能言,何者?吾二人身历而知之,而彼未尝至故也。

赵孟頫游历杭州及其山水,应当是不计其数的。而这样有名的文艺大宗师,他的游山玩水,也就会有人记录一二,按现在的说法,因为他是享有大名的文艺家、行政大区的政府要员,属于"公众人物"。元代学者陶宗仪著《南村辍耕录》,第二十二卷里就有一条笔记:

大德戊戌二月二十日,张汉臣尚书、赵松雪学士(按:赵孟頫,字子昂,号松雪道人)费北山漕侯同在杭州,泛舟过西湖,至毛家步,上岸乘肩舆,将游水乐洞……

元代学者黄溍的《南山题名记》也叙及赵孟頫在大德八年三月,与黄溍等44人集会于杭州南山——

展谒乡先达故宋兵部侍郎胡公墓……竣事,遂饮于西湖舟中。

此处的"乡先达"的"乡",指的是浙江金华,盖黄溍为金华人。

有名的文人方回也在自己的文章里记录了他与赵孟頫在大德九年三月十五日的出游,当时一起出游的还有四位外国僧人。他们一起快游了杭州灵隐寺、放泉喷雪、观猿掷果,饮酒欢宴于冷泉亭。

大德十年正月十八日,赵孟頫在杭州车桥寓舍接待著名道士杜道坚的来访,并为他行书古诗《玄都坛歌》。这件书法作品今藏于故宫博物院。杜道坚(1237—1318),字处逸,宋末元初著名道士,号南谷子,当涂(今属安徽)人。杜道坚深于玄理,晚年所著《道德玄经原旨》四卷为其主要著作。这部书糅合儒家思想以阐发《老子》的政治思想,而不是以方术解释《老子》。

在赵孟頫任江浙儒学提举之前,也是大书画家的高克恭担任过江淮行省左右司郎中等职务。赵孟頫跟高克恭是好朋友,两人一为江南人,一为回纥人,一南一北而书画齐名,当时人张羽作诗《临房山小幅感而作》有句云:"近代丹青谁自豪,南有赵魏北有高。""赵魏"即指赵孟頫,赵孟頫去世被追封魏国公;"高"即指高克恭。陶宗仪《南村辍耕录》第二十六卷里有一条笔记"诗画题三绝",道及赵、高两人在杭州的西湖笔墨缘:

高文简公(按:即高克恭)一日与客游

> 杭州西湖古稱秀麗，甲於江南，環湖多仙佛之居，宅者宗映太乙神，為宮相望者。祠太乙宮二，其在孤山者之表曰西太乙宮，左為斷橋。北曰為析，本宋趙氏故宅，長橋遊者古柳，映帶棖據居迤以為距湖山之勝宜，盡栖明靈宴娛之所，至元壬辰□夏益齋書

【元】赵孟頫：《杭州神福观记》

西湖，见素屏洁雅，乘兴画奇石古木。数日后，文敏公（按：即赵孟頫）为补丛竹。后为户部杨侍郎所得。卢文靖公题诗其上云："不见湖州三百年，高公尚书生古燕。西湖醉归写古木，吴兴为补幽篁妍。国朝名笔谁第一？尚书醉后妙无敌。老蛟欲起风雨来，星堕天河化为石。赵公自是真天人，独与尚书情最亲。高怀古谊两相得，惨淡酬酢皆天真。侍郎得此自京国，使我观之三叹息。今人何必非古人，沦落文章付陈迹。"此图遂成三绝矣。

在中国花鸟画史上，元代钱塘人陈琳是由画工画向文人画靠拢的重要画家之一。他幼承家学，并得到了赵孟頫的指点。《溪凫图》以墨为主，兼工代写，以神写意。

这幅画是大德五年陈琳造访赵孟頫，在赵孟頫的寓舍里松雪斋中乘兴即席而作的。赵孟頫给这张画修饰润色，以典雅蕴藉的书写性的线条随意画出水纹波澜，以简洁超逸的双钩线条画出芙蓉，锦上添花。

赵孟頫早年留意收集碑帖，他得到《淳化阁帖》古拓本第九卷而得以合成全集，就是在杭州。这一年他32岁。《淳化阁帖》全名《淳化秘阁法帖》，被誉为诸法帖之冠，是中国法书丛帖之祖。所谓法帖，即古代名书家的墨迹经双钩描摹后，刻在石板或木板上，再拓印装订成帖。淳化三年（992），宋太宗拿出秘阁所藏历代名家法书，令翰林院侍书王著编纂。《淳化阁帖》原先刻于枣木板上，宋太宗拓成阁帖赏赐

近臣。可以想见赵孟頫得到后会如何的快慰。

在杭州，至今还保存着赵孟頫书写的《佑圣观重建玄武殿碑》。这块碑立于杭州碑林。这块碑没有题书写年月，但有署衔"中顺大夫扬州路泰州尹兼劝农司赵孟頫书并篆额"，以此可推知，赵孟頫书此碑应是他在江浙儒学提举任满后的事。

赵孟頫晚年丧妻——他的爱妻管道昇也精于书画，是他的书画知音——精神甚衰颓，但还是强支病体写了《杭州福神观碑记》。他写此碑记，已届67岁，离他辞世也就只有两年光阴了。

赵孟頫为宋太祖子秦王德芳之后裔，宋高宗赵构无子，遂立子偁（孟頫的五世祖）之子伯圭（孟頫兄，后为孝宗）。赵孟頫以宋室王孙而入仕蒙元，历来为人所诟责，以为大节有亏。连带着他的书画也蒙了不白之冤。这中间以明人董其昌对赵孟頫的打击最力，他把赵孟頫逐出"元四大家"，加入倪云林，另立新的"元四大家"。而照今人徐复观的画史梳理，在董其昌以前和以外，称"元四大家"的，多以赵孟頫为首。徐复观教授著《中国艺术精神》（春风文艺出版社1987年版），专列一节"赵松雪画史地位的重估"，对赵孟頫入仕多有辩护，而对赵孟頫的艺术精神及画史贡献，尤多阐发：

赵松雪在艺术史上的重要地位，是表现在狂风暴雨之后，人们又渐渐浮上在客观世界中生存的希望，因而人的主观重新展向自然，使主客之间，恢复了比较均衡的状态。他是以"清远"代替了南宋末期的"幽玄"，重辟艺术的新生命。元代绘画所以能得到很高的发展，实在是立足于此一主客均衡之上。

本文暂不涉及赵孟頫以宋室王孙而入仕蒙元是否合理合情这个问题（笔者曾在2000年由浙江文艺出版社出版的小书《蓟门黄昏：元史随笔》里有短文《惟余笔砚情犹在　留取人间作笑谈》作过讨论），至少在赵孟頫本人，他的内心是不平静的，譬如他的很有名的七律《岳鄂王墓》：

　　岳王坟上草离离，
　　秋日荒凉石兽危。
　　南渡君臣轻社稷，
　　中原父老望旌旗。
　　英雄已死嗟何及，
　　天下中分遂不支。
　　莫向西湖歌此曲，
　　水光山色不胜悲。

据说这是众多岳王墓诗中最感人的一首，编撰《西湖游览志》的明人田汝成就最推许这一篇。盖故国之思、黍离之悲，几乎没有人能够像赵孟頫那样的有切肤痛感。发而为诗，感人至深。只有像赵孟頫这样的王孙遗民，只有赵孟頫这样的才情，才能写得出这样的诗篇。

事实上,赵孟頫虽不得已而仕元,内心深处是渴望回到山林的,"平生山林意,独往乃所欣"(《赠茅山梁道士》)、"平生独往愿,丘壑守怀抱"(《罪出》)、"醉眼看山百自由"(《渔父词》)、"准拟新年弃官去,百无拘系似沙鸥"(《岁晚偶成》)……这样的句子在他的诗里是很多的。他爱杭州,喜欢杭州山水,恐怕也是缘于他的这一份情怀。在骨子里,他到底还是一个热爱自由的知识分子。

赵孟頫,湖州人,生于1254年,卒于1322年,字子昂,号松雪道人,又号鸥波、甲寅人、水晶宫道人。谥文敏。自元世祖忽必烈至元二十三年(1286)被荐应召,此后历宦海30余载,由从五品的兵部郎中(在元代,兵部算不上重要的机构,因军权主要掌控于枢密院)历进至从一品的翰林学士承旨,追封魏国公。他是文艺的大宗师。

白寿彝先生总主编的《中国通史》第十四册(上海人民出版社1997年版)有对赵孟頫文化成就的简评,兹录于后:

孟頫博学多艺,文学艺术开一代风气。经学主治《尚书》,尤精于礼、乐之学。对律吕之学也有精深研究,颇得古人不传之妙,著有《琴原》、《乐原》各一篇。篆法尊《石鼓》、《诅楚》,隶书法梁鹄、钟繇,行草崇二王,晚年又受李北海影响,各种书体,冠绝古今,天竺、日本均以收藏其翰墨为贵……诗赋文词,清邃高古……至元年间诗人之中,他与戴表元等人一起,力扫南宋卑弱习气。他善于融篆籀之法于绘画之中,竹石、人马、山水、花鸟,无所不精,无疑是一代画坛领袖……他还精于古器物、书法、名画的鉴定,有关年代、作者、真伪,望而知之,百不失一。有《松雪斋集》十卷、外集一卷传世。另著有《谈录》一卷。

最忆是杭州

却看明月似寻常
——为政平恕高克恭

元代高克恭,生于1248年,卒于1310年,字彦敬,号房山,回纥人,祖籍西域。

高克恭是元王朝的高级行政官员,又是中华文艺史上的有名的书画家、文学家。高克恭无论担职地方官员,还是做中央大吏,他的为政的风格,可用一个词来概括:平恕。

元代在江南一带设置的行省一级的政府管理机构,前后名称多有变化,行省署地也曾在扬州、杭州两地多次移动:至元十三年(1276)元灭南宋,置江淮行省于扬州,统两淮、两浙地,又称淮东行省、扬州行省。至元二十一年,行省治地改迁杭州,称江浙行省。至元二十三年,行省署地又回迁扬州,复称江淮行省。至元二十六年,再次徙治杭州。至元二十八年(1291),以江北州县隶河南行省,改称江浙行省。至元是元世祖忽必烈的年号。

至元二十八年(1291),高克恭出任江浙行省左右司郎中。杨瑀著《山居新语》记录了高克恭的一个故事:"至元末年,尚有火禁,高彦敬克恭为江浙省郎中,知杭民藉手工以供衣食,禁火则小民屋狭,夜作点灯,必遮藏而为之,是以数至火患,遂弛其禁。杭民赖之以安。"

杭州是南宋的都城,元统治者对杭州戒备甚严,实行灯火管制,规定晚上禁钟之后,市井百姓不得点灯做买卖,须晓钟之后,才可点灯。也有以为那时所以要实行灯火管制,主要是因为杭州多次发生火灾。元朝对杭州实行灯火管制后,夜里还派兵巡逻,谁家夜里点灯被发现,就在门上做记号,第二天屋主得被传讯到官府,还得被处罚。高克恭到杭州任职,对火禁大不以为然。他认为,杭州城里的老百姓主要依靠手工来维持生计,假如因为经常发生火灾而严禁夜间点灯,那么情况会适得其反。因为老百姓为了生计,必定会晚上点灯作业,但为了不被巡查的发现,又得偷偷摸摸,想方设法遮掩灯火,而老百姓住房狭小,又是木头结构,这样的后果,一定是火灾大大多于不实行灯火管制的时候。于是,高克恭就取消了这条灯火管

高克恭像

制的禁令。体察民情，实事求是，为政平恕不刻薄，不唯上，不扰民，不以权势欺民，"杭民赖之以安"，高克恭善大矣。

高克恭在行省郎中的任上，还做了不少有益于民生的善事。那时有人说浙江公田隐漏失实的很多，行省就派高克恭去查实，把隐漏的田税都收上来。高克恭调查后说，江南每年交粮四百万石，浙西地区占了三分之二，其中公田七十五万一千顷有余，纳粮一百三十万石，租粮是民田的近二十倍，公田的租赋实在已经很重了。造成这种情况的原因是，宋代丞相贾似道强征暴敛，扰民甚厉，民田数目不够，只好拼凑，报假账，做假统计，一直延续下来，官府又不减免，于是负欠的情况就严重了。照高克恭的调查结论，当时所谓的公田，有不少已是有名无实，所谓"隐漏失实"本来就错了，所以应该实事求是，减去租赋，不要再去扰民。可惜的是高克恭的调查结论没有被行省采纳，租赋照征。这也显见出要为政平恕，事实上会有多困难。高克恭只要自己手头有一点儿权力，他必定会想办法阻止不合理的收费收税。当时元廷要增收浙东夏税，瓯婺一带深受其苦，行省自执政官以下都遵照元廷意旨，唯高克恭认为，增收夏税会加重民间负担；高克恭还烧毁了一批经理账册。在自己能做的范围内，保护了一部分民力。

当时杭州的税务机关，往往在机关门口陈列刑具，谁逃税就对谁动刑。高克恭就把税务机关的官员召来询问，这样做到底有没有效果。高克恭说：靠严刑峻法，靠吓唬来征税，这对税务官来说，是不称职的行为。第二天，税务机关门口的刑具就撤去了，而此后的税收并未因刑具的撤除而减少。

中国古代官场上，酷吏为害之烈，史不绝书。这些官员大都能办事，也干练，但对王朝法令指令，忠诚过度，杀心重，严刑峻法，政令法规说走三步，他不走五步六步不会罢休，很多政令法规本身已属刻毒，所谓恶法恶政，已扰民甚剧，而到了这些酷吏手上，还要再加重砝码，可以想见酷吏为害之烈。有的酷吏，自己倒也清廉，这就更不得了，譬如昆曲《十五贯》里的知县"过于执"。他自恃"清官"，便有恃无恐，自以为"明镜高悬"。断案办事听不进不同意见，刚愎自用。这类清廉酷吏亲手办坏的事，不知有多少。这类"过于执"的酷吏，看上去也廉洁，办事似乎也勤勉，其实他们的为祸之烈，有时很可能超过那些贪官。老百姓要是碰上了这类"过于执"的酷吏，也是有理说不清，屈打成招、含冤蒙耻，恐怕也是在所难免了。所以清代文学家、学问家刘鹗就在小说《老残游记》里说："赃官可恨，人人皆知，清官尤可恨，人多不知。盖赃官自知有病，不敢公然为非，清官则自以为不要钱，何所不为？刚愎自用，小则杀人，大则误国，吾人亲目所见，不知凡几矣。"刘鹗这段话说得甚好，甚有识见，稍稍可修补的是：生命须珍惜，杀人亦大矣。在这个政风背景下来看，则高克恭的这个"为政平恕"尤其可贵了。在一个人治而非法治的社会里，政府官员的为政风格，直接关乎民生。

高克恭的为政平恕，在我看来，主要是他有"平常心"，不为邀功请赏哗众取宠，不唯上，不从本本出发，而是了解实际情况，尊重实际情况，按照具体的情况来制定具体的政策和措施，一旦发现既定的原则和政策脱离实际情况，就力争调整、修改。如果修正不被允许，则在他权力允许的范围里，设法做些"微调"，哪怕与最高当局的意旨不合，亦在所不惜，不改初衷。

史称，高克恭坦荡平易。高克恭结交的朋友可能不是很广，但一旦得遇知己，则倾心相交，终身不疑。他跟赵孟頫就惺惺相惜，两个大艺术家时常挥毫合作，切磋画艺，相亲而不相轻。元末陶宗仪《南村辍耕录》里写了一个高克恭和赵孟頫的绘画故事：有一次，高克恭"与客游西湖，见素屏洁雅，乘兴画厅石古木。数日后，文敏（按：即赵孟頫）为补丛竹"。真是一段佳话。赵孟頫曾在高克恭的画上题诗道："疏疏澹澹竹林间，烟雨冥蒙见远山。记得西湖新霁后，与公携杖听潺湲。"深情回忆他们的同游湖山。当时就有人说"近代丹青谁自豪，南有赵魏北有高"（见张羽《临房山小幅感而作》），意思说赵孟頫和高克恭各是南北方的画坛领袖。高克恭的泼墨写意，气韵闲逸，元气淋漓。他的山水画"大有思致"，刘仁本《题米元晖〈青山白云卷〉》说高克恭的山水画"世之图青山白云者，率尚高房山"，可见在

【元】高克恭：《云横秀岭图》

当时影响的广泛。高克恭的诗名在当时也甚高,当时有人说他的诗风"神超韵胜"。高克恭在杭州为官时,钱塘山水是他心灵上的朋友,闲暇日常常携酒登山,沉醉山水,流连忘返。这是一位汉文化修养非常深的少数民族大艺术家。

高克恭在杭州画过两幅很著名的山水画,一幅是《吴山观月图》,为李公略而作;一幅是《山村隐居图》,为仇远而画。《吴山观月图》的题款为:"万松岭畔中秋夜,况是楼层最上方。一片江山果奇绝,却看明月似寻常。高克恭为公略作。"《山村隐居图》是高克恭酒酣之际的即兴创作,仇远在这幅画上题五言古体诗一首,诗序是:"大德初元九月十九日,清河张渊浦贰车会高彦敬御史于泉月精舍,酒半,为余作《山村隐居图》,顷刻而成,元气淋漓,天真烂漫,脱去画工笔墨畦町。余方栖迟尘土,无山可耕,展玩此图,为之怅然而已。南阳仇远仁近。"

高克恭去世后,清点家财,惟田二顷。为官数十年,从地方官到中央大员,两袖清风,确实不易。

最忆是杭州

看了这壁，觑了那壁，纵有丹青下不得笔
——关汉卿与杭州的文化因缘

近三十年前，我念中学，从散文家秦牧的《艺海拾贝》里读到了关汉卿的文字。秦牧的作品引了关汉卿散曲《南吕·一枝花·不伏老》里的尾声：

我是个蒸不烂、煮不熟、捶不匾、炒不爆、响珰珰一粒铜豌豆，恁子弟每谁教你钻入他锄不断、斫不下、解不开、顿不脱、慢腾腾千层锦套头。我玩的是梁园月，饮的是东京酒，赏的是洛阳花，攀的是章台柳。我也会吟诗，会篆籀，会弹丝，会品竹；我也会唱鹧鸪，舞垂手；会打围，会蹴踘；会围棋，会双陆。你便是落了我牙、歪了我嘴、瘸了我腿、折了我手，天赐与我这几般儿歹症候，尚兀自不肯休。则除是阎王亲自唤，神鬼自来勾，三魂归地府，七魄丧冥幽。天那，那其间才不向烟花路儿上走。

这一段文字一路道来，回肠荡气，真是漂亮。接着我又在中学的历史课本上看到了关汉卿的画像。这就对关汉卿佩服的不得了。稍觉不足的是，对比关汉卿这篇散曲里的这段文字，这幅出自当代国画名家之手的关汉卿画像，其神情姿态好像"正气"有余而"幽默"、"放浪"不够。这段散曲给我们的明明是一个浪子的形象嘛。

读大学时，看了关汉卿写的杂剧和散曲，回头再看田汉 1958 年为纪念关汉卿诞辰 700 周年而写的话剧剧本《关汉卿》，更感觉田汉是把关汉卿当成了一位元代"职业的革命宣传的戏曲家"来写了，远离了关汉卿的本来面目，也远离了元代的社会历史与文化。相比起来，这幅出自当代国画名家之手的关汉卿画像，"正气"是多了一点，可到底还没有像田汉写得那么过分的夸张。

在中国历史上，元朝的文化政策特别宽松，很少文字狱。这是治元史者所公认的。田汉 1958 年创作的这部《关汉卿》，写关汉卿《窦娥冤》被统治者禁止演出，朱帘秀违禁上演被官方迫害，两人差点儿被杀头。这些剧情都是无中生有的事。在历史上，根本就没有关汉卿因为写作和上演《窦娥冤》而遭受迫害的记载。相反，倒是有很多史料说明元代文网的宽松，元代文化人放言无忌而不受官方惩处。譬如元末孔齐撰著的《至正直记》（庄敏、顾新点校，上海古籍出版社 1987 年 4 月版），有一条笔记：宋朝遗民梁栋作诗而被仇家诬告，说他"讪谤朝廷，有思宋之心"，最后礼部判决说："诗人吟咏情性，不可诬以谤讪，倘使是谤讪，亦非堂堂天朝所不能容者。"（北京师范大学历史系教授顾诚先生刊于《元史论丛》第六辑一篇论文，考证《至正直记》作者应是孔克齐）。这条笔记也许可以用来说明元王朝管理者在文化问题上宽容的态度吧。也有学者，譬如辽宁师范大学中文系教授梁归智先生，2003 年 9 月在中国现代文学馆主办的一次演讲中，推测田汉这样写的原因，说是"微妙地传达了当时中国知识界的某些心声"，"也许是无意识的"。

关汉卿是个什么样的人，身世如何，生平事迹如何，流传下来的甚少。我们所见的,大多还是他的作品留给我们的一点印象,而不是正史或野史或笔记等的史料记载。譬如,单是关汉卿的身世,就有不同的说法。最靠得住的《录鬼簿》,是我国最早的一部戏曲论著,元代后期钟嗣成撰写。据《录鬼簿》中《自序》所记,此书初稿完成于元至顺元年(1330),后经两次订正。全书为二卷,内容包括作家小传152人,作品名目400多种。

《录鬼簿》说:"关汉卿,大都人,太医院尹,号己斋叟。"这是天一阁旧藏明抄本等本子上的文字。关汉卿是"太医院尹",则依郭英德先生的分析,关汉卿的身份应属"吏"——"六品以下的低级官吏",地位不高(参见郭英德《元杂剧作家身份初探》,载《晋阳学刊》1985年第4期)。

中国社会科学院近代史研究所研究员蔡美彪先生则发现明抄《说集》本和孟称舜刊《酹江集》附录的《录鬼簿》里原来把"太医院尹"都写成"太医院户",太医院是元朝特殊的户口制度下的名称,即所谓医户。医户归太医院管理。日本京都大学的金文京先生称:金元代医学的隆盛,带来医生地位的普遍提高。元代的太医院使的品秩,由宋代太医局的从六品、金代太医院提点的正五品,跃升为正二品,可算"显官",相应的,医家等的职业人的地位也大为提高,"与儒家知识分子可以分庭抗礼"(参见金文京《关汉卿身世考》,载

关汉卿纪念邮票

《元代文化研究》第一辑,北京师范大学出版社2001年11月版)。

如果我们同意蔡美彪先生的见解,那么,依据金文京先生的分析,元代杂剧的产生和发展主要得力于"职业性知识分子"这个"新兴阶级"。这个"城市商业经济发达时代的新兴阶级""无论在思想或行为上,都与传统的士大夫阶级有所不同"。"关汉卿就是其中具有代表性的人物。""关汉卿一生留连风月场所,除非雄厚的经济基础是不可能的。我们很难想象他靠戏曲创作所得的收入来维持生活。"

对照关汉卿散曲《南吕·一枝花·不伏老》,金文京《关汉卿身世考》一文的见解也许更有道理一些吧。

"我是个普天下郎君领袖,盖世界浪子班头。""我玩的是梁园月,饮的是东京酒,赏的是洛阳花,攀的是章台柳。我也会

吟诗，会篆籀，会弹丝，会品竹；我也会唱鹧鸪，舞垂手；会打围，会蹴趵；会围棋，会双陆。"

——"郎君"，元曲中常用以指爱冶游的花花公子。"班头"，即头目。"梁园"，汉代梁孝王的园子，在今河南开封附近，这里指汴京。"东京"，指宋代都城汴京（今开封）。"洛阳花"，洛阳牡丹最著名。"章台柳"，典出唐诗人韩翃，这里泛指娼妓。"篆籀"指书法。"垂手"，指《大垂手》《小垂手》等舞蹈。"打围"，即打猎。"蹴趵"，古代一种踢球游戏。"双陆"，古代一种类似下棋的游戏（以上注解均引自王季思主编《元明清散曲选》，人民文学出版社1988年5月版）。如果关汉卿在这篇散曲里说的都是真的话，则关汉卿琴棋书画、吹拉弹唱样样都精通，再加上还会踢球等体育游戏，他可就算得上是有元一代的一个大玩家，也是整个古代中国的一个数得上的大玩家了。这个大玩家无论是赏玩饮宴还是艳游青楼，都还很讲究消费的"品牌"。而这个大玩家，同时还是一个大艺术家大文豪。关汉卿本人是否曾悬壶施术，史无材料可证明。但他的父兄辈中有人行医济世，这应当是没有疑问的。关府有钱，所以可以给关汉卿这个"上层建筑"提供足够坚实的"经济基础"。

关汉卿生于大都（也有说是河北祁州人，或说是山西解州人），他在元中统至至元前期，都在大都一带活动。南宋亡后，才到过杭州。杭州（当时叫临安）被元军攻陷，是在元世祖至元十三年（1276）；宋王朝彻底垮台，则在至元十六年（1279）。《元史·世祖本纪》载："庚子，命中书省檄谕中外，江南攻平，宋宜曰亡宋，行在宜曰杭州。"关汉卿到杭州，大约应在这个时候。他南下途中，到过湖州，往返行程里，也曾在扬州停留。关汉卿在扬州，还与当时南方名妓朱帘秀交往，并写作散曲《南吕·一枝花·赠朱帘秀》。

在杭州，关汉卿游历山水，写作了著名的散曲《南吕·一枝花·杭州景》：

[一枝花] 普天下锦绣乡，寰海内风流地。大元朝新附国，亡宋家旧华夷。水秀山奇，一到处堪游戏，这答儿忒富贵。满城中绣幕风帘，一哄地人烟凑集。

[梁州第七] 百十里街衢整齐，万余家楼阁参差，并无半答儿闲田地。松轩竹径，药圃花蹊，茶园稻陌，竹坞梅溪。一陀儿一句诗题，行一步扇面屏帏。西盐场便似一带琼瑶，吴山色千叠翡翠。兀良，望钱塘江万顷玻璃。更有清溪绿水，画船儿来往闲游戏。浙江亭紧相对，相对着险岭高峰长怪石，堪美堪题。

[尾] 家家掩映渠流水，楼阁峥嵘出翠微，遥望西湖暮山势。看了这壁，觑了那壁，纵有丹青下不得笔。

这支散曲，没有用典，明白易懂。不须

再解说了。历来诗咏词赋杭州城的,很多,写散曲的,关汉卿之前则不多见。关汉卿之后,著名的当推隐居西湖的色目人贯云石。关汉卿的这支散曲,也许可以作为宋亡后杭州依旧繁华、湖山依旧清丽的一个例证。

杭州在元统一中国后不久,就成为了杂剧的活动中心,杂剧的刊刻也以杭州为盛。北京师范大学古籍所教授李修生先生所著的《元杂剧史》(江苏古籍出版社1996年4月版)引录了洛地《戏曲与浙江》中的一段话:

元曲杂剧,其根柢虽源自北地,但它成为如此大气候,与杭州、与浙江,扩大一点与江南(包括扬州)、与南方(原南宋辖地)关系是很不小的。

李修生《元杂剧史》中说:元杂剧现存元刊本三十种,原为明代文学家兼藏书家李开先旧藏,清代藏书家黄丕烈所有。黄丕烈题为《元刻古今杂剧乙编》。后此书为罗振玉所得。这三十种元刊本杂剧冠以"新刊"或"新编"的二十九种,其中冠以"古杭新刊"者七种,"大都新编"者三种,

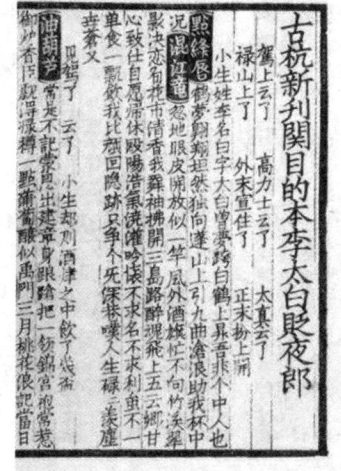

《元椠古今杂剧三十种》书影

"大都新刊"者一种。冠以"古杭新刊"的七种里,有一种就是关汉卿的作品,即《关大王单刀会》。这个剧本,每次读到其中关云长江上念唱的这一段:"水涌山叠,年少周郎何处也?不觉的灰飞烟灭。可怜黄盖转伤嗟,破曹的樯橹一时绝,鏖兵的江水犹然热,好教我情惨切!(云)这也不是江水,(唱)二十年流不尽的英雄血!"我都深感震撼。

浙江图书馆版本目录学家毛春翔先生所著《古书版本常谈》(上海古籍出版社2002年7月版)说到元刻本有云:

元刻最显著的特点有二:一是黑口,二是赵吴兴(孟頫)字体……书之黑口,即一版中线,折书时,可据中线折之……元刻黑口,是就一般情况而言,并非元刻即无白口……赵体字秀逸、柔软之姿,具有刚劲之气,甚觉可爱。

这部《古书版本常谈》中影印了元刻书九叶,确如毛春翔先生所言。

但今存的三十种元刊杂剧,又是另一种面貌,李修生《元杂剧史》说:"字体不一,错别字、俗体字、异体字、简写字很多,

而纸墨板式大略相同,可能都是元代书商刊刻的流行曲本,后由藏书者汇辑成集者。"可知,虽说元代杭州刻本仍承宋金遗绪,选择良工,纸墨上乘,但也还是有例外情况的,有精工良刻的,也有不那么精工良刻的。《关大王单刀会》的刻本则颇有赵体风韵(参见赵福莲《校刻严谨 藏书宏富——元明清杭州的印刷业、藏书家》,载《元明清名城杭州》,浙江人民出版社1997年6月版)。王国维《元刊杂剧三十种序录》云《元刻古今杂剧乙编》"虽出坊间,多讹别之字,而元剧之真面目,独赖是以见,诚可谓惊人秘笈矣"。

今存"古杭新刊"七种杂剧,关汉卿占了一种,这也可算是已被证实的关汉卿与杭州的一段文化出版的因缘吧。

关汉卿散曲《南吕·一枝花·不伏老》里所自述的文化与社会的浪子的形象,他在杂剧《关大王单刀会》、《感天动地窦娥冤》等作品里中表达的"复仇反抗的斗志"、"自由怀疑的思想"(参见

郭英德《元杂剧与元代社会》,北京师范大学出版社1996年5月版),这两者合起来,就仿佛是与关汉卿同时代的元代文人王和卿的散曲《仙吕·醉中天·咏大蝴蝶》和《双调·拨不断·大鱼》所分别歌咏的"大蝴蝶"和"大鱼"——

看看这只"大蝴蝶":

弹破庄周梦,两翅驾东风,三百座名园一采一个空。难道风流种,唬杀寻芳的蜜蜂。轻轻的扇动,把卖花人扇过桥东。

还有这条"大鱼":

胜神鳌,夯风涛,脊梁上轻负着蓬莱岛。万里夕阳锦背高,翻身犹恨东洋小,太公怎钓?

这只"大蝴蝶"大得都把庄子的梦给弹破了,"三百座名园一采一个空",生命的爆发力扩张力真是强悍得惊人,本领真是好生了得!王季思主编的《元明清散曲选》(人民文学出版社1988年5月版)说这首曲"辛辣地讽刺了当时破坏社会秩序,肆意侮辱妇女,

话剧中的关汉卿形象(于是之饰)

《元明清散曲选》书影

欺压百姓的'权豪势要'子弟"。这个解说不确。就曲谈曲,我们看不出王和卿有丝

毫的"辛辣地讽刺"的意味,反倒是含着几许的好感,几分的玩味。这个"大蝴蝶"如果有象征意思的话,更多的恐怕还是一个"文化与社会的浪子"的象征,一个古代中国的"文化嬉皮士"的象征,一个元朝的"顽主"的象征。从曲子来看,这个"浪子",这个"嬉皮士",这个"顽主",乃是有着超乎常人的无比旺盛的生命力的。而这条不驯服的神奇的"大鱼",根本不理会"姜太公钓鱼,愿者上钩",这条"大鱼"早已挣脱了"体制"内的功名利禄的诱惑,"翻身犹恨东洋小"——姜太公碰上了这条大鱼,还能有什么办法!这"大蝴蝶"和"大鱼"合起来,不正是"书会才人"关汉卿的人生轨迹么?既不做当朝统治者的"帮闲文人",也不做当朝统治者的"帮忙文人",他确实已经跟传统的"士人阶级"分道扬镳了,他离开了"体制",走上了另外一条人生的道路,一条不是由传统给安排好的人生的道路。

最忆是杭州

纵有微风吹不乱　青山织在浪花中
——杨维桢与《西湖竹枝词》

斯舜威先生所著《学者书法》（中国美术学院出版社2002年6月版），把贾平凹书法也算为学者之书，可能不一定有太多道理。

虽则贾氏也被西北大学聘为教授,但恐怕名列"文苑"比名列"儒林"还是更适宜一些(假如照中国正史来入传的话)。除了这一两点细枝末节之外,《学者书法》这部书还是有相当的读头的,深得书学三昧,印制得也精致典雅。闲来赏读品味,足可养性怡情。

书内所记元末杨维桢的书法,叫我大感兴趣。在中国书法史上,杨维桢名头并不响亮,我们耳熟能详的仅是数条诸如"大将班师,三军奏凯。破斧缺斨,例载而归,廉夫书或似之"(吴宽语)这样的点评。斯舜威先生将杨维桢的书法与他诗、文诸方面的造诣和美学趣味,作一整体观照,所作批评,入筋入骨,合理合情。而斯先生所写出来的文字,酣畅淋漓,尤其得杨书真趣,试引一段:

他用笔猛利干脆,笔法怪异,落笔时往往浓墨厚重,一路挥扫,墨汁枯尽,由浓至淡,浓淡互济,干湿对比强烈,犹如一波三折,一咏三叹,给人以回肠荡气之感。在他的笔下,传统的圆润俊美的二王美学法则已不复存在,代之以粗头乱服、狂放不羁、惊世骇俗的独特风格。

这一段文字,直令我们仿佛想见杨氏作书时的情状。

杨维桢书法主性情,与他的诗学见解一脉相承。他在《剡韶诗序》里说:

诗本情性,有性此有情,有情此有诗

杨维桢像

也。

缘此真性情,杨维桢诗风恣肆飞扬。"他高扬个体意识,尊情尚俗,这种接受旨趣和欣赏旨趣与传统的雅正风格发生了激烈的冲突。"(尚学锋等著《中国古典文学接受史》,山东教育出版社2000年9月版)有学者尝谓"过去诗中的'美女',大抵给人以纤弱、慵懒、哀怨、娇贵之类的感觉,杨维桢诗中也有数十处写到'美人',却大多体态矫健,充满活力","以强烈的动势,显示人物的内在生命激情与活力"。

这些话都讲得很精到。这都可以他的有名的《西湖竹枝词》来作证,譬如其中第二首:

> 鹿头湖船唱赧郎,
> 船头不宿野鸳鸯。
> 为郎歌舞为郎死,
> 不惜真珠成斗量。

女子的情感豪爽热烈,情透纸背。

"竹枝词"渊源流长,传统说法"竹枝词"始于唐代刘禹锡(如管世铭认为"竹枝始刘梦得")。但"竹枝词"事实上不始于刘禹锡。譬如,白居易的"竹枝词"就早于刘氏之作(参见《刘禹锡集笺证》,瞿蜕园笺证,上海古籍出版社 1989 年版)。任半塘先生则以为冯贽《云仙杂曲》云"张旭醉后唱《竹枝曲》,反复必至九回乃止",张旭以草书闻于开元,是以竹枝之调,至迟在开元以前,已无疑义,已早皇甫松一百年。任半塘先生对所谓"竹枝词起于晋"的说法,持保留的态度(参见任半塘《竹枝考》,载《成都竹枝词》卷首,林孔翼辑,四川人民出版社 1986 年版)。

当然,刘禹锡"竹枝词"写得太好了,这也是事实,所以会产生"竹枝词"首于刘氏的说法。苏轼就讲过这样的话:刘竹枝"奔轶绝尘,不可追也"(见宋人魏庆之著《诗人玉屑》卷十五,中华书局 1959 年版)。

在元末,杨维桢首作"西湖竹枝词"九首,开元代"竹枝词"新风。明人田汝成《西湖游览志馀》(上海古籍出版社 1998 年 12 月版)卷十一"才情雅致"里记载:

> 《西湖竹枝词》,杨铁厓倡之,和之者数百家,大率咏湖山之胜,人物之美,而情寓于中……

《西湖竹枝词》第一首唱道:

> 苏小门前花满株,
> 苏公堤上女当垆。
> 南官北使须到此,
> 江南西湖天下无。

前人或同时代人咏西湖湖光山色备矣,高手林立,要出新词新句确实是不易了。杨维桢不从山色水景入手,而以钱塘名妓苏小小门前景起句,全诗避开景物描写,而专以勾画堤上风情人物,别开生面,确有民歌的爽朗率真明快。明人胡应麟《诗薮》(上海古籍出版社 1979 年版)评杨维桢《西湖竹枝词》"俊逸浓爽,如有神助"。若起东坡于地下,或许他也会改口道"刘竹枝'奔轶绝尘',杨竹枝直追之也"吧?

杨维桢的九首《西湖竹枝词》,另外七首分别是:

> 家住西湖新妇矶,
> 劝郎不唱缕金衣。
> 琵琶元是韩朋木,
> 弹出鸳鸯一处飞。

湖口楼船湖日阴,
湖中断桥湖水深。
楼船无柁是郎意,
断桥有柱是侬心。

病春日日可如何,
起向西窗理琵琶。
见说枯槽能卜命,
柳洲弄口问来婆。

小小渡船如瓢瓜,
船中少妇竹枝歌。
歌声唱入莹筿调,
不遣狂夫横渡河。

劝郎莫上南高峰,
劝侬莫上北高峰。
南高峰云北高雨,
云雨相催愁杀侬。

石新妇下水连空,
飞来峰前山万重。
不辞妾作望夫石,
望郎或似飞来峰。

望郎一朝又一朝,
信郎信似浙江潮。
浙江潮信有时失,
臂上守宫无日消。

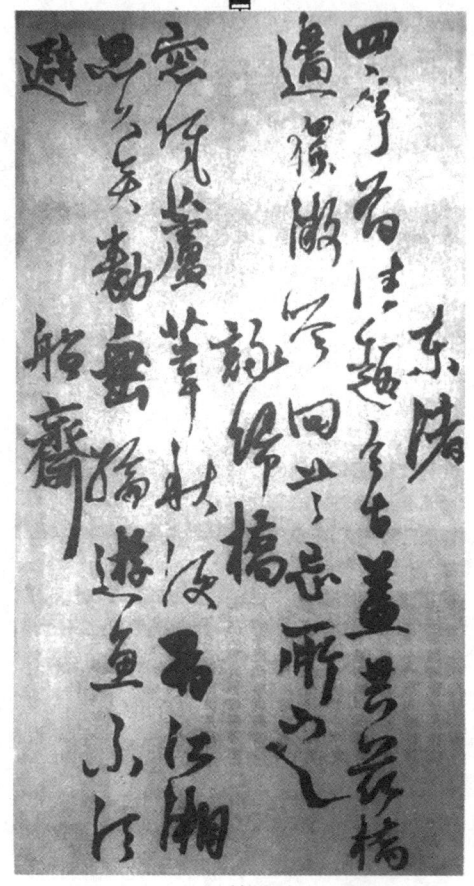

杨维桢诗稿

这样浑然天成的《西湖竹枝词》一时传唱开去,和之者甚众,明人杨慎《升庵诗话》(收入丁福保所辑《历代诗话续编》,中华书局1983年版)也称:"一时和者五十余人,诗百十余首。"

杨维桢(1296—1370),字廉夫,号东维子,又号铁崖,亦自称铁笛道人。元末书画家、文学家,传世著作有《东维子文集》、《铁崖古乐府》等。

杨维桢本不是杭州人,他在《铁笛道人自传》里说自己"会稽人,祖关西也"。按之今天的地理位置,杨维桢应是绍兴诸暨枫桥人。诸暨枫桥镇东北十里的全堂村有铁崖山,山高十余丈,崖石赭黑如铁色、峻立如铁而得名"铁崖山"。《铁笛道人自传》里又说:"会稽有铁崖山,其高百丈,上有萼绿梅花数百植。层楼出梅花,积书数万卷,是道人所居也。"清修《明史》(中华书局1974年版)所记的杨维桢传说:维桢"少时,日记书数千言。父宏,筑楼铁崖山中,绕楼植梅百株,聚书数万卷,去其梯,俾诵读楼上者五年,因自号铁崖"。照此说,则"铁崖山"应在"会稽"。杨维桢少时读书是在他的故乡。

但也有说杨维桢的"铁崖"之号是因居住在杭州吴山铁冶岭而起,譬如明人田汝成《西湖游览志馀》(上海古籍出版社1998年12版)卷十一"才情雅致"里记载:"杨廉夫维祯,初居吴山铁冶岭,故号铁厓,既得铁笛,更号铁笛。"

不管是杨维桢自己所说的"会稽"还是田汝成所说的"杭州",杨维桢"居杭甚久"(语见清人陈景钟辑《清波三志》,上海古籍出版社1999年7月版),这是没有疑问的。他喜欢西湖山水,这也是没有疑问的,所以他才有很高的兴致创作《西湖竹枝词》。

通常都说杨维桢一生以50岁为分界线,50岁前从政,有所作为;50岁后,则知世事不可为,遂优游岁月。

除开《西湖竹枝词》,杨维桢还与杭州产生过别的文化因缘。譬如他与文天祥留下来的名为"玉带生"的端砚的关系。

杨维桢撰《玉带生传》一文述其故事。"玉带生"是文天祥家藏的一方端砚,因其"腰"间有一条白玉如带,所以呼为"玉带生"。砚旁有文天祥所篆刻文44字:"紫之衣兮绵绵,玉之带兮卷卷,中之藏兮囷囷,

外之深兮日宣。呜呼!磨尔心之坚兮,寿吾文之传兮!庐陵文天祥制。"谢翱随文天祥在南剑誓师勤王之后,同年十月,驻兵汀州(今福建长汀)。杨维桢在《玉带生传》中说:"机防密议,一与生谋之,生缄默不泄,公(按:指文天祥)益重之。"次年(1227)正月,文天祥移师漳州龙岩(今福建龙岩)。三月,进兵取梅州(今广东梅县)。五月,出梅岭,入赣州,转战会昌、雩都(今江西于都)等地。不久,兵败赣州。谢翱在《登西台恸哭记》中所说的"别公漳水湄",大约就在此时。临别,文天祥以端砚"玉带生"赠谢翱,并有嘱语,谢翱终生感念不忘。文天祥殉国,至元二十八年(1291)冬,谢翱携砚赴浙北庐陵山中,在文天祥的忌日,与

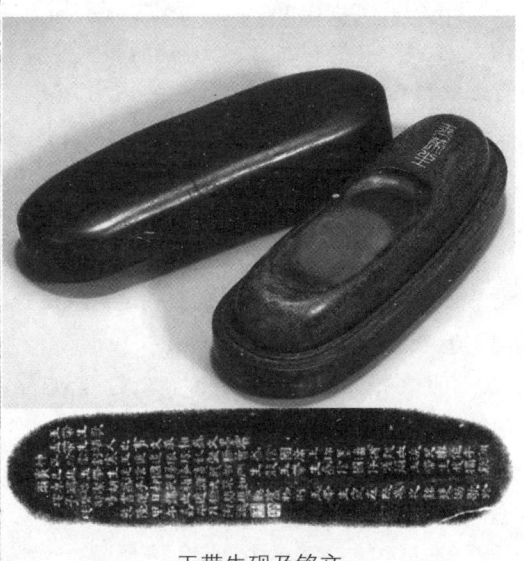

玉带生砚及铭文

吴思齐、严侣等登严子陵钓台哭祭文天祥，写下了永垂不朽的名篇《登西台恸哭记》。谢翱在《登西台恸哭记》中说："余恨死无以藉手见公，而独忆别时语，每一动念，即于梦中寻之。""玉带生"一直伴随谢翱流浪吴越各地，谢翱隐居于庐陵月泉精舍，也曾用"玉带生"砚秘写《南史帝纪》、《孤灯传》等文。谢翱去世，葬于子陵钓台之南，砚下落不明。60年后，元至正十六年（1356），杨维桢司理睦州，道出桐庐，谒严子陵祠，吊谢翱荒冢于月泉，无意中访得"玉带生"砚，大喜过望，待如"上客"，厮守以终。元末战乱，杨维桢避居海上，写有《铁史》若干卷，用的便是"玉带生"砚。杨维桢去世，砚不知去向。数百年后，清康熙时"玉带生"重现民间，为宋漫堂收藏，后入大内，编入《西清古鉴》。清初的著名学者朱彝尊曾见到"玉带生"铭文的拓本，他在《书拓本玉带生铭后》一文内称此砚"石产自端州，未为绝品，其修扶寸，广半之，厚又微杀焉"，"旁刻以铭，书用小篆，凡四十四字。岁甲申（按：即1704），观于商丘宋节使座上"（《曝书亭集》卷五十一）。聊记一笔吧。

《明史》记杨维桢"狷直忤物"，这是就他的政治个性而言，生活上，他则好酒好色（这在官修的《明史》里是见不到的）。元人陶宗仪撰《南村辍耕录》（中华书局1997年11月版）卷二十三"金莲杯"这一条的记载，可作补充：

杨铁崖耽好声色，每于筵间见歌儿舞女有缠足纤小者，则脱其鞋载盏以行酒。谓之金莲杯。

转录这一条笔记，以见杨维桢生活的放浪吧。

《明史》记载：杨维桢"元泰定四年成进士，署天台尹，改钱清场盐司令。狷直忤物，十年不调。会修辽、金、宋三史成，维桢著《正统辩》千余言，总裁官欧阳元功读且叹曰：'百年后，公论定于此矣。'将荐之而不果，转建德路总管府推官。擢江西儒学提举，未上，会兵乱，避地富春山，徙钱塘。张士诚累招之，不赴……徙居松江之上，海内荐绅大夫与东南才俊之士，造门纳履无虚日。酒酣以往，笔墨横飞。或戴华阳巾，披羽衣坐船屋上，吹铁笛，作《梅花弄》。或呼侍儿歌《白雪》之辞，自倚凤琶和之。宾客皆蹁跹起舞，以为神仙中人"。杨维桢徙居松江，住宅的门上写了这样几句话："客至不下楼，恕老懒；见客不答礼，恕老病；客问事不对，恕老默；发言无所避，恕老迂；饮酒不辍乐，恕老狂。"《明史》所记的杨维桢写《正统辩》，时在元末至正年间，但这篇史论，不以辽金为正统，为蒙元当局所禁，杨维桢给朋友的信里说起这事："仆所著三史统论，禁林已趣余言。"（转引自周少川著《元代史学思想研究》，社会科学文献出版社2001年10月版）所以这篇史论未能收入他的文集,而是靠了元人陶宗仪《南村辍耕录》和贝琼《清江贝先生文集》的转引,才侥幸流传下来。

　　明朝洪武三年(1370),朱元璋下令让士人戴四方平定巾(参见陈宝良著《明代社会生活史》,中国社会科学出版社 2004 年 3 月版)。"四方平定巾"的来历,相传也与杨维桢有关。明人郎瑛撰《七修类稿》(上海书店 2001 年 8 月版),有一条笔记:"今里老所戴黑漆方巾,乃杨维桢入见太祖时所戴。上问曰:'此巾何名?'对曰:'此四方平定巾也。'遂颁式天下。"这或许也能表明,杨维桢入明后虽然坚不仕明(《明史》载:"洪武二年,太祖召诸儒纂礼乐书,以维桢前朝老文学,遣翰林詹同奉币诣门,维桢谢曰:'岂有老妇将就木,而再理嫁者邪?'明年,复遣有司敦促,赋《老客妇谣》一章进御,曰:'皇帝竭吾之能,不强吾所不能则可,否则有蹈海死耳。'帝许之,赐安车诣阙廷,留百有一十日,所纂叙便例定,即乞骸骨。帝成其志,仍给安车还山),但正如他以元接宋之正统,他也是把明视为元的续统的,所以对元末造反的张士诚之类,他是看不上眼的。

最忆是杭州

对一种精致生活的追忆
——张岱在湖上的幸福往事

法国汉学家谢和耐的著作《蒙元入侵前夜的中国日常生活》,是一部精致可爱的书。

20多年前,杭州的学术图书的流通还不是很快捷很通畅,那时也还没有专业的民营学术书店。我在报上见到这部书的汉译本出版的书讯,但在杭州就是买不到,偶然出差上海,在福州路上的新华书店里见到这部书,真是快何如之!

谢和耐的这部书,主要取材于《梦粱录》、《武林旧事》、《都城纪胜》等古代笔记,来描述南宋都城杭州的日常生活,给那时的生活"建模"。陈平原在一册讨论明清散文的的讲课录里称:

其实,我们可以用张岱的文章,比如《陶庵梦忆》、《琅嬛文集》、《西湖梦录》等,再参照同代人的相关著述,来复原明末江南的日常生活。

这个话说得好。不过稍有遗憾的是,陈平原的这段话误《西湖梦寻》为《西湖梦录》。也许这是"手民误植",抑或编校不精?这段话见于三联书店2004年6月出版的《从文人之文到学者之文》一书内的第四讲"都市诗人的奇情壮采"。这里的"奇情壮采"一词应该是引自清人伍崇曜《陶庵梦忆跋》。伍崇曜在这篇跋里称张岱为文"奇情壮采,议论风生,笔墨横恣,几令读者心目俱眩"。

陈平原在这部书里还说:

郦道元写遍天下名川,徐霞客从东南走到西南,看到的是真山真水,而张岱则只是固守杭州。《陶庵梦忆》等三书,眼界几乎没有超出西湖,描写的就是杭州这么个繁华都市。

这段话里对张岱的点评,显然不确。张岱的这三部书所记写的山川风物名胜奇士,除了《西湖梦寻》一书,在其他两部书里,杭州之外的,也不是少数,譬如济南、兖州、苏州、扬州、南京、镇江、嘉兴、绍兴、泰山……这都有书为证。可为什么陈平原会特意说"张岱则只是固守杭州。《陶庵梦忆》等三书,眼界几乎没有超出西湖,描写的就是杭州这么个繁华都市"呢?也许可以有两个理由来解释:

一个理由是陈平原太聪明,一部书瞄上一两眼,就可以滔滔不绝地高谈阔论。所以虽然言之凿凿,却未必当真通读一过。当然,陈平原也可以辩护说他用了"几乎"这个词。可是"几乎"又是什么意思呢?

张岱像

有就是有，没有就是没有；超出就是超出，没有超出就是没有超出，用得着这虚头八脑的"几乎"这个词么？"几乎没有超出"到底是"超出"还是"没有超出"呢？

还有一个可作解释的理由就是，张岱描写杭州和西湖，出神入化，于是就自然而然地给陈平原留下了"眼界几乎没有超出西湖……"这么个印象。

从春到秋，从夏到冬，西湖四季，都有可以游可以赏可以玩的。

可同是游、同是赏、同是玩，也还是大有区别的，其间还有趣味的高低之分，等等。《儒林外史》里的那位精选《三科程墨持运》的处州马纯上马二先生游西湖，"身子又长，戴一顶高方巾，一幅乌黑的脸，拥着个肚子，穿着一双厚底破靴，横着身子乱跑，只管在人窝子里撞"。这就是不得游湖之趣了。所以在《西湖梦寻》卷一的《明圣二湖》一文里，张岱不无自负地说道：

故余尝谓："善读书，无过董遇三馀，而善游湖者，亦无过董遇三馀。董遇曰：'冬者，岁之馀也；夜者，日之馀也；雨者，月之馀也。'雪巘古梅，何逊烟堤高柳；夜月空明，何逊朝花绰约；雨色溟濛，何逊晴光滟潋。深情领略，是在解人。"即湖上四贤，余亦谓："乐天之旷达，固不若和靖之静深；邺侯之荒诞，自不若东坡之灵敏也。"其余如贾似道之豪奢，孙东瀛之华赡，虽在西湖数十年，用钱数十万，其于西湖之性情、西湖之风味，实有未曾梦见者在也。世间措大，何得易言游湖。

商务印书馆出的《现代汉语词典》释"措大"："旧时指贫寒的读书人（含轻蔑意）。"

无论权贵还是豪富，抑或贫寒之人，都难言"游湖"。张岱的自得之意，溢于言表。给《西湖梦寻》写序的王雨谦也说：

张陶庵盘礴西湖四十馀年，水尾山

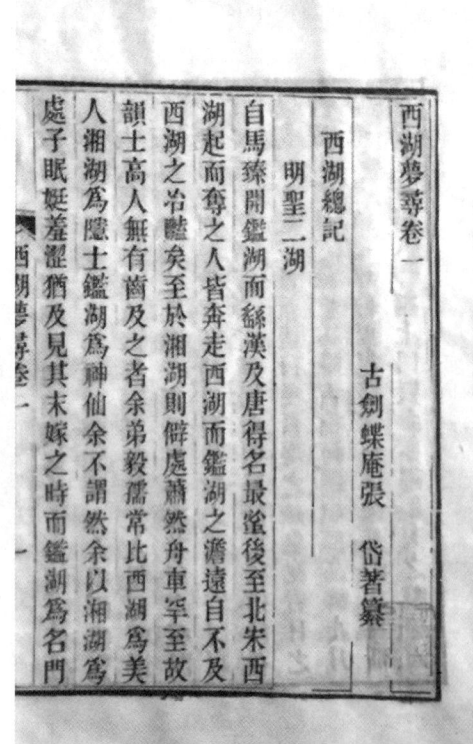

《西湖梦寻》书影

头,无处不到。湖中典故,真有世居西湖之人所不能识者,而陶庵识之独详;湖中景物,真有日在西湖而不能道者,而陶庵道之独悉。

祁彪佳在给这部书写的序里则说:

余友张陶庵,笔具化工,其所记游,有郦道元之博奥,有刘同人之生辣,有袁中郎之倩丽,有王季重之诙谐,无所不有;其一种空灵晶映之气,寻其笔墨,又一无所有。为西湖传神写照,政在阿堵矣。

张岱先祖造寄园于吴山旁,张岱居杭四十多年,对雪湖、夜湖、雨湖,独有会心。《西湖梦寻》卷三《十锦塘》妙解"断桥残雪"云:"十锦塘……在断桥下……堤阔二丈,遍植桃柳,一如苏堤。岁月既多,树皆合抱。行其下者,枝叶扶苏,漏下月光,碎如残雪。意向言断桥残雪,或言月影也。"《西湖梦寻》卷二《冷泉亭》又赞月湖:"余在西湖,多在湖船作寓,夜夜见湖上之月,而今又避嚣灵隐,夜坐冷泉亭,又夜夜对山间之月,何福消受。余故谓西湖幽赏,无过东坡,亦未免遇夜入城。而深山清寂,皓月空明,枕石漱流,卧醒花影,除林和靖、李岣嵝之外,亦不见有多人矣。即慧理、宾王,亦不许其同在卧次。"

"余在西湖,多在湖船作寓,夜夜见湖上之月……"张岱自得自负看来也是很有理由的。

试以张岱的两篇记夜游湖上的妙文为例,一在冬日,一在秋季。

《陶庵梦忆》卷三有名篇《湖心亭看雪》:

崇祯五年十二月,余住西湖。大雪三日,湖中人鸟声俱绝。是日更定矣,余拏一小舟,拥毳衣炉火,独往湖心亭看雪。雾凇沆砀,天与云与山与水,上下一白。湖上影子,惟长堤一痕、湖心亭一点,与余舟一芥、舟中人两三粒而已。

到亭上,有两人铺毡对坐,一童子烧酒,炉正沸。见余大喜,曰:"湖中焉得更有此人!"拉余同饮。余强饮三大白而别。问其姓氏,是金陵人,客此。及下船,舟子喃喃曰:"莫说相公痴,更有痴似相公者!"

这篇文章我是在念中学时读到的,从此就对张岱有大好感。后来就一一读了他的《陶庵梦忆》等几部散文随笔集。

"崇祯五年",即公元1632年。崇祯,是明思宗的年号。不算南明,思宗就是明朝的末代皇帝了。张岱生于明万历二十五年,公元1597年。崇祯五年时,张岱该是35岁左右。

35岁时的张岱真有好兴致,岁末隆冬,于晚上八时光景,身着裘氅,烤着火炉,雪夜游西湖。"天与云与山与水,上下一白。湖上影子,惟长堤一痕,湖心亭一点,与余舟一芥、舟中人两三粒而已。""痕"、"点"、"芥"、"粒"这几个量词用得真好。寥寥数语,境界全出,真文章高手!更妙的是，如此大雪之夜游湖的，居然还有"客此"的"金陵人"，"见余大喜，曰：'湖中焉得更有此人！'"借金陵人之口，来道出张岱自己的风雅。夜游归棹，"舟子喃喃曰：'莫说相公痴，更有痴似相公者！'"船夫的话，反衬出张岱的洒脱，而不是"众人皆醉我独醒"。移用陈平原的分析是："我有真性情，别人也有。这么看待世界，就可以避免过分的偏执与孤傲。"

张岱的这篇散文，叫我想起《世说新语》里记载的一则故事。这则故事说：

王子猷居山阴，夜大雪，眠觉，开室，命酌酒，四望皎然。因起彷徨，咏左思《招隐诗》。忽忆戴安道。时戴在剡，即便夜乘小船就之。经宿方至，造门不前而返。人问其故，王曰："吾本乘兴而行，兴尽而返，何必见戴？"

王子猷也是雪夜忽然起兴行船，不同的是，张岱游湖，而王子猷则访友。王子猷也是雅人名士，这个故事也是代代相传，可总叫我觉得这个王子猷有点儿"作秀"，有点儿造作。对比起来，张岱就自然得多了。他夜里游湖，正可避俗套而得湖之清静，而雪夜更有平日所不可得的清空。可他偏偏要借"金陵人"的口来说"湖中焉得更有此人！"；他偏偏要借船夫的口来说"莫说相公痴，更有痴似相公者！"这里就有对风雅的心理上的分寸感。没有这份分寸感，则所谓雅得俗了，就不是精致的生活趣味了，就造作了，就演戏了，就真不得游湖之"三昧"了。

《陶庵梦忆》卷七里《西湖七月半》，也是历来选家编散文选所必收的。全文如下：

西湖七月半，一无可看，止可看看七月半之人。看七月半之人，以五类看之。

其一，楼船箫鼓，峨冠盛筵，灯火优傒，声光相乱，名为看月而实不见月者，看之。

其一，亦船亦楼，名娃闺秀，携及童娈，笑啼杂之，环坐露台，左右盼望，身在月下而实不看月者，看之。

其一，亦船亦声歌，名妓闲僧，浅斟低唱，弱管轻丝，竹肉相发，亦在月下，亦看月，而欲人

【清】任熊：《团扇桃根可怜曲》

看其看月者,看之。

其一,不舟不车,不衫不帻,酒醉饭饱,呼群三五,跻入人丛,昭庆、断桥,嚣呼嘈杂,装假醉,唱无腔曲,月亦看,看月者亦看,不看月者亦看,而实无一看者,看之。

其一,小船轻幌,净几暖炉,茶铛旋煮,素瓷静递,好友佳人,邀月同坐,或匿影树下,或逃嚣里湖,看月而人不见其看月之态,亦不作意看月者,看之。

杭人游湖,巳出酉归,避月如仇,是夕好名,逐队争出,多犒门军酒钱,轿夫擎燎,列俟岸上。一入舟,速舟子急放断桥,赶入胜会。以故二鼓以前,人声鼓吹,如沸如撼,如魇如呓,如聋如哑,大船小船一齐凑岸,一无所见,止见篙击篙、舟触舟、肩摩肩、面看面而已。少刻兴尽,官府席散,皂隶喝道去,轿夫叫船上人,怖以关门,灯笼火把如列星,一一簇拥而去。岸上人亦逐队赶门,渐稀渐薄,顷刻散尽矣。

吾辈始舣舟近岸,断桥石磴始凉,席其上,呼客纵饮。此时,月如镜新磨,山复整妆,湖复颒面。向之浅斟低唱者出,匿影树下者亦出,吾辈往通声气,拉与同坐。韵友来,名妓至,杯箸安,竹肉发。月色苍凉,东方将白,客方散去。吾辈纵舟,酣睡于十里荷花之中,香气拍人,清梦甚惬。

七月半,即农历七月十五日,佛教徒称之为盂兰盆节,道教徒则称为中元节,民间旧称鬼节。此日,西湖各大寺院举行盂兰盆会,念经拜忏,超度亡灵。描写南宋杭州社会生活的吴自牧所著《梦粱录》有记录。

张岱开篇就说:"西湖七月半,一无可看,止可看看七月半之人。"人又当怎么看呢? 张岱又给细分作五类:

第一类是名为看月,实在是借了这个机会来享乐的;

第二类呢,则多为"名娃闺秀",她们"身在月下"而"左右盼望",青春少女,怀春时光,看样子是来看"人"的,是来"寻朋友"的;

第三类,当然很"雅","名妓闲僧,浅斟低唱,弱管轻丝,竹肉相发",可他们却是"欲人看其看月",原来他们的"雅"是想"表演"给人看的;

第四类呢,是来"轧闹猛",凑热闹的,也不是来看月的;

第五类人,"小船轻幌,净几暖炉,茶铛旋煮,素瓷静递,好友佳人,邀月同坐,或匿影树下,或逃嚣里湖,看月而人不见其看月之态,亦不作意看月者",这是真雅,淡雅素雅。

张岱庶几可归入第五类。可再读下来,好像也不是。他还不属于这第五类的。他是在这五类"看月人"之外的静观者。当这前四类"看月人"散尽,"月如镜新磨,山复整妆,湖复颒面(按:"颒面",即洗面,洗

> 《陶菴夢憶卷一》
>
> 吳中絕技
>
> 吳中絕技：陸子岡之治玉，鮑天成之治犀，周柱之治嵌鑲，趙良璧之治梳，朱碧山之治金銀，馬勳、荷葉、李之治扇，張寄修之治琴，范崑白之治三弦子，俱可上下百年保無敵手。但其良工苦心，亦技藝之能事，至其厚薄深⋯⋯
>
> 一生㾭瘖口張而不能翕燕客屬余銘銘曰女媧煉天不分玉石鰲血蘆灰烹霞鑄日星河洇烤參橫箕翁純生氏曰元圃積玉無非異光

《陶庵梦忆》书影

脸)",“吾辈始舣舟近岸，断桥石磴始凉，席其上，呼客纵饮"，前四类"看月人"席终人去，张岱们才出场。"向之浅斟低唱者出，匿影树下者亦出，吾辈往通声气，拉与同坐"，前面所记的第五类"看月人"也出来了，于是互通声气，同坐同饮。这时，"韵友来，名妓至"，弹琴唱歌，相与甚欢。

直到"月色苍凉，东方将白，客方散去"。张岱们"纵舟，酣睡于十里荷花之中，香气拍人，清梦甚惬"。这是"梦入芙蓉浦"啊。

张岱写《陶庵梦忆》已是明亡之后，引这部书的自序里的话来说："陶庵国破家亡，无所归止，披发入山，駴駴为野人。"所以"尚视息人世"，"因《石匮书》未成"。"第见有明一代，国史(按：指实录)失诬，家史失谀，野史失臆，故以二百八十二年总成一诬妄之世界"(《石匮书·自序》)，所以作为明朝遗民的张岱要写完这部"事必求真，语必务确"(语见《石匮书·自序》)的明史著作《石匮书》。

在《陶庵梦忆》序里，张岱说道：

> 鸡鸣枕上，夜气方回，因想余生平，繁华靡丽，过眼皆空，五十年来，总成一梦。今当黍熟黄粱，车旅蚁穴，当作如何消受？遥思往事，忆即书之⋯⋯

这才有了这部《陶庵梦忆》。文中所言"夜气"，典出《孟子·告子上》："夜气不足以存，则其违禽兽不远矣。"夜半而醒悟，遂"持向佛前，一一忏悔"。

此时，"瓶粟屡罄，不能举火"的张岱，回首往事，《西湖七月半》而以淡淡的"酣睡于十里荷花之中，香气拍人，清梦甚惬"一句轻轻作结，引用陈平原的话来说，就是"饱经沧桑的张岱⋯⋯淡淡一笑⋯⋯"，"一切都经过，也都明了"，"高雅之士而具有'平常心'"(参见《从文人之文到学者之文》)。张岱的散文，以近人作比，仿佛李叔同，绚烂之极归于平淡。黄裳先生有散文随笔《银鱼集》，这部由三联书店将近二十多年前刊印的书，开首第一篇的篇名里就称张岱为"绝代的散文家",这不是泛泛之言。张岱的人生,也仿佛李叔同,波澜起伏之后乃知"平平淡淡从从容容才是真"。

如果说,张岱的《陶庵梦忆》、《琅嬛文集》、《西湖梦寻》里的篇章,可以给今人当作明末杭州社会生活的摹本的话,可以当作文字绘就的明末的"清明上河图"的话,那么,张岱的人生和文章,也许可以给西湖添一笔精致生活趣味和淡雅风格文章的遗产。中国传统文化里,确实有相当的部分是张岱那样的有钱有闲有趣味的文化人所造就的,譬如食不厌精脍不厌细的历代美食,譬如蔚为大观的明式家具,譬如风生水上摇曳生姿的私家园林,还有文人字画、"有余裕"的文学作品……精致的生活趣味,优雅的乃至享乐主义的生活方式,这也可以算是文明的一个重要组成部分吧?由于有了张岱们,人类的生存和生活方式,人类的文化,在某些方面,也因此而获得了点点滴滴的进化。罗马帝国不是毁灭于罗马文明,而是毁灭于帝国精英的奢糜、极欲和无道德。帝国长逝矣,而古罗马的史诗和雕塑,建筑和艺术,连同它的尚武精神、英雄气概,都已汇入了欧洲文明的巨大的洪流,奔腾不息。大明帝国也不是毁灭于大明的文明,而是毁灭于宫廷宦乱,毁灭于权势集团的勾心斗角,毁灭于专制而愚民的帝国制度。万里江山换了一朝又一朝,而张岱的《陶庵梦忆》、《西湖梦寻》……连同它所传达的艺术精神、生活趣味,正好像普希金诗里所说的"我用诗歌为自己造了一座非人工的纪念碑",万古而长存。"五四"过后,中国新文化运动的主将如周作人,替中国新文学找自己的源流,张岱也被当作是一份生机勃勃的资源。

不是"草根将军"的假贵族真无知、假豪放真粗鲁,不是都市"小资"的招摇作秀,不是起于草莽的暴发户的附庸,而确确实实是"腹有诗书气自华",确确实实是"豪华落尽见真淳",确确实实是"渐老渐熟乃造平淡"。这是张岱的作品和张岱的人生的写照。

关于张岱的生平资料,通常都很容易找到。我谨节录台静农先生为开明书店重印的《陶庵梦忆》一书写的序,以资参考:

张岱,字宗子,又字石公,号陶庵,又号蝶庵居士。山阴人,其先世为蜀之剑州人,故《自为墓志铭》称"蜀人张岱"。宗子的家世,颇为显贵的。高祖天复嘉靖廿六年进士,官至太仆卿;曾祖元汴,隆庆五年状元,官至左谕德侍经筵;祖汝霖,万历二十三年进士,视学黔中时,得士最多,杨文骢、梅孳俱出他的门下,当时黔人谓"三百年来无此提学";父耀芳,为鲁藩长史司右长史,鲁王好神仙,他却精导引术,君臣之间,甚是契合……宗子之能享受那样豪华的生活,如《梦忆》中所写的,正因其生长于这样家庭的关系。

宗子国亡以后,在满清统治下,还作了四十年的逸民。那么,他的生平可以甲申为限,划作两个阶段。在前一段他的生活是极为豪侈,而态度是极为放纵的。……国亡后的生活,则大大不同了……一向生活于华贵的家庭,而又沉溺于声色狗马之好,一旦国亡,不乞求保全,如钱谦益、阮大铖一类人的行为;只将旧有的一切一切,当作昨夜的一场好梦,独守着一部未完成的明代纪传,宁让人们将他当作毒药,当作猛兽,却没有甚么怨悔。大概一个人能将寂寞与繁华看做没有两样,才能耐寂寞而不热衷,处繁华而不没落,刘越石、文文山便是这等人,张宗子又何尝不是这等人?钱谦益、阮大铖享受的生活,张宗子享受过,而张宗子的情操,钱阮辈却没有。

宗子的诗文,是受徐文长的影响,而宗子来得深刻,这因为他是亡国的逸民的关系。文长是宗子曾祖的朋友,家传云:"徐文长以杀后妻下狱,曾祖百计出之,在文长有不能知之者。"当时他的祖父还是小孩子,曾去狱中看文长,"见橐盛所卓械悬壁,戏曰:'此先生无弦琴耶?'文长摩大父顶曰:'齿牙何利!'"这样恶谑,大概于徐文长是合适的,在别人我想可受不了,但于此可以看出他们张家不是道学的家庭。宗子年少时,曾从事搜集过文长的佚文,以所收颇多草率之作,再求王谑庵为之删削……但四库总目著录《徐文长逸稿二十四卷》,云"为其乡人张汝霖、王思任所同选",何以不署己名而署其祖名,也许藉以表彰其先德罢。此书末卷所载优人谑、吃酸梨偈、放鹞图、对联、灯谜诸作,《提要》谓"鄙俚猥杂,岂可入之集中?"(《提要》三十五卷别集类存目五)然宗子却云:"昔人未有以柱对传者,传之自文长始;昔人未有以柱对传而刻之文集者,刻之自余刻文长之逸稿始。"(《文集》卷一《柱铭抄》自序)足见宗子不受传统观念的束缚,而与《提要》作者的头脑不是同一的范畴。

台静农先生的这篇文章收入了三联书店 2002 年 12 月刊行的《龙坡杂文》增补本。

张岱卒年有多说,《山阴县志》和商盘《越风》说是享年 93 岁,即在康熙二十八年(1689)去世。温睿临《南疆逸史》和徐鼒《小腆纪传补遗》则说他享年 88 岁,即故世于康熙二十三年(1684)。台静农先生以为张岱活了 88 岁这一说法"大概……是可靠的"。

张岱晚年《自为墓志铭》自道身世:

蜀人张岱,陶庵其号也。少为纨袴子弟,极爱繁华,好精舍,好美婢,好娈童,好鲜衣,好美食,好骏马,好华灯,好烟火,好梨园,好鼓吹,好古董,好花鸟,兼以茶淫橘虐,书蠹诗魔,劳碌半生,皆成梦幻。年至五十,国破家亡,避迹山居。所存者,破床碎几,折鼎病琴,与残书数帙,缺砚一方而已。布衣疏莨,常至断炊。回首二十年前,真如隔世。

前两天,我在杭州三联书店里见到张岱著、王稼句编校的《西湖梦寻》,是北京出版社"典藏插图本"系列里的一种,配了200多幅描绘西湖风景和人物的明清版画、书影、近世西湖老照片等。书印得真漂亮,虽然我已有《西湖梦寻》,但还是忍不住买下了这个本子。"因作《梦寻》七十二则,留之后世,以作西湖之影。余犹山中人归自海上,盛称海错之美,乡人竞来共舐其眼。嗟嗟!金虀瑶柱,过舌即空,则舐眼亦何救其馋哉!"这是张岱在《西湖梦寻·自序》里说的话。张岱游了赏了玩了,他来过了看过了体验过了,于是形诸笔墨,书之于文,"犹山中人归自海上,盛称海错之美,乡人竞来共舐其眼"。张岱雅人深致,留给我们关于明末西湖、关于明末杭州的好散文,未知今日博雅君子撰著之《西湖全书》《西湖通史》,能得西湖之趣味西湖之神韵否?

最忆是杭州

满堂花醉三千客 一剑霜寒四十州
——『民国奇人』张静江在杭州

已是秋末了,阳光静静地照在北山街上,湖上吹来的风已有了寒意。我在静逸别墅前,带点儿颓意的这座老房子在秋阳和秋风里,好像有些落寞。

确实，它是该有些落寞了。已经没有多少人能记得它以及它的主人了。我随手翻开带在身边的一册新出的《北山街》（张建庭主编，杭州出版社2004年10月版），这本书被列入了"西湖全书"丛书，就是这一册书，对静逸别墅建造时间，以及它的主人的入住时间，也是语焉不详，前后出入。

书中"民国奇人居葛岭"一节里是这样写的：

1927—1929年间，张静江两任浙江省政府主席，寓居葛岭。

但在"'集全国精品，开空前盛会'的1929年首届西湖博览会"一节里则说：

张静江到杭州后，还没有自己的私宅（葛岭上的静逸别墅是以后建的），就借住在圣塘路上曹振声的别墅——来音小筑内。他常常邀请一些高层次的专家学者到来音小筑饮茶座谈，蒋梦麟、谭熙鸿、程振钧、李熙谋、林风眠、朱家骅、周象贤、蔡无忌、刘既漂等都是来音小筑的座上宾。

张静江到杭州行使职权是在北伐军攻占杭州之后。北伐军攻占杭州的时间是民国十六年（1927）2月27日，浙江临时政治会议在杭州开始行使职权是在1927年3月。上述两节文字对张静江入住静逸别墅的起始时间，就说法不一。张静江辞去浙江省政府主席一职是在1930年11月。而静逸别墅筑成之后，张静江及其家属常住于此。张静江离开中国大陆是在民国二十六年（1937）8月。在这之前，他和他的家属有一部分时间还是在静逸别墅度过的。所以"1927—1929年间，张静江两任浙江省政府主席，寓居葛岭"的说法，肯定是不确的。

而《北山街》一书，对静逸别墅的建造及落成时间，更是不著一字。这样一座已成文物的建筑，它的落成时间，也就相当于一个名人的出生的时间，我们的专门介绍北山街的书，居然可以不置一词，我想，我们的历史感大概是蜕化得可以了。

我们的城市的历史，恐怕是真有点儿漫漶不清了；我们的关于城市的记忆，也

张静江像

孙中山先生曾改唐代诗僧贯休"满堂花醉三千客,一剑霜寒十四州"为"满堂花醉三千客,一剑霜寒四十州"书赠张静江。孙中山先生也曾亲书"丹心侠骨"赠送张静江,称张静江为"民国奇人"。当民国十六年张静江到杭州履行他的浙江临时政治会议主席一职时,他已经饱经了历史的风霜。近代波澜壮阔的政治革命,他一一亲历,成为民国元老。当年7月,浙江省政府正式成立,张静江出任省政府主席,8月辞职,民国十七年(1928)2月出任新成立的中华民国建设委员会委员长,同年10月,浙江省政府改组,张静江再兼任省政府主席一职。

1928年的张静江,在政治上已逐渐淡出,而在中国的经济建设方面,正运筹帷幄,意气风发。他曾经在建设委员会大会上说:

总理(按:指孙中山)提过的,革命就要建设,不建设,革命就要失败。因此,我党政军都可不管,惟有建设,我是一定要干的。

据说,张静江对出任中华民国建设委员会委员长是满意的。张静江出身商贾世家,是国民党里面的经济能人。当初北伐基本告捷时,他曾回浙江南浔老家省亲,张家族人宴请,他对族人说:"过去我追随孙中山先生搞革命,革命是破坏的工作,而现在破坏成功,今日我要实施孙中山的建设方略,我是要开始搞建设工作的……"(引自《张静江传》,张建智著,湖北人民出版社2004年10月版)。现在,张静江以中华民国建设委员会委员长兼浙江省政府主席,可以施展他的经济才华了。

在杭州,张静江举办了首届西湖博览会。

办西湖博览会,不是张静江的个人首创。早在1924年7月,当时的浙江军务善后总督卢永祥、省长张载阳就有过举办西湖博览会的设想,但当年秋天江浙战起,

西湖博览会会徽

这个事也就流产了。张静江主政浙江,在圣塘路上的来音小筑内,他与座上嘉宾多次讨论杭州的建设,逐渐形成了一个举办博览会的构想。举办博览会的目的是要推动浙江乃至全国的经济建设,振兴浙江乃至全国的农业。于是,张静江向国民政府提出,仿效 1926 年美国费城的万国博览会,在杭州举办"中国西湖博览会"。国民政府没有批准"中国西湖博览会",仅同意举办"西湖博览会",所有经费均由浙江自筹。

张静江曾亲历 1914 年的巴拿马太平洋万国博览会,这是为庆祝巴拿马运河开凿成功及纪念太平洋发现 400 周年而举办的博览会。现在,他将亲手创办西湖博览会。

西湖博览会的宗旨是:"提倡国货,奖励实业,振兴文化。"博览会选址西湖,并取名"西湖",是想借重西湖的盛名。西湖博览

会的缘起中有这样一段话:"西湖为天下名胜,凡游览西湖者,莫不顿起爱慕之心。此次博览会,借以征集全国著名物产陈列,供国人研究比较,冠以西湖名称,并即在西湖开会,是欲使天下人移爱慕西湖之心爱慕国产,则国产之发达,正未可限量。"说得很明白。

张静江办西湖博览会,不是个人首创,但他在国民政府初建、国家财政一穷二白的困境里,成功举办西湖博览会,确是缘于他四两拨千斤的理财经商的大手笔。

政府没有财力组织这样大规模的活动,张静江遂以经济杠杆,调动民间财力。湖州的张建智先生所著《张静江传》(湖北人民出版社 2004 年 10 月版)有一节文字是这样说的:

他(引者按:指张静江)已借鉴了国外……的发行奖券的办法来解决筹措资金的问题。西湖博览会设奖券每条为 10

西湖博览会大门

张,每张金额为1元,每条计10元,共计发行30万条,总收入为300万元……其中以三分之二作为西湖博览会的经费,也就是说,博览会的租房费,房子改造费,一切为博览会服务的杂用费等等,花去了200万元。而总额的三分之一作为群众抽奖的奖金。西湖博览会奖券,设头等奖一个,每条可独得奖金10万元,再下面设二等奖、三等奖,还有众多的小奖。

在1929年前后,可独得头奖10万元,那是非常了不得的事。在高额奖金的刺激下,西湖博览会奖券很快就销售一空。张静江还构思出在西湖博览会期间,为了活跃会场,吸引众多外来人员前来参观、购物,并使西湖博览会流动人员增加,声势豪壮,以发扬中华民族之地大物博的骄傲,他特地把西湖边各游览景点,用投标招资方式,使投资者竞争建造大批简便小屋,每间造价7元,为期4个月(引者按:1929年的西湖博览会为期4个月),每间租金100元,一次交清……

这两段文字里,个别数据可能会有出入(张建智在书中也说这些数字还有待进一步考证)。1929年的西湖博览会结束后,当时曾有《西湖博览会总报告书》6大本对这个活动作了总结。杭州图书馆赵福莲女士在《1929年的西湖博览会》(杭州出版社2000年10月版)一书里,引了《西湖博览会总报告书》中的一些数据:整个博览会花费约百余万元,有奖券预先想收它个200万的,结果仅收了30万。如果赵福莲所引不误,则西湖博览会所用经费应是百万元,而不是200万元;西湖博览会奖券虽然很快就销售一空,但也仅收了30万元,而不是预想的200万元。

尽管数据有些出入,但张静江采用了资本运作的手段以弥补经费不足,这是没有疑问的。这个手段发生了四两拨千斤的功效,这也是没有疑问的。其中有些运作没有获得太大成功,这里面还有具体操办的因素:

西湖博览会开幕日

设计很好，而操作不力。譬如有奖券就是一例，盖经办者人多手杂，意见未能统一好，推迟了开奖日期，以致失信于民，这是未获预期目标的一个主要原因。

但无论如何，1929年的西湖博览会是获得了空前的成功。它于6月6日开幕，原定10月10日闭幕，只因游客踊跃，延至10月20日闭幕，全会展出的物品共计14.76万件。博览会前后历时137天，国内和国外代表团体来杭共计1000多个，参观人数总计达2000余万。

1929年的西湖博览会的大门上书对联：

地有湖山，集二十二省无上出品大观，全国精华，都归眼底；

天然图画，开六月六日空前及时盛会，诸君成竹，早在胸中。

字大如斗，庄严雄伟，正是这个博览会的艺术化的写照。

西湖博览会教育馆

博览会共设八馆二所三个特别处。八馆为：革命纪念馆、博物馆、艺术馆、农业馆、教育馆、卫生馆、丝绸馆、工业馆。二所为：特种陈列所、参考陈列所。三个特别处是：铁路陈列处、交通部电信所陈列处、航空陈列处。

革命纪念馆设址唐庄、平湖秋月及浙军克复金陵阵亡将士墓等处。展厅内凡辛亥革命过程中的种种材料，可资纪念者均广为搜罗陈列。如先烈之遗像、遗著、遗墨、遗物，辛亥革命的军用器械、名册等，历次农民、工人、商民运动以及青年、妇女运动的图片和实物，"五三"、"五卅"、"三一八"等惨案的图片和实物，"五四"运动及"五九"国耻纪念、各种国耻条约、外交文牍、孙中山就任大总统时之摄影等等无不入展。

博物馆馆址设在孤山的王电轮庄（今孤山北部）、林社、放鹤亭、徐公祠、巢居阁、赵公祠一带。共分六部：水产、植物、昆虫、瑶山、矿产等。另设一个动物园，凡一切奇禽异兽、鳞介昆虫以及矿植水产等，或是生物，或为标本，分门别类，辟厅展出。展品来自各省的博物馆、动物园、昆虫局等部门。当时，教育尚未普及，各地动物园、植物园、昆虫局等种种设备未周，规模未具，故特辟一博物馆供专家研究和民众观览。

设立艺术馆的目的是为了满足人们对于艺术美的追求，并由艺术美转而鼓励人们勇猛精进的精神，培养国人不屈不挠的气质。馆址设在孤山南麓的苏白二公祠、三贤祠、照胆台、陆宣公祠（今西泠画院、省科协）、姚公祠、莲池庵、徐锡麟墓等地。分两个部分八个陈列处来展出。展出物品上自商周下迄现代。有总理遗像雕塑、古今书画、汉绿油壶、油画、刺绣、金石、牙刻、秦砖、汉瓦、青铜器具、工艺品、摄影、广告等列朝各种文物精品数千件，其中还有一些是孤品，非常珍贵。

"民以食为天"，西湖博览会为谋民生之解决，求民食之充裕，搜罗全国农产，供人参考，以求得农业之发展与改良。馆址设在中山公园、忠烈祠（今浙江博物馆）、文澜阁等处。面积近百余亩。分农业、农林、蚕桑三大部分，陈列产品数万件。陈列着各种农产物、农具、肥料，介绍病害、虫害等的防治方法，还建有花台、桑园、竹棚、温室、喷水池、禽笼等，为参观者作种种农事的示范。

建教育馆的意思，教育馆门口的那副刘大白先生写的对联说得好：

定建设的规模，要仗先知。做建设的工作，要仗后知。以先知觉后知，便非发展大中小学不可；

办教育的经费，没有来路。受教育的人才，没有出路。从来路到出路，都得振兴农工商业才行。

教育馆馆址设在徐潮祠、浙江省图书馆、朱文公祠、启贤祠（今省图书馆古籍部）一带。分六个展厅展出，展览的内容有：教育行政、玩具、善本书、中小学校用书、仪器、乐器、饰物、遗物、祭祀用物、碑帖、民间文学、教育统计、个人与学术团体的成绩、中小学生各科成绩、先哲遗迹等。另设有商务印书馆与中华书局两个特别陈列处。

卫生馆地点在广化寺、西泠印社、俞楼等处。展出物品有：卫生教育、防疫、保健、医学、药学、人体生理各部分的解剖图形、化妆品、嗜好品、食品、胎生卫生、学生卫生、通俗卫生教育、医药器材、中西药、烟酒、运动器材、保健器材、防疫工作、学校及公共专制卫生、疾病的状况和原因、细菌的发育、饮食制品等。办此馆，欲使国民因此而知强身健体的重要。

丝绸是浙江省出产之大宗，也是当时

国家出口物品的精华,所以专辟丝绸馆应是情理之中的事。馆址在西泠桥北堍,葛岭沿湖西部的葛荫山庄、杨庄、严庄(今镜湖厅左右)及地藏殿一带。全馆按屋宇划分为六大部:丝茧、纺丝、绸缎、服饰、制饰织品和统计。另有十三个特别陈列室。

工业馆的馆址设在抱青别墅、王庄、菩提精舍一带。分成四个陈列室展出,按地区、行业、工厂划分为九十八个陈列区。展出的物品有:重工、轻工、棉纺、机械、手工、化学、电子、仪表、矿冶、建材、食品、水产品、烟酒、粮油、五金、交电、邮政、日用工业品等物品数万件。

特种陈列所位于宝石山麓坚匏别墅、大佛寺和留余草堂(今宝石山下)等处。凡不属上述八馆范围之内而于建设有重要关系的物品都列入此馆。如各省的沿革、土地、气象、户口、交通、财政、民权、司法、军备、外交等种种表册;大建筑物、各省监狱、各种军舰、商轮、车辆、飞机、枪炮等的模型;线谱、印花票、簿记、货币、邮票、证书、奖状、徽章、舆图等种种图样;迷信、风俗、惨案、侨民生活、工厂、监狱及古迹名胜等种种写真及照片。

位于岳王庙的参考陈列所,其目的是比较和借鉴。凡外国原料机器,只要对本国建设有参考作用的,无不广为征求,分别陈列。展品分两大部分:机器部、原料部。分列国外的机器、机械、原材料和纺织品等,供我国制造商比较与借鉴。

西湖博览会工业馆

除了上述的八馆二所之外,博览会还设立了三个特别陈列处:一是铁路陈列处,地点在断桥之北,宝石山麓铁路驻杭办事处内,由沪宁、沪杭两铁路局主持。展厅内陈列着两路沿线各站分布,所产物品和货运样品。展厅四周陈列着两路建筑构造的模型、图表和沿线风景照片等。二是交通部电信所陈列处,地址在葛岭招贤寺前院

（今新新饭店附近），由交通部杭州邮电局主持。厅内陈列着各种实用通信方法、交通部所办各厂生产的电气、通信设备、电池以及各种统计表。会议期间可以接受收发电信。三是航空陈列处，地点在阎帝庵（今葛岭南麓），由南京中央航空协进会主持。厅内陈列着三架飞机模型，以及各种航空照片和图表等。

西湖博览会期间，还特邀中央航空署专业人员到杭州作飞行表演。四架水陆飞机，其中水上飞机金马号环飞浙江各县，散发博览会宣传资料；陆上飞机和平一号、和平二号，还载客邀游天空。名人专家演讲六十四场。

中央大学教授、大词曲家吴瞿安曾应约为西湖博览会写作一首会歌，歌曰：

熏风吹暖水云乡，
货殖尽登场，
南金东箭西湖宝，
齐点缀锦绣钱塘。
喧动六桥车马，
欣看万里梯航，
明湖此夕发华光。
人物果丰穰，
吴山还我中原地，
同消受桂子荷香。
奏遍鱼龙曼衍，
原来根本农桑。

1929年的夏天和秋天，可能是整个20世纪里杭州最光彩照人的季节之一。民国建立后的第一个博览会，没有开在国民政府所在地的南京，没有办在近代以来对外通商最早的繁华的上海和广州，也没有设在古都北平，而偏偏是在杭州。这全仗着张静江的眼力、魄力和过人的经济才华。2004年的秋天，我走进1929年西湖博览会工业馆之一、而今已辟为西湖博览会博物馆的"口字厅"，面对1929年西湖博览会留下来的部分实物和图片，我分明感受到了那时江南初定，国人对振兴中华实业和文化的强烈渴望。对这个博览会，张静江曾讲过这样豪迈的话：

对博览会之举……前无因仍，纯属惊世骇俗之举。故那些巽懦者越趄不前；那些桀黠之众从中阻挠捣乱。奔海之水，沿途不畅，必为之塞；宏图伟业，如有人阻，也会成虚。

……神州同胞苦苛法久矣！蜷伏伪共和强暴武人铁蹄之下，束缚之，驰聚之，诛求无艺，文明之迹几熄，生人之趣垂绝。黔首不知身丁何世，更奚复有昭苏之望……众志大成，建设当前，亟乘此际，创行赛会，以鼓励群情，洵开国之要图也。

这些话可以跟张静江在南浔对族人所说的"过去我追随孙中山先生搞革命，革命是破坏的工作，而现在破坏成功，今日我要实施孙中山的建设方略，我是要开始搞建设工作的"相映照，也是遵循着孙中山先生的建国思想。孙中山先生在《建国大纲》里说过："建设之首要在民生,故对于全国衣食住行四大需要,政府当与人民协力。共谋农业之发展,以足衣食;共谋织造之发展,以裕民衣;建筑大计划的各式房屋,以乐民居;修治道路运河,以利民行。"

  1929年的西湖博览会所具有的意义,赵福莲在《1929年的西湖博览会》(杭州出版社2000年10月版)一书里有过概括:在西湖博览会之前的20年,国内大规模的博览会有南洋劝业会,是两广总督端方牵头搞的,那个博览会也是极一时之盛,各业专馆有40余所,占地面积有700余亩,前后耗费150余万。其中所花费的精力、财力与人力不可谓不多,所罗列的物品不可谓不丰盛,但它所收到的效果却是微乎其微,主要的原因是:那时的教育事业不发达。南洋劝业会之后,国内还搞过一些小型的国货展览,均未产生普遍的影响。而1929年的西湖博览会,从筹备到

西湖博览会铁路陈列馆

结束,前后两年时间,以一省一市的力量,搞成如此规模的一个会,并且留下了许多有意义的纪念物,还趁机将湖滨孤山一带作了很大规模的整治,所费仅百余万元。与南洋劝业会相比,花费少而得益多影响大,这是此会的最大成功处。博览会召开之前,省内的工商业尤其是丝绸业,盛名之下,其实难副,洋货一入侵,丝绸业面临颓落之境地,其他行业亦无不奄奄一息。在这种情况下,博览会的召开,无疑是一针强心剂,给萧疏的工商业注入了新鲜的活力与血液。对于那些经营者们来说,博览会是一个推销产品与改良企业发展的良好商机。从这个意义上来看,博览会是成功的。从微观看,工商业可得一时之繁荣与兴盛;从宏观看,博览会可永久得启门户之利。另外,博览会实在是起了晨钟警世的作用。博览会如不举办,民众不会自动地去比较国货与洋货的优劣,更不会从中去体悟去觉醒。中国的自然资源丰富,但由于利权外溢,许多物

品因为自己不会生产而仰仗外资,白花花的银子流入了洋人的腰包里。如不是博览会的兴办,民众是不会知道的。博览会上有许多宣传方法,把提倡国货的思想深入到了民心,民众的爱国热情随之高涨。这是博览会的又一大成功之处。西湖博览会最后的一个成功处在于:为以后的博览会留下了难得的借鉴与经验。

青少年时代求学于杭州、后来留学法国的阮毅成先生,抗战开始,应浙江省政府主席黄绍竑的邀请,任浙江省政府委员兼民政厅长,从政十载,中年以后到台湾,回忆杭州旧事掌故,撰写《三句不离本"杭"》,尤念当年的西湖博览会,他在《西湖博览会》一文中,也道及了西湖博览会的经济和政治上的意义:

因为西湖博览会的举行,促成了沪杭公路的完成,也促成了京杭国道与浙赣铁路的兴建。这些铁路与公路,对以后的抗战大业,有极大的贡献。

对于张静江的经济才华,国共两党的领袖人物都有评价。国民党的领导人陈果夫说过这样的话:"他(按:指张静江)能为国家建设,能为国家增加资本。会赚钱,又有会用钱的本领。在全国恐怕找不出第二个人来……"(转引自《张静江传》,张建智著,湖北人民出版社2004年10月版)中共一位领导人也曾有言:"张静江帮助蒋介石搞'清党',但他有经济眼光,经济头脑活络!"(转引自张国擎《"现代吕不韦"民国奇人张静江》,载《人物》杂志2003年第12期)陈果夫还说:"中国会赚钱的不算少,而真正会用钱的却不多。本党同志中,会替自己赚钱的大有人在,能为国家为党赚钱的就更少了。至于肯为国家为党用钱,又能够在短期内替国家赚钱的,则惟静江先生一人而已。"(转引自《张静江传》,张建智著,湖北人民出版社2004年10月版)陈果夫的这个话不是虚言,而有张静江一生的"行状"为事实依据。

张静江祖籍安徽休宁(今徽州),曾祖张维岳于康熙末年定居南浔,以经营蚕丝业和盐业起家。1843年上海辟为通商口岸后,张家在上海开设的"恒和丝行"经营"辑里丝",直接出口对外贸易。1862年又专营盐务,遂成巨富,为南浔富豪"四象"之一(南浔人把当地拥有百万银两以上家产的称为"象"),光绪中期在镇东建筑大住宅群落,故本地人称张家为"张恒和"。张静江1877年9月19日(清光绪三年八月十三日)生于南浔,原名增澄,又名人杰,字静江,号为饮光,别号卧禅,佛名智杰。张静江排行第二,故又有"二先生"之称。1902年(清光绪二十八年),25岁的张静江被荐为一等商务参赞,随驻法公使孙宝琦出使巴黎,"出洋从业"。1905年,张静江在由上海赴法的轮船上结识同船去欧洲募捐的孙中山,两人相识订交。从此张静江追随孙中山，走上国民革命之路。在海轮上，张静江对孙中山说："我近年在法经商，获资数万，愿意为君之助，君如革命所需，请随时电告，我将悉力以应。"(参见《张静江传》，张建智著，湖北人民出版社2004年10月版)并留下地址，相约通电汇款的暗号：以英文字母ABCDE为汇款数目的次序，A为1万元，B为2万元，C为3万元，D为4万元，E为5万元。此后，每逢孙中山做事需要用钱，张静江都毫无保留地相助，孙中山曾让胡汉民代笔函谢并述开支用途，张静江回信说不必报告。他在信里说：

余深信君必实行革命，故愿尽力助君成此大业，君我既成同志，彼此默契，实无报告事实之必要；若因报告事实而为敌人所知，殊于事实进行有所不利，君能努力猛进，即胜于长信多多。

早年就学于北京高等师范学校（北师大前身）英语部的周谷城在他1939年出版的《中国通史》中引用孙中山的话说："自同盟会成立之后，始有向外筹资之举，当时出资最勇而名者，张静江也，倾其巴黎之店所得六七万元，尽以助饷。"这件事的具体情况是：孙中山策划又一次起义，急需钱，而当时的运通公司已经难以承担沉重的革命经费支出而出现资金困难。张静江一时等不到那笔款，无奈中，他决定卖掉运通公司下属的茶店以筹款。茶店还没卖出，孙中山起义又告失败。后来，这爿茶店卖掉了，张静江就将款汇给了孙中山（参见张国擎《"现代吕不韦"民国奇人张静江》，载《人物》杂志2003年第12期）。

张静江不但率先参加同盟会，还动员兄长张弁群（上海运通公司总经理）、舅父庞青城（上海中国银行董事）等亲朋好友参加这个秘

1916年孙中山等海宁观潮合影（右三持帽者为张静江）

密组织，并冒着杀头的危险，将在巴黎等驻外分公司发展为同盟会的"隐蔽据点"。同盟会会友钦敬而感慨地说："中国有此奇侠，何其大事不成哉！"（参见苏殿远《民国奇人张静江》，载《纵横》1999年第11期）。

张静江深得孙中山先生的器重。1923年，张静江患骨痛病在家休养，孙中山特荐留德名医李其芳为张静江做电疗。他在推荐医生的函上说："俾贵体恢复常态而再出为国尽力，这岂止是一人之幸，实为吾党之大幸也。"并亲书"满堂花醉三千客，一剑霜寒四十州"一联让人送到张静江府上。1924年1月20日至30日，孙中山先生组织召开中国国民党第一次全国代表大会，在会上，他亲自提名张静江为中央执行委员候选人，并推荐张静江名列主席团成员。

1925年3月初，孙中山先生北上与段祺瑞政府谈南北统一事，孙先生积劳成疾，肝癌已到晚期，病危时，张静江应孙中山急电，赶赴北京，在铁狮子胡同孙中山行辕与中山先生见最后一面，孙中山拉着张静江的手，交代后事。

蒋介石能够进入国民党高层核心，并最终在孙中山先生病故后，成为国民党第一号人物，而后又成为中华民国的第一号人物，张静江也出了大力。南京国民政府建立后，张静江与蒋介石在治国方略上，产生了分歧，在利益上，也有了裂痕。蒋介石授意陈布雷和陈立夫，去张静江寓所，暗示张静江自动放弃职务。1930年11月26日，国民党元老张静江以急电形式通电国民政府和行政院，辞去浙江省政府委员兼主席，而全国建设委员会委员长一职虽然保留，但建设委员会事实上已没有多少说话权决定权。在1928年8月召开的国民党二届五中全会上，蒋介石授意成立全国经济委员会，1931年10月，全国经济委员会成立后，财政权等等从建设委员会划归经济委员会，宋子文以财政部长兼经济委员会委员长，汪精卫、孙科、孔祥熙、宋子文、蒋介石组成常务委员。原由建设委员会所辖的企业单位，一律归还各部管理。据说中原大战的节骨眼上，在河南前线，蒋介石对这位自己曾以"恩人"尊之、曾以"导师"称之的国民党资格最老的元老张静江大发雷霆："我看你在浙江要闹独立了，等我把阎锡山、冯玉祥打下去后，再来打你，你等着吧！"现在，张静江终于被迫退出了政治和经济建设的舞台，壮志未酬，息影梁园。英雄末路，不能不叫人掬一捧同情的泪。

张静江力主建设，在他看来，建设是实践中山先生"训政""宪政"的"基础"（参见1929年3月《建设委员会工作报告书》）。1930年3月，他在提交国民党中央政府会议的《确定全国建设经费保管支配方案以利建设案》内,建议成立一个统一的中央建设经费保管委员会,这个委员会将由国家财政、交通、铁道、工商、农矿各部部长及建设委员会委员长组成,建设经费专案保管、支配,并监督其用途。实行建设经费会计独立制。每年关税收入增加额,土地税收入增加额,以及中央及各省官营事业之收入,均须"全部用作发展建设事业之用"。他还提出为确保国家建设经费的稳定,各地方收入,除土地税增加额之外,应以30%—50%作为建设事业之用(参见《张静江传》,张建智著,湖北人民出版社2004年10月版)。而蒋介石正要以武力实施他个人和中央政府在全国各地的领导,中原大战,南方剿共,军事斗争方兴未艾。张静江和蒋介石在治国政略上的是是非非,以张静江为首的江浙财团与蒋之利益的恩恩怨怨,他们各自在历史的宏观和微观层面上的得失和曲直,留给历史学家去考察吧。张静江本人主政中华民国建设委员会和浙江省期间,对复兴经济建设所做的开创性工作,确是于史可考的。譬如他主持规划并在全国实施的十一项大的建设事业:建设基本工业计划;建设首都电气大发电厂计划;筹设工业试验计划;组织原动力研究委员会计划;建设国营缫丝厂计划;裁兵实荒计划;建设满蒙新藏计划;统一兵器,整理全国兵工厂计划;建设模范机器厂计划;编译工程科学书籍计划。这些规划和实施,假如一一细说,完全可以单独成为一部厚厚的书,一部充满了经济和人生智慧的书。"建设委员会从成立之日起至1938年的十年间,在经费极其困难的情况下,不拿政府薪水的张静江仅领公款十余万元,而为国家创造财产达5000余万元,为后来国民政府的经济建设奠下了坚实的基础。"(引自张国擎《"现代吕不韦"民国奇人张静江》,载《人物》杂志2003年第12期)职业铁路专家周贤颂写的《中国新铁路之父——张静江先生》,也道及张静江主浙的贡献:"张先生在浙江省主席任内,对于全省公路事业,与各县电话网两事,最为注意。因为他认为良好的政治,没有交通的设备,是不可能的。在他二届主席任内,完成了全省电话八大干线,省公路四干线,树全国各省之楷模。"

张静江最老的朋友之一的李石曾,为纪念张静江90诞辰,在1966年9月19日《中外新闻》上发表《谈卧禅》一文,文中说,初识卧禅(张静江的号),时不过24岁,其眼镜与皮鞋均与众不同。镜片不但特别的厚,两边还不均匀。皮鞋也与众不同,特制的,一只鞋与脚之间置一木块,因他的那条腿有病。张静江虽眼不好使,腿也不便,但他能在巴黎最热闹的街市骑自行车横冲直撞。这个回忆确能见出张静江的刚毅的个性和强悍的魄力,虽生于豪富之家，而决不养尊处优，能吃苦，敢冒险，肯做事。

张静江去世是在1950年9月3日，在美国纽约的寓所。张静江生命的最后五年里，双眼已经失明了。

斯人已去，楼亦换主。西湖边葛岭下的静逸别墅，这座由张静江取他和第二位太太朱逸民两人名字里的一个字而得名"静逸别墅"的老房子，而今也几乎叫人想不起它的最初的主人，正像这座由两幢欧式风格的两层小楼组成的老房子，人们也不太记得它的"出生"日子了。2004年9月和10月间，杭州报道了北山街整修消息的报纸，如果写到了静逸别墅，几乎都讲这是上个世纪20年代的老建筑，除此之外，没有更准确的建造和落成的

张静江与第二任夫人朱逸民合影

日期。我打开仲向平著《杭州老房子》（中国美术学院出版社2003年6月版），翻到"静逸别墅"一节，其中记到这个老建筑的有关年份也只有"1927年至1929年间，张静江两次出任浙江省政府主席，寓居葛岭"短短一句话。

民国二十五年（1936）8月间，佛教高僧印光法师到上海，张静江专程前往拜会。大师给张静江说法："凡所有相，皆是虚妄"、"若见诸相非相，则见如来"。张静江自此大彻大悟，找到归宿。一个热心于祖国建设的经济强人，从佛中找到了个人精神的解脱。对张静江而言，这也许是求得个人圆满的善果，但对这个国家来说，则这究竟该算是喜剧还是悲剧呢？

最忆是杭州

"但得西溪秋雪,常在兼葭深处……"
——读近世儒商周庆云撰著《西溪秋雪庵志》

黄梅时节家家雨,杭州城西的西溪也在烟水迷离之中。

游船轻轻划过水波，两岸青青的树、青青的草。绕过一个弯，转过一片茂盛的柳树，小船就靠近了一个小洲，数十年前一个叫做秋雪庵的地方。

秋雪庵是早已不存了，秋雪八景也看不到了。现在小洲上，临时搭建了一个略带点野趣的茅草屋，做了一个茅草顶的凉亭。景致是根本不能与当年的秋雪八景相比了，但对照起前些年的荒废和颓败，看看眼前披离的树丛、河边的芦苇和清澈的水波，多少也算聊胜于无吧。

陪同我们的一位先生说这里将恢复秋雪庵原貌和重建秋雪八景。这个复建规划我在两个多月前就已见到过，这回实地来看过景致，再看看数十年前留下来的老照片和图画，真是不胜向往。

回来后，晚上取出清末民初大儒商周庆云编著的《西溪秋雪庵志》，"过屠门而大嚼"。

《西溪秋雪庵志》计四卷，曰形胜，曰建置，曰人物，曰艺文。白曾然序里说：周庆云先生"博学多能，性耽风雅，闻山水佳处，必溯洄以从"。周庆云是有文化有学问的大商人，也是有文化成就的文人，且乐

西溪（摄于1929年前）

山乐水,寄情山水。偶游西溪,"爱其景绝幽邃",而尤钟意秋雪庵。但此时秋雪庵"荆榛塞涂,与芦荻掩映"。周庆云于是"慨然发宏愿,力募集而重新之……以为灵峰下院"。周庆云后来在《重建秋雪庵附设历代词人祠堂启》里也曾追忆初游西溪所见和所感:

近以秋时,偶游溪上,蒹葭隔水,霜涵镜中。芦荻团花,雪压篷背。缅息心于净域,问弹指之香楼。老屋三椽,已飘摇乎风雨;清流一曲,空泂溯夫烟波。考洞霄之宫,苔荒辇道;寻太鸿之墓,花冷书堂。因构此庵,拟为重建……

周庆云重修秋雪庵,又新筑历代两浙词人祠堂于庵左(周庆云《重建秋雪庵附设历代词人祠堂启》有言:"境与词合,其西溪之秋雪庵乎?"),自唐代张志和以下词人,凡著籍两浙者,均崇祀。时维民国九年。两项工程"凡用银币七千圆"。周庆云平生雅好吟咏,西溪秋雪庵两浙词人祠落成后,"岁时方秋,岸芦如雪,一白无际",周庆云"招群俊彦舣舟溯溪抵祠下,陈俎豆于堂而祭"。

这好像还不足以慰情,周庆云再"风钞雪纂",仿梵隐志例,编著《西溪秋雪庵志》四卷,于1922年刊刻。

《西溪秋雪庵志》每一卷前,周庆云均有小序。"形胜"卷序是:

西溪近起秦望,远衔龙门,天目诸峰隐约可见。鼓枻入溪,则沙屿潆洄,波光潋滟,精蓝一角,乃在河洲。有花如雪,非棹莫行,异境天开,为最胜处……

寥寥数十字,道出西溪之"形胜"处。然后是正文。或直叙,或援史引诗,或略加注释,乃成一卷。

"建置"卷小序里说道:

秋水一泓,荻花四壁。眷兹净土,乃启禅林。飞锡高僧,实宏愿力。盖自诛茅赵宋,鼎盛朱明,千百年于兹矣。陵谷贸迁,废兴靡定。综其沿革,略得而言,志建置。

"人物"卷小序里讲道:

地偏心远,梵隐最宜。逸士高人,每留爪印。或勤兴创,或假品题。君子所为,自异庸众。其行谊与风雅有不可泯者,类次记之,将以增禅窟之光,补里乘之缺云尔……

搜罗逸人名士的行迹,形诸笔墨,也可以说是为山水增辉。

"艺文"卷小序里表示:"考献征文,责在吾党。"他说:

溪山胜地,僧占为多。瓶钵偶留,翛然尘外。于是骚人墨客,结莲社之缘,证栴林之果。非无高咏,亦有宏篇……

书成四卷,白曾然赞此书"体例精详,搜罗丰富"。

"形胜"卷记法华山、秦亭山、西溪、留下、花坞、古荡、河渚、蒹葭里,并随文引录历代诗文,以增其趣。

"建置"卷记录自宋淳熙初年建大圣庵至民国九年重建大殿之沿革，要言不烦。后又分述放生池、灵塔和庵产。

"人物"卷记述明清或隐居秋雪庵或归葬西溪的七位高人：西溪种梅道者吴本泰，沈应潮应科昆弟，厉鹗，"团扇词人"陈文述，"秋雪主人"释道宗，释与耆。

"艺文"卷收录诗、序、记、志、启等各类文体作品百数十篇。如释智一（即道宗）《秋雪自题》：

秋窗底事雪弥漫，
风飐芦花起钓滩。
点点定僧衣似湿，
飘飘渔夫笠疑寒。
远笼竹浪烟仍翠，
澹抹枫林叶尚丹。
忽听小舠歌欸乃，
西岩仿佛认晴峦。

道宗，字智一，周庆云赞赏他"素娴翰墨，诗笔尤超妙"。这首《秋雪自题》确乎当得起这"超妙"的品鉴。

《西溪秋雪庵志》录载吴本泰《秋雪六首》，其中有句云："何方小有清凉地，只在西溪西又西。""秋雪僧巢更奇绝，水中央是雪中央。"堪称浑然天成的好句子。吴本泰，字美子，号药师，亦号梅里居士，海宁人，寄籍仁和（即今之杭州）。甲申后，隐居西溪兼葭里，与智一交最深。智一曾移赠吴本泰古梅数本，吴种植之，故又自号西溪种梅道者。

厉鹗《秋雪庵》描绘道：

曲港迷进艇，花源信回流。
稍深天影展，四顾云水幽。

厉鹗，字太鸿，号樊榭，钱塘（即今之杭州）人。善词工诗，周庆云《西溪秋雪庵志》说他"性耽闲静，爱山水，最爱西溪。每泛舟，必至秋雪庵，与僧与耆亲善"。身后葬在西溪王家坞。厉鹗无后嗣，多年后，其墓颓败。道光年间，厉鹗的栗主神位被邑人移至西溪交芦庵。"栗主"即"木主"。"木主"是一种用木制成的牌位，上写死者名讳、生卒年月日，有的还写明身份官职，旁题主祀者姓名。这种"木主"一般由其亲属摆在灵堂上供人祭奠。之所以又称"栗主"，意谓用栗木做的神主。《公羊传》曰：文公二年，"虞主用桑，练主用栗"。按古

【清】叶芳林：《九日行庵文宴图》（局部，左二持花者为厉鹗）

礼,人死既葬,国家设祭叫虞,这时神主用桑木;期年练祭,改用栗主,埋桑主。所以后世通称宗庙神主为栗主。

《西溪秋雪庵志》里还录入厉鹗的《忆旧游》:

溯溪流云去,树约风来,山剪秋眉。一片寻秋意,是凉花载雪,人在芦碛。楚天旧愁多少,飘作鬓边丝。正浦溆苍茫,闲随野色,行到禅扉。　　忘机。悄无语,坐雁底焚香,蛩外弦诗。又送萧萧响,尽平沙霜信,吹上僧衣。凭高一声弹指,天地入斜晖。已隔断尘喧,门前弄月渔艇归。

《西溪秋雪庵志》里录载陈文述《秋雪庵是陈眉公题》一诗,陈文述诗前小序曰:"在蒹葭深处,原名'资寿院'。水周四隅,蒹葭弥望,花时如雪。"诗云:

丛芦庵四隅,
未秋已先雪。
吾家老眉公,
残墨半剥蚀。
谁谱秋雪操,
冰弦响寒碧。

"眉公"即陈眉公,晚明小品文名家。蒹葭深处,花时如雪,故陈眉公取唐人"秋雪蒙钓船"诗意,改庵名作"秋雪"。陈眉公"画龙点睛","秋雪"名声大噪,一时人但知庵有"秋雪",而不知尚有他名。

周庆云《西溪秋雪庵志》叙录陈文述故事,陈文述有言"终当卜居西溪耳"。慕秋雪庵胜概,遂营造一庄庵,题曰"秋雪渔庄",并赋诗云:

我爱渔庄好,
相依秋雪庵。
渔舟浑不系,
雪北更花南。
蓑衣卧花影,
酒瓮枕馀酣。

窗外雨声潺潺,夜阑人稀。我在80多年后,重读这部《西溪秋雪庵志》,仍不能不起"思古之幽情"。这也可以说是文字的力量吧。正如为这部书作序的白曾然在序里所说的:

夫高岸为谷,深谷为陵,区区山水名胜,能保一成而不变乎?然文字一日不废,即名胜一日不磨。

周庆云50岁后,始倾其心力于地方文献的保存、编辑。他在辑刻《灵峰志》四卷、《西溪秋雪庵志》四卷之外,对南浔乡邦文献的编纂,注入心血尤多。《南浔志》六十卷于1922年刊成。史学界称这部《南浔志》为"周志"。"周志"为南浔,也为江南文明发达史的研究,留下了珍贵的史料财富。1924年起,他又编纂《莫干山志》,1926年作《莫干山考》,《莫干山志》十三卷也于1926年梓印,这是至今惟一的一部莫干山志书。周庆云的著述里,还有一部《节本泰西新史揽要》(八卷)或许也该提一笔,"泰西"即今之欧美。这部书可能

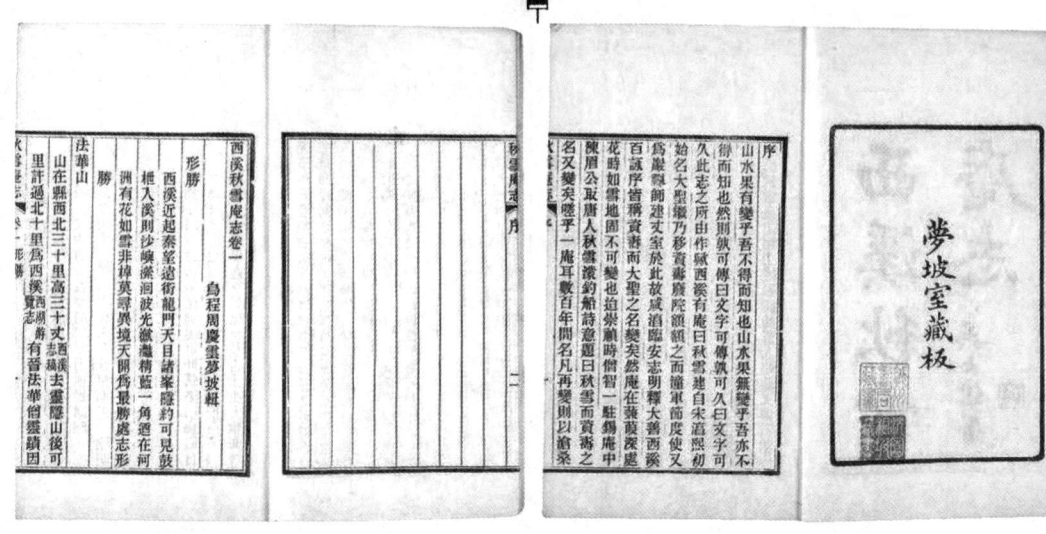

《西溪秋雪庵志》书影

会直接显示着他的一种国际视野吧。周庆云著述后来集成《梦坡室丛书》，凡四十五种，计四百六十九卷。"梦坡"是他的号。

1923年，张宗祥在浙江省教育厅厅长任上，曾主持文澜阁《四库全书》阙简补抄一事。张宗祥等集补书经费，到上海募款。周庆云时在上海，他和张元济、徐冠南等鼎力相助，捐资二万余元，阙简补抄的工作才得以顺利开展。补抄共四千四百九十七卷，费时二年完成。周庆云谢世时，张宗祥特作挽诗："文澜残佚愿重抄，筹款春申力倍劳。一卷补遗书目在，几回展阅几魂销。"

周庆云工书能画，收藏书画、名贤尺牍甚富，积年所得有唐人韩滉《八骏西来图》卷、宋人李成熙《层峦积雪图》轴、宋徽宗《麻姑采药图》卷、宋人陆放翁书札等等。他还嗜好印谱，不遗余力购访，辑录《梦坡室金玉印痕》二集（1928）。他又笃藏古器，辑有《梦坡室获古丛编》（1927）等。周庆云还擅操古琴，藏有宋徽宗松风琴等。因收藏琴书、古琴甚多，故有"江南第一"之称。由于好琴，他经常接待各方琴客。春秋佳日，每集合诸琴人作妙奏。1919年他在上海晨风庐邀集各地琴家，举行了一次盛大的聚会，会上散发了他主编的《琴史补》、《琴史续》、《琴书存目》等书。《琴史补》是补充朱长文《琴史》中遗漏部分；《琴史续》是把宋代的《琴史》续编到清代，收有六百多则有关琴人的记载，逐条注明出处。《琴书存目》编于1914年，汇集了历代著见琴书书目，和音乐书目共三百多种。《琴操存目》于1929年编成，收集了历代曲目八百五十五首。

周庆云博学多艺，而他其实是近世从浙江的南浔周氏家族里走出来的名商大贾，真是世不二出。

南浔在近世曾经名动天下。

南浔的商人群体，抓住当时近在咫尺的上海开启商埠的历史机遇，经营湖丝而大做海外贸易，又涉足盐业、典当、房地产、钱庄等其他工商金融领地（有做近代史的学者，搜寻档案，提出新见，说南浔商人致富不是经营湖丝和海外贸易，而是另有他途。聊备一说）。近代中国丝、盐二业巨子几乎都集居在这个小镇上，富甲天下。辛亥革命后，孙中山就任临时大总统，首先给南浔封"市"。中国近代行政区域建制的第一个"市"，就是南浔。盖南浔大商人张静江曾经倾其财力支持孙中山闹革命。不仅张静江，当日南浔的"四象八牛"的大部分都曾卷入孙中山的反清革命阵营。

这个"浔商"群体里，有著名的"四象八牛七十二金黄狗"。相传南浔人依据家财的多少，以"象"、"牛"、"狗"来称谓那时的南浔富户：家产500万银两以上的称作"象"，家产100万银两以上的称作"牛"，家产10万银两以上的称作"狗"（参见《南

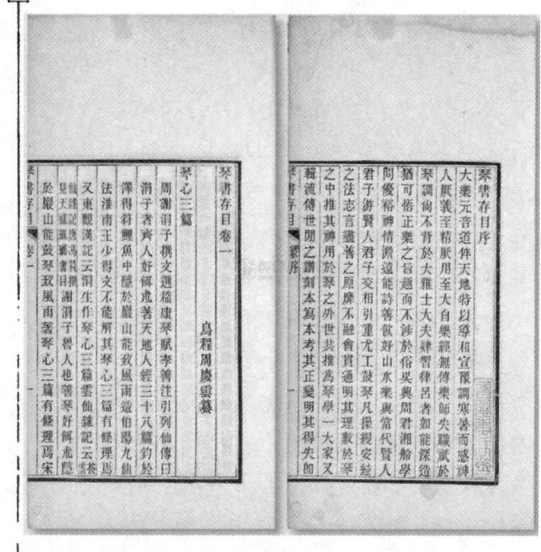

《琴书存目》书影

浔往事》，张加强著，江苏美术出版社2003年9月版）。也有说法是：拥有财产百万两以上的为"象"，50万至100万两者称为"牛"，30万至50万两者称为"狗"。

周家居南浔"八牛"之第二位。

周氏家族先世居住余姚，清代乾隆中叶迁居南浔。传至四世开始发迹，其开创者是周昌大、周昌炽和周昌富。四世精于丝业，传至五世周庆云，兴办丝绸、开发矿业，尤以经营盐务名播海内。

周庆云是周昌大之子（周昌炽嗣子），字湘舲，号梦坡，生于1864年，卒于1933年。光绪七年（1881）中秀才，后以附贡授

永康县教谕,例授直隶知州,均未就任。

周庆云与南浔"四象"之一的张家是至亲(周之女儿嫁给张定甫七子张镜芙)。而张家自清乾隆中叶后即经营盐业,至太平天国后期,张家拥有20万引票(每引381市斤)。"时为东南盐业甲商,经营区域自南京至广州,中历四省,肃庵翁(即蒋介石父亲)即为其家奉化盐栈经理。"周庆云凭借姻亲关系,光绪十七年(1891)赴杭为张颂贤(即张静江祖父)襄理盐务,并成为他的得力助手。光绪十八年(1892)在杭办理余姚、岱山两场收盐事宜。接办以后,收销并重,统筹全局,整饬纪纲,其后余姚、岱山两地盐产竟超过两浙全部盐场所产的半数。至民国十七年(1928),余、岱两场产盐二百五十三万担。在清末,周庆云在浙盐业里最有人望,在全国盐商中也是举足轻重。光绪三十二年(1906)周庆云与杭州、松江二所甲商,倡办浙西鹾务学校,聘请钟寅宾任校长,学级分高等四班、初等二班,学生主要为盐业子弟,非盐业子弟也可入校。课程中西并重,一时为杭人所称道。宣统三年(1911),周庆云挈眷迁沪,奉浙督汤寿潜之命,赴苏州协调处理浙盐苏销事宜,实行产地、销场两税,浙产得六成,苏销得四成,维护了浙省盐税及余姚、岱山二场盐民的利益。民国元年(1912),两浙盐业协会成立,周庆云当选为会长。民国三年(1914),苏五属盐商公会(苏州、松江、太仓、常州、镇江)在上海成立,周庆云被选举为会长。

周庆云从事盐务几十年,拥有二十万左右产业(版本目录学家、周庆云侄儿周子美语)。

周庆云后来把部分盐业利润转化为工业资本,重点投资于丝绸企业。他是民国初年中国丝绸工业的一个巨头。番禺汪兆铭《吴兴周湘龄先生墓表》说:周庆云一生"立工厂六,于湖州曰模范、曰改良,于嘉兴曰秀纶、曰厚生,皆攻丝;于杭州曰天章、曰虎林,攻缯"。清末,国外丝织品大量涌入,利源外溢,每年达千万,为抗衡外

周庆云像

货,周庆云遂于民国三年(1914)2月26日,在杭州投资3万元,独资创办天章丝织厂。到1930年,天章已拥有资本12万元,女工750人,男工340人,产丝200担,总值达27.6万元,成为杭州民国前期与纬成、虎林并列的三大丝绸企业之一。而建于1914年7月的虎林公司(即后来的杭州缫丝试样厂前身),则是与杭州工业学校机织科副主任蔡谅友合办的,年营业额最高达120万元。

1915年周庆云编纂成《盐法通志》100卷。这部通志,分疆域、法令、场产、引目、征榷、转运、缉私、艺文、杂记十类,上溯周秦,下迄清代,凡历朝之沿革,近代之制度,悉予网罗,旧志缺略乃取之盐法备考及各省新修通志与近时财政诸书稿,为中外所重,盐业界称曰"借公之著,宽而能严,国课既裕,商润亦滋,人无淡食"。

光绪三十一年(1905)周庆云倾力支持和投资由汤寿潜与刘锦藻发起创办的浙江铁路公司,反对清政府以向英、美商借款为由,出卖苏沪甬铁路和浙赣铁路之权,拒款保路。"拒款会"、"铁路保存会"成立,周庆云被推为议长。浙江铁路公司创办时,南浔富商纷纷集股,周庆云投资5000元(每股为100元鹰洋),当选公司董事、监察。1907年为抵制外国银行侵占金融市场和开发地方经济,浙江铁路公司董事会发起,在杭州创设浙江兴业银行,周庆云是大股东之一。上个世纪20年代,张静江主政浙江,从德、美手中收回莫干山主权,周庆云对莫干山旅游疗养事业的发展,也贡献良多。

周庆云这位中国近世大商人、大实业家,一生于工商,于社会公益,做了那么多大事,又著述等身,雅好琴棋书画、古器金石,集工商巨子、文化名士为一身,真令人叹为观止。

依照杭州市的西溪湿地保护规划,2004年秋天,重建的秋雪庵落成,秋雪八景重现。此时,四周芦苇,一入深秋,荻花似雪,明月之夜,庵堂将会像被一层秋雪覆盖。"但得西溪秋雪,常在蒹葭深处……",展读周庆云编纂的《西溪秋雪庵志》,临风遥想,不胜钦慨。

最忆是杭州

晚风拂柳笛声残　夕阳山外山
——李叔同在西湖的出家

这已是80多年前的故事了,现在重叙起来,还是感觉那么的意味深远。

1918年农历七月十三日，李叔同告别了他曾在那里教了六年书的浙江省立第一师范学校，去了虎跑寺落发为僧。在佛历上，这一天也是大势至菩萨的圣诞。这一年，李叔同39岁。

后来，李叔同省立第一师范同事、也是至友的教育家、文艺家夏丏尊，在弘一法师出家21年、也是60岁诞辰时，写的《弘一法师之出家》一文内，有一段叙述：

暑假到了。他把一切书籍字画衣服等等，分赠朋友学生及校工们，我所得的是他历年所写的字，他所有的折扇及金表等。自己带到虎跑寺去的，只是些布衣及几件日常用品。我送他出校门，他不许再送了，约期后会，黯然而别。暑假后，我就想去看他，忽然我父亲病了，到半个月以后才到虎跑寺去。相见时我吃了一惊，他已剃去短须，头皮光光，着起海青，赫然是个和尚了！笑说：

"昨天受剃度的。日子很好，恰巧是大势至菩萨生日。"

"不是说暂时做居士，在这里住住修行，不出家的吗？"我问。

"这也是你的意思，你说索性做了和尚……"

我无话可说，心中真是感慨万分，他问过我父亲的病况，留我小坐，说要写一幅字，叫我带回去作他出家的纪念。回进房去写字，半小时后才出来，写的是楞严大势至念佛圆通章，且加跋语，详记当时因缘，末有"愿他年同生安养共圆种智"的话。临别时我和他约，尽力护法，吃素一年，他含笑点头，念一句"阿弥陀佛"。

夏丏尊与弘一约定"吃素一年"，但弘一从此未再返俗。

夏丏尊这篇文章里记录的弘一的话"这也是

虎跑寺（摄于1921年前）

你的意思,你说索性做了和尚",也确曾是夏丏尊对弘一说过的。1936年春天,弘一法师于厦门南普陀寺口述、高胜进笔录的《我在西湖出家的经过》里,说起过当时的情景。那时,李叔同和夏丏尊一起任教浙江省立第一师范学校,"曾有一次,学校里有一位名人来演讲。那时,我和夏丏尊居士两人,却出门躲避而到湖心亭上去吃茶了。当时夏丏尊曾对我说:'像我们这种人,出家做和尚倒是很好的。'"弘一法师回忆道:"那时候我听到这句话,就觉得很有意思,这可以说是我后来出家的一个远因了。"

在弘一的追述里,他把夏丏尊的这个话当作他起意出家的"远因",他也曾好多次讲过"我的出家,大半由于这位夏居士的助缘,此恩永不能忘"这样的话,所以夏丏尊在《弘一法师之出家》一文中,说自己"惭悚无以自容","因为(一)我当时自己尚无信仰,以为出家是不幸的事情,至少是受苦的事情,弘一法师出家以后即修种种苦行,我见了常不忍。(二)他因我之助缘而出家修行去了,我却竖不起肩膀,仍浮沉在醉生梦死的凡俗之中,所以深深地感到对于他的责任,很是难过"。

夏丏尊在《弘一法师之出家》一文还写到:"有一次,我从一本日本的杂志上见到一篇关于断食的文章,说断食是身心'更新'的修养方法,自古宗教上的伟人,如释迦,如耶稣,都曾断过食。断食能使人除旧换新,改去恶德,生出伟大的精神力量。并且还列举实行的方法及应注意的事项,又介绍了一本专讲断食的参考书。我对于这篇文章很有兴味,便和他谈及,他就好奇地向我要了杂志去看。以后我们也常谈到这事,彼此都有'有机会时最好断食来试试'的话,可是并没有作过具体的决定。至少在我自己是说过就算了。约莫经过了一年,他竟独自去实行断食了,这

弘一法师像

是他出家前一年阳历年假的事。"

　　断食地点的选取,李叔同听取了西泠印社叶品三的意见。《我在西湖出家的经过》里,弘一法师说:"至于断食的地点呢?总须先想一想,考虑一下,似觉总要有个很幽静的地方才好。当时我就和西泠印社的叶品三君来商量,结果他说在西湖附近的地方,有一所虎跑寺,可作为断食的地点。那么,我就问他,既要到虎跑寺去,总要有人来介绍才对,究竟要请谁呢?他说有一位丁辅之,是虎跑寺的大护法,可以请他去说一说。于是他便写信请丁辅之代为介绍了。因为从前那个时候的虎跑,不是像现在这样热闹的,而是游客很少,且是个十分冷静的地方啊。若用来作为我断食的地点,可以说是最相宜的了。"叶品三是西泠印社创社四元老之一,名为铭,字品三,号叶舟,又号盘新,别署铁华庵。生于1867年12月,卒于1904年8月,嗜爱金石篆刻,尤喜作篆隶书,辑有《广印人传》十六卷等。李叔同致叶品三书信,每称"叶舟社长",但叶舟并未做过西泠印社社长,李叔同缘何称叶品三为"社长",陈星《西泠知交》一文有确当考释(载《品茗说弘一:弘一大师与文化名流》,陈星著,西泠印社2001年1月版)。

　　李叔同虎跑断食十分顺利,据他的学生李鸿梁《我的老师弘一法师李叔同》所叙,李叔同曾给李鸿梁写过一信,叙述了断食的经过:"第一周是半断食,就是渐减食量;第二周是全断食,只饮泉水;第三周一反第一周的顺序而行之,结果良好。"夏丏尊《弘一法师之出家》一文也写到:"他的断食共三星期。第一星期逐渐减食至尽,第二星期除水以外完全不食,第三星期起,由粥汤逐渐增加至常量。据说经过很顺利,不但并无痛苦,而且身心反觉轻快,有飘飘欲仙之象。他平日是每日早晨写字的,在断食期间,仍以写字为常课,三星期所写的字,有魏碑,有篆文,有隶书,笔力比平日并不减弱。他说断食时,心比平时灵敏,颇有文思,恐出毛病,终于不敢作文。他断食以后,食量大增,且能吃整块的肉(平日虽不茹素,不多食肥腻肉类)。自己觉得脱胎换骨过了,用老子'能婴儿乎'之意,改名李婴……"李叔同后来在《我在西湖出家的经过》里记道:"我虽然在那边只住了半个多月,但心里头却十分愉快,而且对于他们所吃的菜蔬,更是欢喜吃。及回到了学校以后,我就请用人依照他们那种样的菜煮来吃。"

　　李叔同受叶品三的影响,不仅在断食地点的选取,正如一心先生所引录《收藏家》1998年第3期上发表的李叔同致叶品三的九封信表明的:叶品三与佛教界颇有交往,李叔同常请叶先生介绍引荐(参见一心《弘一大师出家、治律宏律因缘之思考》,载《弘一大师新论》,方爱龙主编,西泠印社2000年2月版)。

李叔同出家前后,还受到过马一浮的影响。丰子恺在《怀李叔同先生》一文里说,李叔同曾跟他讲过:自己的学佛是受马一浮先生指示的。虽然李叔同年长马一浮三岁,但李叔同视马一浮为良师,李叔同对丰子恺讲过这样的话:"马先生是生而知之。假定有一个,生出来就读书;而且每天读两本……而且读了就会背诵,读到马先生的年纪,所读的还不及马先生之多。"李叔同断食前后,与马一浮谈佛的情形,丰子恺散文《陋巷》有非常生动的描绘:

第一次我到这陋巷里,是将近二十年前的事。那时我只十七八岁,正在杭州的师范学校里读书。我的艺术科教师L先生(按:即李叔同)似乎嫌艺术的力道薄弱,过不来他的精神生活的瘾,把图画音乐的书籍用具送给我们,自己到山里去断了十七天食,回来又研究佛法,预备出家了。在出家前的某日,他带了我到这陋巷里去访问M先生(按:即马一浮)。我跟着L先生走进这陋巷中的一间老屋,就看见一位身材矮胖而满面须髯的中年男子从里面走出来应接我们。我被介绍,向这位先生一鞠躬,就坐在一只椅子上听他们的谈话。我其实全然听不懂他们的话,只是断片地听到什么"楞严"、"圆觉"等名词,又有一个英语"philosophy"出现在他们的谈话中。

李叔同1917年写给刘质平的信里也说:"自去腊受马一浮大士之熏陶,渐有所悟。世味日淡,职务多荒……"(引自《弘一法师书信》,林子青编,三联书店1990年6月版)。

在李叔同,虽然有来自夏丏尊、马一浮、叶品三诸先生的影响,而出家到底还是他个人深思熟虑之后的对人生之路的主动选择。

曾就学于浙江省立第一师范的曹聚仁,晚年在回忆录《我与我的世界》(北岳文艺出版社2001年2月版)里写到:"李师之于人,不以辩解胜;

李叔同出家后与弟子丰子恺(右一)、刘质平合影

微笑之中,每蕴至理。在我们熟习的歌曲中,《落花》、《月》、《晚钟》三歌,正代表他心灵启悟的三个境界。"曹聚仁1934年撰写《弘一法师》,曾有过分析:"《落花》代表着第一境界",寓意着李叔同"中年后对生命无常的感触。苦闷,寂寞,无所寄托!""艺术的境界,原可以托寄李先生的心灵,所谓精神的升华作用;但是李先生还觉得没有着落似的……"。《月》表明李叔同"静悟到另一境界",从苦闷中走出,"把心灵寄托于彼岸"。这样,"顺理成章,必然走到《晚钟》的境界":"这就指引他皈依佛法的圣境了。"(文载《听涛室人物谭》,曹聚仁著,曹雷编,上海人民出版社1998年10月版)。

1943年,弘一法师浙江省立一师的学生丰子恺,在厦门佛学会所作的《我与弘一法师》的演讲中,对李叔同的出家,提出了著名的"三层楼"之说,回答了一般人对李叔同人生选择的疑问——

他怎么由艺术升华到宗教呢?当时人都诧异,以为李先生受了什么刺激,忽然"遁入空门"了。我却能理解他的心,我认为他的出家是当然的。我以为人的生活,可以分作三层:一是物质生活,二是精神生活,三是灵魂生活。物质生活就是衣食。精神生活就是学术文艺。灵魂生活就是宗教。"人生"就是这样的一个三层楼。懒得(或无力)走楼梯的,就住在第一层,即把物质生活弄得很好,锦衣玉食,尊荣富贵,孝子慈孙,这样就满足了。这也是一种人生观。抱这样的人生观的人,在世间占大多数。其次,高兴(或有力)走楼梯的,就爬上二层楼去玩玩,或者久居在里头。这就是专心学术文艺的人。他们把全力贡献于学问的研究,把全心寄托于文艺的创作和欣赏。这样的人,在世间也很多,即所谓

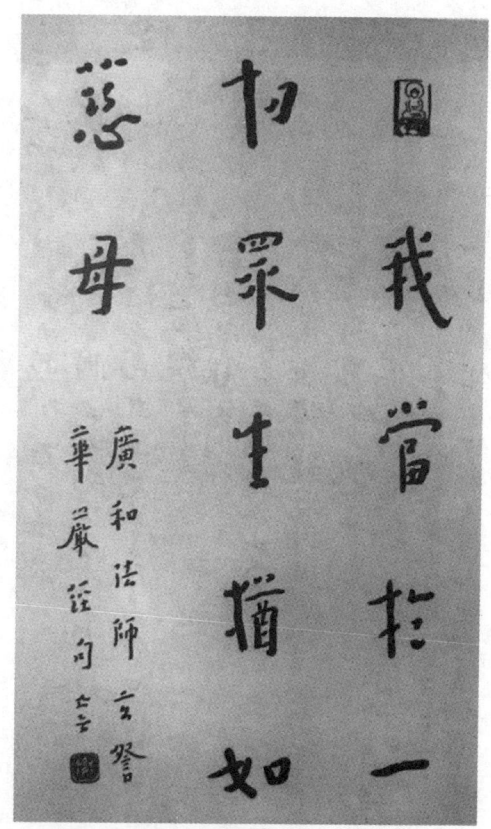

李叔同手稿

"知识分子"，"学者"，"艺术家"。还有一种人，"人生欲"很强，脚力很大，对二层楼还不满足，就再走楼梯，爬上三层楼去。这就是宗教徒了。他们做人很认真，满足了"物质欲"还不够，满足了"精神欲"还不够，必须探求人生的究竟。他们以为财产子孙都是身外之物，学术文艺都是暂时的美景，连自己的身体都是虚幻的存在。他们不肯做本能的奴隶，必须追究灵魂的来源，宇宙的根本，这才能满足他们的"人生欲"。这就是宗教徒。世间就不过这三种人。我虽用三层楼为比喻，但并非必须从第一层到第二层，然后得到第三层。有很多人，从第一层直上第三层，并不需要在第二层勾留。还有许多人连第一层也不住，一口气跑上三层楼。不过我们的弘一法师，是一层一层的走上去的。弘一法师的"人生欲"非常之强！他的做人，一定要做得彻底。他早年对母尽孝，对妻子尽爱，安住在第一层楼中。中年专心研究艺术，发挥多方面的天才，便是迁居在二层楼了。强大的"人生欲"不能使他满足于二层楼，于是爬上三层楼去，做和尚，修净土，研戒律，这是当然的事，毫不足怪。做人好比喝酒：酒量小的，喝一杯花雕酒已经醉了，酒量大的，喝花雕嫌淡，必须喝高粱酒才能过瘾。文艺好比是花雕，宗教好比是高粱。弘一法师酒量很大，花雕不能过瘾，必须喝高粱。我酒量很小，只能喝花雕，难得喝一口高粱而已。但喝花雕的人，颇能理解喝高粱者的心。故我对于弘一法师的由艺术升华到宗教，一向认为当然，毫不足怪的。

我觉得，这是一个很圆满的解释。也含着丰子恺自己的人生的体验在里面。

有了个人内在的动机，一遇着外界的"刺激"和机缘，有了"助缘"，李叔同的出家也就水到渠成了。

李叔同正式出家前夕，对他在红尘中的"俗缘"一一作了妥善的处理。举一个例子。刘质平曾是李叔同在浙江省立第一师范的得意门生。刘质平尝言："先师与余，名为师生，情同父子。"（转引自陈星著《品茗说弘一：弘一大师与文化名流》）刘质平浙一师毕业，李叔同鼓励他留学日本，1917年，刘质平在日本考取东京音乐学校，学费无着落，申请官费未成功，李叔同遂资助刘质平，并为学生立下资助和受助规矩。李叔同将要出家时，刘质平尚未完成学业，李叔同估计刘质平至毕业还需学费日金千余元，就准备借款。1918年农历三月廿五日，李叔同在致刘质平的信里写到："余虽修道念切，然决不忍致君事于度外。此款倘可借到，余再入山；如不能借到，余仍就职至君毕业时止。君以后可以安心求学，勿再过虑。至要至要！"（引自林子青编《弘一法师书信》）。刘质平也"不忍以己求学之故，迟师修道之期"，他学业未了，就于1918年春夏返国，在李叔同入山之前和丰子恺一起跟先生拍了一张告别照。李叔同对"俗缘"一一尽责之后,才托身佛门。

丰子恺《为青年说弘一法师》一文里说,李叔同出家前一天晚上,把丰子恺、叶天底、李增庸三位学生叫到他自己的房内,几乎把室内的所有东西都送给了他们。丰子恺《李叔同先生的爱国精神》一文还说,李叔同出家前还送给丰子恺一个亲笔自撰手卷,其中有"金缕曲"。丰子恺说:"我还记得他展开这手卷来给我看的时候,特别指着这阕词,笑着对我说:我写这阕词的时候,正是你的年纪……"第二天,三位学生送先生至虎跑。

马一浮是博学的大师,精于佛理,他非常不以友人彭逊之的出家为然。彭逊之曾与马一浮一起研究《易经》。马一浮曾对彭逊之说研究佛理不必一定要出家。他很反对彭逊之那样的因推算命理而出家为僧的做法。但对李叔同的出家,马一浮理解而尊敬。所以,当马一浮得知弘一出家两月后要在灵隐寺受戒的消息,亲往灵隐寺看望弘一。弘一法师后来在《四分律比丘戒相表记》的自序里,还讲起过这事:"余于戊午年七月出家落发,其年九月受比丘戒。马一浮居士贻以《灵峰毗尼事义集要》并《宝华传戒正范》,披玩周环,悲欣交集,因发学戒之愿焉。"

弘一法师在《我在西湖出家的经过》里,开头就说到了杭州:

杭州这个地方,实堪称为佛地,因为那边寺庙之多,约有两千余所,可想见杭州佛法之盛了。

他在这篇口述里继续说明口述这篇文章的缘由:"最近'越风社'要出关于西湖的《增刊》,由黄居士来函,要我做一篇《西湖与佛教之因缘》,我觉得这个题目的范围太广泛了,而且又无参考书在手,短期间内是不能做成的。所以现在就将我从前在西湖居住时,把那些值得追味的几件零碎的事情来说一说,也算是纪念我出家的经过。"他追忆了更早一些时候在杭州西湖边所感觉到的佛意:

当民国二年夏天的时候,我曾在西湖的广化寺里面住了好几天,但是住的地方,却不是出家人的范围之内,那是在该寺的旁边,有一所叫做"痘神祠"的楼上。痘神祠是广化寺专门为着要给那些在家的客人住的。当时我住在里面的时候,有时也曾到出家人所住的地方去看看,心里却感觉得很有意思呢!

我们不能不认为,这对李叔同后来出家,也是有潜在的影响。

夏丏尊《弘一法师之出家》一文曾有过自责:

在这七年之中(按:指李叔同在浙一师教书七年),他想离开杭州一师,有三四次之多。有时是因对于学校当局有不快,有时是因为别处有人来请他。他几次要走,都是经我苦劝而作罢的。甚至于有一个时期,南京高师苦苦求他任课,他已接受聘书了,因我恳留他,他不忍拂我之意,于是杭州南京两处跑,一个月中要坐夜车奔波好几次。他的爱我,可谓已超出寻常友谊之外,眼看这样的好友,因信仰而变化,要离我而去,而信仰上的事,不比寻常名利关系,可以迁就。料想这次恐已无法留得他住,深悔从前不该留他。他若早离开杭州,也许不会遇到这样复杂的因缘的。

但焉知这不正是李叔同的"西湖缘"呢?

近世杰出的职业教育家黄炎培,刊于1957年3月7日《文汇报》上的《我也来谈谈李叔同先生》一文,讲过一个故事:李叔同出家首先在杭州的西湖,经过了几年,叔同的夫人(按:陈星在《品茗说弘一》一书里推测是李叔同的日本夫人)到上海,要求城东女学杨白民夫人詹练一和黄炎培当时的夫人伴她去杭州找叔同,走了几个庙,找到了,要求叔同到岳庙前临湖素食店共餐,"三人有问,叔同才答,终席,叔同从不自动发一言,也从不抬头睁眼向三人注视。饭罢,叔同即告辞归庙,雇一小舟,三人送到船边,叔同一人上船了"。接下来,黄炎培细细地描写了当时弘一上船后的情形:

船开行了,叔同从不一回头。但见一桨一桨荡向湖心,直到连人带船一齐埋没湖云深处,什么都不见,叔同最后依然不顾……

外界师友的"助缘",个人内在的动机,再加上杭州这个"佛地",天时地利人和,于是近世中国,尘世间少了一个翩翩佳公子,而宗教界则多了一位大德高僧。绚烂之极归于平淡,堪称是李叔同人生轨迹的一个绝好的注解。

李叔同的出家,在他曾任教的浙江省立第一师范学校引起了很大的反响。李叔同到浙一师教书,本是当时的校长经亨颐所聘请。经亨颐与李叔同原本也是相处十分融洽和谐。但作为校长,经亨颐不能不对这件事有表示,他在1918年7月10的日记里记录道:"晴。九时赴校行终业式……特于训辞表出李叔同入山之事,可敬而不可学,嗣后宜禁绝此风,以图积极整顿……"(引自《经亨颐日记》,浙江古籍出版社1984年1月版)陈星所著《品茗说弘一:弘一大师与文化名流》则分析道:"所谓'可敬而不可学',这本身也表明了他自己对李叔同出家的同情。"此说甚是。曹聚仁在《弘一大师年谱》一文说的话,意思似更圆融通达:"像他这样忠于自己的信仰,实践躬行,他是'人师',足以为训的。他的师友以及门弟子,不一定要弃俗出家,但一念发愿,有悲天悯人之意,这便是'成佛'的路子。李师兼伯夷之清，与柳下惠之和，他是我一生所见的最完整人格的人。"（见《听涛室人物谭》）。

李叔同出家后，修的是佛教中行持至苦的律宗。丰子恺《怀李叔同先生》由衷地感叹："律宗是讲究戒律的，一举一动，都有规律，严肃认真之极。这是佛门中最难修的一宗。数百年来，传统断绝，直到弘一法师方才复兴，所以佛门中称他为重兴南山律宗第十一代祖师。"朱光潜《以出世的精神，做入世的事业：纪念弘一法师》称："我自己在少年时代曾提出'以出世精神做入世事业'作为自己的人生理想，这个理想的形成当然不止一个原因，弘一法师替我写的《华严经》对我也是一种启发。佛终生说法，都是为救济众生，他正是以出世精神做入世事业的。入世事业在分工制下可以有多种，弘一法师从文化思想这个根本上着眼。他持律那样谨严，一生清风亮节会永远严顽立懦，为民族精神文化树立了丰碑。"这些话都恰当地道出了弘一法师李叔同人格中的真精神。

1942年10月13日（农历九月初四日），弘一法师圆寂于泉州不二祠温陵养老院晚晴室，享年63岁。圆寂之前，曾书二偈与诗友告别，偈云：

君子之交，其淡如水。执象而求，咫尺千里。问余何适？廓尔亡言。华枝春满，天心月圆。

弥留之际，还写了"悲欣交集"四字。灭后遗骨分葬于泉州清源山弥陀岩和杭州虎跑定慧寺，这两处都分别为他建了灵塔。

李叔同在西湖出家，圆寂后归葬虎跑，诚西湖之幸。

丰子恺：《弘一法师遗像》

休休有容马一浮

弥天霜露渺慈亲
一树芳馨未遣锄
行路说同薪俊木
空山留伴壁中书
时闻风折防根撅
闲到星回阅岁除
破腊衡寒犹注昔
花香不共世情疏
壬午蠲戏老人

1918年夏天，当时还在省立第一师范学校念书的丰子恺，跟随老师李叔同去杭州城内延定巷旧六号（弼教坊银锭巷）访问马一浮先生。

20多年后，丰子恺在散文《陋巷》里描写了他当时见到的马一浮的形象：

他的头圆而大，脑部特别丰隆，假如身体不是这样矮胖，一定负载不起。他的眼不像L先生（按：即李叔同先生）的眼地纤细，圆大而炯炯发光，上眼帘弯成一条坚致有力的弧线，切着下面的深黑的瞳子。他的须髯从左耳根缘着脸孔一直挂到右耳根，颜色与眼瞳一样深黑。我当时正热衷于木炭画，我觉得他的肖像宜用木炭描写，但那坚致有力的眼线，是我的木炭所描不出的。

现代鸿儒马一浮，1904年底留学归国后，一生中的绝大部分时间是在杭州的西湖边度过的。

马一浮，生于1883年，卒于1967年，名浮，字一浮，号湛翁，别署蠲叟或蠲戏老人，浙江绍兴人。

马一浮有深厚的国学根基，青年时代受聘清政府驻美国使馆留学生监督公署，做秘书。这个机构设在美国北部圣路易斯。他这里，主要精力化在读书、译书上。他几乎每天到当地的"约翰书店"去看书，饱读西书，诸如《亚里斯多德政治学》《拜伦诗》《宾塞尔伦理学原理》《社会平权论》《黑格尔论理学》《赫胥黎文集》《达尔文物种之由来》《但丁诗》《莎士比亚集》等等西学典籍，尽收眼底。他还用英文翻译了《法国革命党史》《露西亚之虚无主义史》《日耳曼之社会主义史》等著作。他早在国内时，就听说马克思写了一部《资本论》。赴美后，在圣路易斯他常去的"约翰书店"，见到这部英译本，如获至宝，虽在感冒中，仍勉力读之，他在日记中写到：

昨日，吃种种之药，吃一块之面包，吃半杯之饭，都不觉好恶。晚来，脸痛略减，蚤起，又甚，奇哉！下午，得英译本马格士《资本论》一册。此书求之半年矣，今始得之，大快！大快！胜服仙药十剂！余病若失矣！

马一浮归国前，又特意买了一部德文版《资本论》。回到国内，这部英文版，他送给了谢无量，德文版则送给上

马一浮像

海"国学扶轮社"收藏，并建议翻译出版。

1904年，马一浮离开美国，又曾取道日本，在日本自费学习。回国后，先与挚友谢无量在镇江焦山海西庵小住一年，后到杭州，先后独居宝极观巷、马所巷看书、写作、翻译。其时，他又要读书，又要料理生活，特别是买菜做饭，费时颇多。后来想出一个办法，早晨他先到街上买来几块水豆腐，配以佐料。晚上，他一边看书，一边用小火焖炖豆腐。这样，他总算解决了夜读过晚、第二天因迟起而买不到菜的问题。但是过了一段时间，马一浮还是深感这样做费时费力。于是，通过湖墅香积寺住持肇安法师的介绍，马一浮寄居西湖广化寺。他在寺里搭伙，不需再自己花费时间和精力去买菜烧饭了。广化寺离文澜阁很近，马一浮青灯夜读，冬天门窗漏风，夏天蚊虫叮咬，他手不释卷，有时达废寝忘食的境界，几乎读完了文澜阁四库全书。

马一浮广化寺读书，是为了寻找到一条救国之道。他曾说过这样的话：

国事艰难，世道益苦，推求其根源，皆由学术之大本未明，心性之精微难知。

1906年，马一浮作诗《岁暮书怀在广化寺》，诗中写到：

故国惊心物候回，
不堪衰病日相催。
江城鼓咽寒潮动，
佛阁青灯夜雨哀。

天童遥怜征战苦，
边风时送雁声来。
崎岖万事凭谁问，
且草玄书泻玉醅。

马一浮学贯中西，笃行进德，宏通圆博，气象壮伟，境界辽阔。他以为，儒佛、儒道、佛道，以及儒、佛、道内部的种种门户之争，都该破除：

末流之争，皆与其所从出者了无干涉……大量者用之即同，小机者执之即异。

这是《复性书院讲录》里的话。"大量者"指的是识广宽容者，"小机者"说的是识浅量狭者。斤斤计较于派别门户，实在都是由于自己"局而不通之过"。

马一浮总结读书之道，作出四点概括：

一曰通而不局，二曰精而不杂，三曰密而不烦，四曰专而不固。

马一浮又具体解释道：

执一而废他者，局也；多歧而无统者，杂也；语小而近琐者，烦也；滞迹而遗本者，固也……通则曲畅旁通而无门户之见，精则幽微洞彻而无肤廓之言，密则条理谨严而无疏略之病，专则宗趣明确而无泛滥之失。

马一浮虽然这只是就读书而言，但这么一种博大沉雄的气象，实在也是可以引伸到我们的文化探讨、文化吸取、文化交流乃至文化建设和文化创造的态度、方法上面来的。

西湖边既然住了这么一位"圆融无碍"的大师,所以前来交往请益的也就络绎不绝。这里有一份名单:梁漱溟、马叙伦、陈独秀、沈尹默、汤用彤、朱光潜、周孝怀、金香严、叶左文、曹子起、陈撄宁、林同庄、熊十力、钟钟山、邵潭秋、程演生、苏曼殊、李叔同、夏丏尊、夏承焘、严群、龙榆生……这份名单中的人物,梁漱溟是以"强项令"著称的哲学家,马叙伦也是国学家,陈独秀是新文化运动的领袖,沈尹默是新诗人和学者,汤用彤是哲学家,熊十力是哲学家,朱光潜后来成为有名的美学家,苏曼殊是多才多艺的诗僧,李叔同是近代文艺先驱,夏丏尊是教育家和作家,夏承焘是古典文学学者,严群以治古希腊哲学闻名,龙榆生是词学家……马一浮的弟子和后学中,有国学家(如罗庸、戴君仁、王驾吾、金景芳、吴林伯等),有经济学家(如寿景伟),有艺术家(如丰子恺)……

1932年间,熊十力听说马一浮大名,把自己的《新唯识论》邮寄给马一浮,并附涵请马一浮指教。几个星期没有回音,一天忽然有客来访,客人报过姓名后,才知是马一浮。熊十力大喜过望。马一浮说:你寄来了大作。我只好把它仔细看完,所以迟至今日始拜访。两人自此以后研理探学,相交莫逆。

浙江诸暨人寿景伟,字毅成,专攻经济学,后来获美国哥伦比亚大学博士学位。他的父亲是诸暨耆宿,极为钦敬马一浮。他去世前驰书美国,对寿景伟说:毋庸奔丧,他日学成回国,务须礼马先生为师,以体究人伦之道。后来寿景伟归国,请人介绍拜见马一浮,申述来意,马一浮再三逊谢。寿景伟恳言:"某父死未能奔丧,又不克遵父遗命,将何以对先人于地下?"马一浮感其诚,也拗不过,于是把寿景伟收在自己的门下。

浙江慈溪人洪允祥,字樵舲,号巢林、佛矢,曾致力于阳明之学,后来又潜心钻研佛典。个性豪迈,耿直可亲。他1901年

熊十力像

进上海南洋工学特班,当时就与同学李叔同、谢无量等,同为蔡元培心目中的高材生。谢无量介绍他与马一浮认识,洪允祥惊为"神人"。他虽年长马一浮九岁,执意拜马一浮为师。洪允祥常向马一浮请教诗道和佛法。马一浮也很愿意跟他探讨学问。

那么多的时贤后生,愿意跟马一浮相交从学,乃是源于马一浮的学问和人格的魅力,这是没有疑义的。这样一位学贯中西、笃行进德的博雅的大宗师,长居西湖,这实在是杭州的福分。

马一浮名气大,学问好,传说蔡元培任北京大学校长时,请马一浮前往执教。马一浮以"古闻来学,未闻往教"而辞之。抗日战争爆发后,马一浮离开杭州,直到1946年5月,才得以重返。抗战期间,马一浮离开杭州,在流亡途中的浙江大学短暂讲学后,1939年受聘设在四川乐山的复性书院任主讲(因马一浮不愿自任院长)。复性书院创办于1939年,书院不合民国学制,是蒋介石特准设立的。当年3月,教育部聘定屈映光等15人筹备书院。6月1日,教育部公布《私人讲学机构设立办法》,书院的存在遂有了合法性。

马一浮为书院所定的宗旨是:

讲明经术,注重义理,欲使学者知类通达,深造自得,养成刚大贞固之才。

书院以"复性"名之,办在四川,但书院立名的意义,马一浮早在杭州时就已确定。1941年5月起,马一浮又筹措经费,专心致力于整理古籍,刊刻经典。他在复性书院编刻的丛书计两种:一是《儒林典要》,收录宋儒周敦颐以来"诸儒发明性道之书","取先贤言语,为学子所当知者";一是《群经统类》,收录"六经大义可以为学术纲领者"。

抗战胜利,1946年5月,64岁的马一浮回到杭州。借里西湖的葛荫山庄(按:今镜湖厅一带)为书院。阮毅成《湖上庄屋》一文记葛荫山庄:

与孤山隔湖相对……门临大道,双环常掩,往来均由湖道。盖荷花深处,刺艇相迎,其中另有佳趣。

山庄固好,而生计不易。当时,政府虽支持复性书院办学(行政院曾下令浙江省政府,准许复性书院租用旧藩署空地建筑书院院舍),但后来币值不断下跌,马一浮也年老身疲,不得不做结束书院的准备工作。只因刻书尚未能告一段落,马一浮遂以卖字所得维持书院残局。1948年,国民政府新发行的金圆券大跌,币制改革彻底失败,马一浮才只好正式结束书院。

书院停办后,改设智林图书馆,以庋藏旧有书籍、板片和士友捐赠诸书。马一浮因没有自己的住宅,只好寄居在他的连襟蒋广昌的家里,不久又住到钱王祠畔"玄亭"亲戚家中,最后迁居他学生花港蒋

庄西楼里,智林图书馆也随马一浮迁至花港蒋庄。马一浮保存智林图书馆的原意是:

保管流通……甄采精要,纂辑丛书,示决择于丹铅,穷精神于删述。存先民之矩矱,贻后学之津梁。

1950年,马一浮的好友熊十力写信给毛泽东主席和中央政府,建议设立中国哲学研究所,由熊十力自己主其事;恢复南京内学院,由吕秋逸主其事;恢复浙江智林图书馆,由马一浮主持之;恢复勉仁书院,由梁漱溟主持之。一些学者认为,熊十力的这封信帮助促成了毛泽东亲自提议中央文史馆的设置这件事,浙江省设立了全国第一个文史馆、马一浮被聘为首任馆长都与熊十力的这封信有很大的关系。

结束复性书院的工作后,马一浮把精力主要花在整理自撰著作上。他一生著作出版的有217卷。台湾广文书局、夏学社影印了他的大量著作。浙江教育出版社和浙江古籍出版社约请专家学者整理点校出版了他的全集。他的不少著作也已被美国国会图书馆收藏。

蒋庄是马一浮晚年在杭州居住时间最长的地方,直到1966年"文革"风暴起来,他在这里度过了他一生中最为安定的十多年。

1952年春天,上海市市长陈毅专程赴杭,到蒋庄造访马一浮。为表示对马一浮的尊重,陈毅特意穿着长褂。当时,窗外春雨霏霏,西楼内,马一浮与陈毅纵谈天下、横论儒佛,相谈甚欢。儒将陈毅敬重马一浮的人品学问,马一浮也引陈毅为知音,遂应陈毅之请出山任公职。

周恩来总理生前称誉马一浮是"我国当代理学大师"。1953年9月,梁漱溟坚持己见,在政协全国委员会扩大会议上受到毛泽东主席的严厉批判。两人剑拔弩张,一连三天,会议气氛非常紧张,似要爆炸。周恩来总理想到了梁先生的莫逆马一浮先生,他打电话到上海找沈尹默先

马一浮与西泠印社同仁合影于葛荫山庄

生,托他赶到杭州邀马一浮先生进京婉劝梁先生勉为自我检讨,以期能保护梁先生安然过关。但马一浮拒绝了。马一浮说:"我深知梁先生的为人,强毅不屈。如他认为理之所在,虽劝无效。"1957年,周恩来总理陪同访华的苏联元首伏罗希洛夫元帅参观我国的几个主要的大城市。到了杭州,周恩来总理特意安排"伏老与马老"见面。有学者称:"这种特别的安排……在我国接待外国元首的工作上是罕见的。"

1966年,"文革"风暴起来,马一浮避居安吉路寓所,按有关盼咐,足不出户。马镜泉著《马一浮传略》,写到了他离开蒋庄前的情景:

马浮被限期搬出蒋庄的那天晚上,衣单衣,独自凭倚临湖槛曲很久很久,他时而仰观星座,对天长叹;时而凝视湖面,低头短嘘。他浮想联翩,在脑际上不时出现历史上的冤假错案……

毕业于北师大中文系的文史学者楼达人在《"文革"中的马一浮先生》一文里,写到了马一浮去世前的情形:

1967年4月,一天,我在无可事事中于孤山后面西湖中钓得了斤把河虾,因为只只鲜蹦活跳,又大小均匀,晚饭后,我就去安吉路送给马一浮先生尝尝……问及我外面的情况。我向他简单地谈了点李叔同弟子潘天寿等遭美术学院红战队挂牌批斗的情形……他听完我介绍后,只连连

叹息了两声"斯文扫地,斯文扫地!"从此不再开口。

几天后,马一浮胃部大出血入住浙江医院,终因抢救无效而辞世,时 1967 年 6 月 2 日,终年 85 岁。

马一浮自知卧病不起,在医院里,靠在枕边,写下了绝笔《拟告别诸亲友》:

乘化吾安适,

虚空任所之。

形神随聚散,

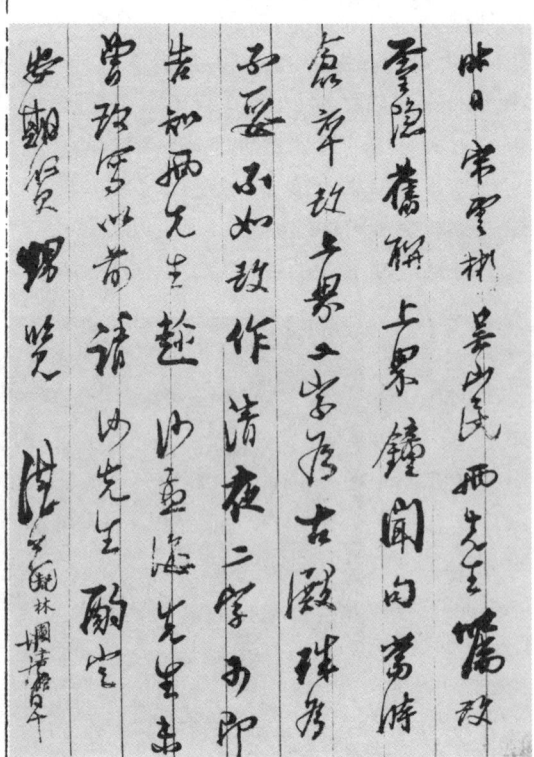

马一浮手札

视听总希夷。
沤灭全归海，
花开正满枝。
临崖挥手罢，
落日下崦嵫。

1980年6月10日，马一浮追悼会举行，梁漱溟未能参加，他发去的挽电是："千年国粹，一代儒宗。"

贺麟著《当代中国哲学》评论马一浮："马先生兼有中国正统儒者所应具备之诗教礼教理学三种学养，可谓为代表传统中国文化的仅存硕果。""他尤其能卓有识度，灼见大义，圆融会通，了无滞碍。"

词学家夏承焘在《天风阁日记》里赞马一浮诗"气象阔大"。古典文学家程千帆评论马一浮的诗作："文质彬彬，理味交融，较之晦庵，殆有过之而无不及。其我国为数极少之哲人而兼诗人欤？"

书法大师沙孟海评论马一浮的书法和书学："马先生的书法，凝练高雅，不名一体……他对历代碑帖服习之精到，体会之深刻，见解之超卓，鉴别之审谛，今世无第二人。"

哲学史家任继愈有一篇《马一浮论蒋介石》的文章写到马一浮。马一浮抗战中到重庆，哲学家贺麟酒楼设宴，熊十力作陪：

席上有一盘菜熊先生尝后觉得味道不错，叫人把它移得近些，吃得淋漓尽兴。马先生举箸安详，彬彬有礼。

写到这里，任继愈宕开笔去，引伸对马、熊两位学者风格作出比较：

这两位学者治学不同，性格迥异。熊先生豪放不羁，目空千古；马先生温润和平，休休有容。

"温润和平，休休有容"这两个词用得最贴切，这确是马一浮的气象。民国时曾被顾颉刚许为"江左治礼，无出其右"的沈文倬，曾著《蒋庄问学记》一文，追记1963年4月造访蒋庄请学，其中写到：

4月天气，淡日晴和，春山新绿，春水漪涟，坐在雕花格子窗前，望望南屏山，谈论经儒传记，亦平生快意事……出于治学的路数不同，我的问，先生的答，有一致，也有违异，都在"容别解"、"求圆融"中进行的。

这段文字尤其清丽典雅，"容别解"、"求圆融"不正是马一浮的治学的大境界么？不也正是我们的文化建设者应取的态度么？

马一浮去世后，沈文倬又数次到花港——

以后，四时看花，常到西山公园去。斜阳一角，微雨满湖，踯躅回廊，回首望那紧闭着的雕花格子窗，不禁泫然。

人去楼空，精神应当永存的。

最忆是杭州

大学与人
—— 竺可桢先生在杭州的几次演讲

1935年12月11日，抗日战争爆发前夕，浙江大学的学生联合全杭州学生冒雪上街游行，并准备赴南京请愿，要求政府对日宣战。

时任浙大校长的郭任远,对大学生的上街游行很不以为然,他让军警入校逮捕学生自治会的十二名代表,开除了学生自治会主席施尔宜、副主席杨国华的学籍。

郭任远是一位很有成就的心理学家。生于1898年,卒于1970年,广东汕头市人。他是1933年开始做浙江大学校长的。郭任远早年毕业于复旦大学,后来在美国伯克利加利福尼亚大学获博士学位。他在伯克利加州大学读书时,得到著名心理学教授托尔曼的赏识。1921年,他发表《取消心理学上的本能说》,批评锋芒不仅直指心理学权威哈佛大学心理学系主任麦独孤,而且也触及美国行为主义的创始人——华生。此文震惊美国心理学界。接着,他又陆续发表《我们的本能是怎样获得的》、《反对本能运动的经过和我最近的主张》、《一个心理学革命者的口供》、《心理学的真正意义》、《心理学里面的鬼》、《一个无遗传的心理学》等一组论文。这组论文收入了1928年在开明书店出版的《郭任远心理学论丛》中。黄维荣在该书序言中阐明郭任远的学术观点时说:"无论是提倡行为派的心理学,反对本能,或攻击各种心理学上的神秘概念;总而言之,是在排斥反科学的心理学,不使非科学的谣言重污心理学之名;是在努力做一种清道的功夫,把心理学抬进自然科学——生物科学——之门,

完全用严格的科学方法来研究它。"但黄维荣也坦率承认:郭任远是"一个极端的机械论者"。郭任远对浙大未始没有贡献。譬如校舍建造,竺可桢就讲过这样的话:"目前全国各国立大学中,浙大的校舍恐怕要算最简陋;除一小部分外,大都是陈旧不整齐而且不敷应用。郭校长在任的时期,在华家池新建了农学院新舍、文理学院里的新教室和其他几所小房子,终算立了相当的基础……"

郭任远在浙大的做法,激起浙大学生发起"驱郭斗争",学生罢课持续三十多天。学校局面几乎失控。蒋介石"文胆"陈布雷提议竺可桢做浙大校长,以收拾残局。

浙江大学正式定名为"国立浙江大学"是在1928年。当时浙大虽然也是国立,但规模很小,相当于一所省立大学。蒋介石身为浙江人,也希望自己的家乡能有一所像模像样的大学。为了缓和人心,平复学潮,蒋介石也接受了陈布雷的提议,免除郭任远校长一职,委任竺可桢去整顿浙大。

1936年2月16日,正在南京主持中央研究院气象研究所的竺可桢接到通知,一个星期之后,蒋介石要找他谈话。2月21日,蒋介石约见竺可桢,谈了没几分钟,蒋介石就说要竺可桢去接掌浙大。

但竺可桢对蒋介石的这项任命很不

竺可桢像

情愿。这位第二批庚子赔款的留美学生，1915年参加了赵元任、杨杏佛等发起的中国科学社，1918年获哈佛大学气象学专业的博士学位后回国，先在武昌高等师范学校（武汉大学前身）执教。武昌高师学生多为湖北湖南人，听不懂竺可桢的绍兴上虞一带的口音，竺可桢只好花费大量时间去刻印讲义，好让学生能明白所教的内容；而且由于言语不通，课内外几乎没法与学生交流和沟通。而武昌高师的教师，绝大多数是留日的，对竺可桢的教育主张也不大能理解。所以在1920年，竺可桢就应南京高等师范学校（南京大学前身）校长郭秉文的力邀，来到了南京高师执教。郭秉文是留美的，南京高师云集了大批的留美学者。1920年，在南京高师的基础上成立了东南大学，竺可桢在东南大学创建了中国大学中第一个全新的不同于旧地理系的地学系。1928年中央研究院成立，院长蔡元培先生委托竺可桢筹建气象研究所，这让回国十多年来一直从事气象学教学和研究的竺可桢觉得终于可以全身心来做自己钟爱的气象事业了。他建起了南京北极阁气象台。竺可桢还为国家的气象事业争权益，1930年元旦起，中国终于可以独立自主地开展领土领海的气象预报。中研院的气象科研步入良性发展轨道，这个时候，竺可桢很不愿意有其他的事务来打断这个工作；同时，他还顾虑要办好一所大学，事务繁杂，尤其是必须同官场打交道，而这正是他不愿意的。所以他对浙大校长的任命很不情愿。竺可桢既不愿意一口答应蒋的任命，但也不能一口回绝。另一方面，他也意识到，中国社会教育问题众多，办教育者风气不正，如果自己明哲保身，则于中国的教育事业不利。于是竺可桢提出了三个条件：第一，财源须源源接济；第二，用人方面校长有全权，不受党政之干涉；第三，时间以半年为限（后来，蔡元培先生建议他把任期延长为一年）。

这样，1936年4月，竺可桢在前任浙大校长郭任远被学生驱逐的背景下，在向蒋介石争得了校长独立用人权、党政当局不得干涉的承诺后，走马上任，出掌浙江大学（兼任中央研究院气象研究所所长）。谁知这一做，就是十三年。

竺可桢能来杭州做浙大的校长，是杭州之福，是地处杭州的浙大之福，也是浙江之福。

关于竺可桢在浙大的作为，专文专书都已有不少了，本文只是想谈谈竺可桢在杭州时作的几次演讲——这些演讲阐述了大学与人的相关问题——以温故知新。

1936年4月25日，竺可桢在杭州面向大学师生作了题为《大学教育之主要方针》的讲演。这篇讲演分"明了往史与现势二条件"、"浙江的开化与学术的发达"、"黄梨洲和朱舜水"、"致力学问与以身许国"、"中国目前环境的艰危"、"民族自由重于个人自由"、"教授人选的充实"、"图书仪器设备的重要"、"校舍的最低标准"、"贫寒子弟的求学机会"、"运用自己思想的重要"等十一节。

竺可桢强调：

办中国的大学……我们应凭借本国的文化基础，吸收世界文化的精华，才能养成有用的专门人才，同时也必须根据本国的现势，审察世界的潮流，所养成人才才能合乎今日的需要。

这一段话里，竺可桢已表达了大学教育要立足本国、面向世界的思想。竺可桢尤其殷勤致意：浙大虽然是国立的，可是办在浙江，"所以我们也应得注意本省学术文化的背景"。他要求学生"继承梨洲舜水二位先生留给我们的教训，就是一方为学问而努力，一方为民族而奋斗"，"致力学问"、"以身许国"。

痛感中国科学的落后和人民的"一盘散沙"，竺可桢说道：

中国人对于科学研究，虽有深远的渊源，可是不久中衰，清季兴学以来也继起不力。今后精研科学，充实国力，大学生固然应负极重大的责任，而尤其重要的是养

浙江大学（摄于1927年）

成一种组织和系统的精神。我们知道现今的世界一切事物最重组织,可是中国社会的旧习惯与此很难契合。中国人民积习最喜个人放任无拘的自由,试问我们以散沙一盘的许多个人来和有组织有规律的现代国家对敌,必无胜理。

要养成科学的精神,探索科学,以科学来救国,还要"有组织有规律",竺可桢对大学生寄以厚望。

接下来,竺可桢在演讲中具体说到了办学的途径。他列举教授人选、图书仪器等设备和校舍建设这三项"学校实施教育的要素"后,特为指出:"教授人才的充实,最为重要。"他讲道:

教授是大学的灵魂,一个大学学风的优劣,全视教授人选为转移。假使大学里有许多教授,以研究学问为毕生事业,以教育后进为无上职责,自然会养成良好的学风,不断地培植出来博学敦行的学者。

这段话的主要意思是说,一所大学的灵魂是能掌控和转移这所大学的学风的群体。当教授是大学学风掌控的关键群体时,那么,"教授人才的充实"就最为重要了。当时移世易,学校的行政和政工官员乃至具体的办事员在学校中的地位都高于教授时,那么,不仅是"教授人才",就是隶属于这个党政系统的官员,哪怕是普通的办事员,其遴选也同样不是小事。所以在这样的情况下,今天的大学改革,就不应该仅仅是针对着教授这个群体,它还有更重要的针对面。否则,那将会是"一条腿走路"。

竺可桢在演讲中还说:

要荟萃一群好教授,不是短时期内所能办到,而必须相当的岁月,尤须学校有安定的环境。因为教授在校有相当的年份,方能渐渐实现其计划,发挥其教育效能;而且对学术感情日增,甚至到终身不愿离开的程度,这才对学术教育能有较大的贡献。

用今天的"行话"来说,要为教授创造好的"软环境",要"留人留心"(2002年6月,北师大校务委员会主席陈文博在全国高校论坛上提出"一流大学要有一流软环境",即此之谓也)。竺可桢自谓对"大学教育""也有相当渊源"。他的意见,数十年后来看,仍然具有生命力。

在竺可桢作此演讲时,"国民经济低落,与学校收费及生活费的提高,恰恰成了反比例……中国读书已非每年五十元或一百元不办,等到一进大学,每年连个人日用有需四五百元以上者,至少也得要二三百元之则"(竺可桢语)。所以,竺可桢说:"大学变成有资产的子女所享受,聪颖好学但是资力不足的人家完全没有同样机会。"对"这样的教育制度",竺可桢的看法是:"不但是对人民不公允,并且因为埋没了许多优良青年,对于社会与国家更是莫可挽回的损失。"竺可桢在演讲中明确地说明：

如何选拔贫寒的优秀学生使能续学，实在是一国教育政策中之一种要图。

为了奖励贫寒好学的子弟，竺可桢初任浙大校长就订定了在学校中设置公费生的办法。

在演讲的最后，竺可桢希望学生"运用自己思想"。他说：

我们受高等教育的人，必须有明辨是非、静观得失、缜密思虑、不肯盲从的习惯；然后在学时方不致害己累人，出而立身处世方能不负所学。

竺可桢于独立思考，三致意焉：

大学所施的教育，本来不是供给传授现成的知识，而重在开辟基本的途径，提示获得知识的方法，并且培养学生研究批判和反省的精神，以期学者有自动求智和不断研究的能力。大学生不应仍如中学生时代之头脑比较简单，或者常赖被动的指示，而必须注意其精神的修养，俾能对于一切事物有精细的观察、慎重的考虑、自动的取舍之能力。我们固不肯为不合理的习惯所拘束，尤不应被一时感情所冲动，被社会不健全潮流所转移，或者受少数人的利用……希望诸位更能善于运用自己的思想，不肯作轻率浮动的行为。

说到此地，竺可桢尤其不忘说明这对于中国的必要：

中国今后是最需要头脑清楚善用思想的人物。

竺可桢自己就是身体力行。譬如他今天保存下来的日记，从1936年到1974年2月6日（也就是他去世的前一天），连续38年一天未断，共计800多万字。这部800多万字的《竺可桢日记》，是一部个人生活和心路的"实录"，也是对于外部世界（自然和社会）的"实录"。它给我们留下

浙大校舍（摄于1936年）

了他对自己所生活的时代所作的历史的实录与见证。"头脑清楚善用思想"正是这部日记的一个重要特征。

1936年5月18日,在杭州进行了竺可桢就任浙大校长的宣誓典礼。400多个学生、50多位教职员和30多位来宾参加就职典礼。蒋梦麟任监誓员。竺可桢发表就职讲话。竺可桢在宣誓演讲中讲到"大家有饭吃的生产教育":

现在我们民穷财尽的中国,解决民生问题尤为首要。我国大学的目的,应该怎样呢?应该不单是学生能赚到他一个人的面包,而使许多人能赚到他们的面包。换言之,就是使大家有饭吃。中国有句俗语叫做有饭大家吃,诸位请注意,有饭大家吃和大家有饭吃是截然不同的。有饭大家吃是一个人赚到饭以后大家来分吃,大家有饭吃是使人人有机会可以赚到饭吃。有饭大家吃是分赃制度,大家有饭吃是生产教育。

然后他又谈到了"生产教育的效能":

本来,只能长一石谷的田地,我们可以不加工本而使之生产两石,本来只能结苦而瘦的果子的果树,能使结甜而肥的果子。这就是生产教育。

竺可桢三句不离本行,接着就举到了资源与地学方面的生产教育的例子:

本来我们每年要向英美日本诸国花数千万元进口的煤油,我们能利用地质学矿物学方法来开采,或是用有机化学生物学的知识从植物来提炼。本来西北数百万方里的石田荒地,我们用灌溉水利变为膏腴之壤。长江上游不可控制的瀑布,变成数百万匹马力的电。这统要靠生产教育。

以今天来看,竺可桢的话,也该有修正的地方,譬如他当时还没考虑到环境与生态的保护,资源开采上的可持续理念,以及进口原材料的可行,等等。但在当年,科学还没有发展到这一层,所以竺可桢的话,放在当日应该是属于正确的,是有助于强国富民的。

竺可桢学的是气象,但他胸襟开阔,学术和文化视野很广,所以他强调,要达到生产教育的目的,必须有多学科人才的共同努力:

不但要有学农业的人、工程的人,而且要有物理学家、化学家、生物学家、地质学家。不但要理化等知识,而且也要数学、气象学、天文学、经济学、历史学等种种知识。所以大学要办实科,而文理科也不能偏废。

竺可桢有这样开阔的眼界、明晰的头脑和实干的精神,所以他能办成功一所大学。他在民国的学术界、教育界和政坛上,早就有了很高的人望,不是没有道理的。

当时国内的大学虽然少,能读大学的凤毛麟角,但包括浙大在内,仍然多失业的大学生,竺可桢检讨了其中的一个重大原因：

即由于大学之闭门造车，所授课目，不适实用，不能供应社会的需要。结果便有人找不到事、而有事找不到人的现象。

所以他建议：

今后大学应该和中央各部院、省政府、市政府通力合作，以免闭门造车之弊。

针对大学里的学生"重视他们毕业后的职业，而对于学业，反以为无足轻重"的现象，竺可桢强调：

学校不是一个工厂，以推销他的货品为目的。工厂因为要推广它的货物销路，所以不得不假手于广告鼓吹等等，大学则不然，大学是养成一国领袖人才的地方。从前美国著名文学家和政治家罗威尔曾经说过，大学目的，不在乎使大学生能赚得面包，而在乎使他吃起面包来滋味能够特好，这话很有理由。

这段话体现了竺可桢的精英教育的大学理念。当然，在大学教育进入大众化阶段后，大学的理念也在发生变化，这是另外一个问题了。

1936年是美国哈佛大学建校300周年，从9月16日到18日，哈佛大学举行盛大典礼。9月17日这一天，世界各处哈佛同学凡不能到坎布里奇去的，都就地开会以作庆祝。在杭的哈佛同学聚会于西湖边的镜湖厅，竺可桢在会上发表了题为《哈佛大学三百周年纪念感言》的演讲。在演讲的结尾，竺可桢说：

有一点哈佛大学亦可以昭示我们的，即为哈佛大学的校训，拉丁字Veritas就是真理。我们对于教育应该采取自由主义或干涉主义，对于科学注重纯粹抑注重应用，尚有争论的余地，而我们大家应该一致研究真理，拥护真理，则是无疑义的。

研究真理，就该讲真话，不撒谎，不做瞒和骗的事。

1936年9月18日晚上，竺可桢向大学一年级学生发表演说，主题是：科学的方法，公正的态度，果断的决心。关于这次演讲，他在当天的日记里写到：

余演说，嘱学生注意两点：(一)我们到学校的目的是什么，学一技一能果要紧，而最要实是养成一个清醒的头脑；(二)我们出了大学以后将如何？中国一般人的理想以享福为无上光荣，但照现在看来，享福是一种可耻的事，我们出校以后应该为社会服务。

在演讲中，竺可桢说："清醒的头脑，是事业成功的基础。""我们国家到这步田地，完全靠头脑清醒的人才有救。"他痛陈当时中国社会和政府之弊：

中国历年来工商业的不振，科学的不进步，都是由于主持者没有清醒的头脑。瘟疫流行，水旱灾荒，连年累见，仍旧还要靠拜签求神扶乩种种迷信方法。兴办事业，毫无计划，都是吃了头脑不清楚的亏。

风水扶乩算命求神等之为迷信,不但为近世科学家所诟病,即我国古代明理之君子亦早深悉而痛绝之。但到如今,大学毕业生和东西洋留学生中,受了环境的同化,而同流合污的不少。大的企业如久大公司、永利公司和商务印书馆的成功,要算例外了。近年来政府对社会所办的棉纱厂、面粉厂、硫酸厂、酒精厂和糖厂等,大多数是失败的,失败的原因或是由于调查的时候不用科学方法。譬如办糖厂,应在事先调查在该厂附近地域产多少甘蔗,出产的糖销至何处,成本的多少,赢利的厚薄,与夫国外倾销竞争的状况。若事先不调查清楚,后来必致蚀本倒闭。这类事在中国司空见惯,如汉口的造纸厂,梧州的硫酸厂,真不胜枚举。还有失败的原因是用人行政重情而不重理,而喜欢滥用亲戚。每个机关公司应该多聘专家,计划决定以后,外界无论如何攻击,都得照着计划做去,这样才能成功。

竺可桢在演讲中再次强调"盲从的习惯,我们应该竭力避免","我们大家要静心平气地来观察口号的目的、主义的背景,凭我们的裁判,扪良心来决定我们的主张"。这也是头脑清醒的一个方面。

竺可桢的总结是,头脑清醒,才能即其事而穷其理。他分析道:凡是办一桩事或研究一个问题,大致可分三个步骤:

第一,以科学的方法来分析,使复杂变成简单;

第二,以公正的态度来计划;

第三,以果断的决心来执行。

这是竺可桢将"头脑清醒"一词所含内容所作的具体化。

以上演讲内容是竺可桢对大一学生所作的第一个提醒:"诸位求学,应不仅在科目本身,而且要训练如何正确地训练自己的思想。"

竺可桢对大一学生的第二个提醒,则在人生观方面。他指陈实际对中国人的人生观影响最大的,并不是孔孟,而是老子。孔孟主张"见义勇为"、"正是非",而老子主张"明哲保身"、"明祸福"。"现在中国人一般的最后目的还是享福"。"中国普通人意想中的天堂,是可以不劳而获的一个世界,茶来开口,饭来伸手……"他从民族存亡的高度提出:"以享福为人生最大目的,中国民族必遭灭亡,历史上罗马之亡可为殷鉴。"所以他说:"我们应该以享福为可耻,只有老弱残废才能享福,而以自食其力为光荣。"他连举英国国王、洛克菲勒两个例子,以为学生楷模:

英国国王在幼年时,必在军舰充当小兵,惟其如此方能知兵士的疾苦。全世界最富的人是煤油大王洛克菲勒,他的儿子,做事从小伙计做起,所以他的事业能子孙相传不替。

他举了中日两国留学生的正反例

子，以为学生借鉴：

二十多年前，中日同时派学生留学欧美，中国的学生，一看见各类机械，便问从何处购买？何处最便宜？而日本的学生，只是问如何制造。中国人只知道买，以享受为目的；而日本人则重做，以服务为目的。

他又顺带着批评了古代中国轻视劳力的传统：

中国从前学工学农的人，统是只叫工人农夫去推动机器，耕耘田亩，而自己却在一边袖手旁观，这样讲究农工业是不会进步的。

所以他对这些大一学生说：

我们人生的目的是在能服务，而不在享受。

以上是竺可桢抗战前在杭州作的演讲的几例。随着抗战爆发，浙大流亡，竺可桢也离开了杭州，直到1945年抗战结束后才回来。回杭州后，他又多次演讲，本文仅举三例。

1946年6月14日，他在杭州对学生作演讲，主题是："需要纯洁不自私的人出而当国。"他从身边的"小事"谈起：

闻杭校学生有窃取电泡、玻璃，互相谩骂等习惯，应加以更正。

他对学生说：

勿以小恶而为之，今日窃取电泡者，他日必能为贪官污吏。

从这里他再生发开来：

国家政治不清，亦需要纯洁不自私的人出而当国，故吾人正需要青年以治平天下为己能。但切勿做大官之后而发大财，如此之人没有不贪污的。

1947年9月17日，竺可桢在清波门省立师范学校附小（按：省立师范学校附小即杭州学军小学前身）杭州教育学术团体欢迎远东地区基本教育研究会代表的聚会上，发表关于和平与求是的演讲。1949年4月1日，在浙大校庆23周年的会上，竺可桢发表演说。这些演说的大意，

竺可桢日记手稿

他都在当天的日记里作了记录。当时,国际上冷战正起,国内也已无和平,国民经济每况愈下,民生凋敝(正如竺可桢在1949年4月1日的日记里记录的,浙大已不能按月给教职员工发放政府规定之薪水数目)。所以他的这些演讲的主题,基本上是关于和平,关于困境中的自律自强,关于恕人责己,关于公德。他在浙大校庆会上的演讲,引述斯宾格勒的《西方的没落》,汤因比的《历史研究》、《文化在审判中》,以及地质学家李四光读《西方的没落》后所著的分析自汉以来两千年间中国历史周期的论文。他尤其说明从自己做起、自强自律的重要:

> 我们在大学亦应检讨自己……学校应当改良之处甚多,如公物之不知爱惜,房屋草地马路之不整洁,以及公共图书之失落破坏,即是吾人不顾公德之表示……惟有每公民能公而忘私,恕人责己,国家才会太平,民族才会复兴。

这些说在当年的话,现在是不是也还没过时呢?

我在这篇文章里,不惮于花费笔墨,引录和讨论竺可桢先生在杭州的数次演讲,一则是竺可桢先生的演讲,确实很重要,很有思想。另一方面,也深感杭州是一座休闲的城市,这当然也没什么不好的,但它好像不大能产生思想。休闲和思想并不矛盾,或者说,正是休闲,有了余裕,才有可能做些精神方面的活动,譬如产生一些有深度的思想。但在杭州,好像情况不是这样的。我们扳扳手指看,近世以来,杭州这座城市有没有诞生过重大的思想呢?有没有较长期地存活过、出版过重要的思想文化方面的杂志或巨著呢?有没有产生一家能在全国像商务印书馆那样引领潮流的出版社呢?……好像没有吧?所以我不惮于花费笔墨来谈论竺可桢做浙大校长时在杭州所作的一些演讲,用意也是想发掘一些产生在杭州的思想资源,为"文化名人与杭州"这个主题拓展新的"维度",以继往者而兴来者。

最忆是杭州

逝水人生
——从两部日记看徐志摩在杭州的踪迹

徐志摩，浙江海宁硖石人，他的故居位于海宁市硖石镇菜市弄32号。民国年间建的中西合璧的二层小楼，带小花园。

前几年,一部《人间四月天》的电视剧,使徐志摩又一次风靡江南江北。

徐志摩,生于1897年1月15日,卒于1931年11月19日。谱名章垿,字森,小字幼申(一般用"又申"),留美时改字志摩。写作时曾用南湖、云中鹤、黄狗等笔名。现代诗人,文学活动家。

徐志摩本意并不是要成为诗人。他留美,先就学于克拉克大学历史系,后入哥伦比亚大学研究院经济系读研究生,两年后,离美赴英,原要追随哲学大师罗素,不遇,遂在伦敦政治经济学院跟从哈罗德·拉斯基读政治学博士(徐志摩第一个夫人张幼仪的哥哥张君劢尝言:"学政治,在英国。"),但很快徐志摩被在英国的中国师友激起了文艺的热情,以后竟然放弃初衷而入于文艺一途,一生活动,与中国现代文学史发生了重要的关联。

徐志摩,翩翩浊世之佳公子。他文学天赋高,仗义疏才,性情通达,朋友遍天下。胡适赞美徐志摩"其一生是爱之象征,以爱为宗教,以爱为上帝!"叶公超说他对于任何人任何事,从无绝对之怨恨,甚至于无意中亦未曾表示一些憎嫉之神气。陈通伯说朋友里缺不了徐志摩,徐志摩是"我们的连索,他是粘着性的,发酵性的"。徐志摩生于硖石乡绅之家,衣食无忧,怀抱一颗人间的同情之心。他对凌叔华讲过这样的话:

我想我们力量虽则有限,在我们告别生命之前,我们总得尽力为这丑化中的世界添一些子美,为这贱化的标准堕落的世界添一些子价值。

这是徐志摩一生的理想、信念和行事的自注。

王森然写的《徐志摩先生评传》里留下了徐志摩的音容笑貌:

先生在北大不穿西服,或者以为中国服,比洋服诗意较多……每至上课……并不提黑皮包,仅仅散抱几本书于怀内。先生尝口衔纸烟进教室,放脚于椅上或坐于

徐志摩像

书桌上讲书,在其蔼善面孔与疏朗音调中时时流露诗意之灵感,刹那间,和谐而宁静浑圆的空气,充满全室。有时使人感觉似在明月下花园中听老者讲美丽故事之神情。讲至痛快淋漓之际,将眼镜摘下,徐徐用手帕拂拭,擦净后再戴上。曾有一次因拭眼镜而述其幼年近视之故事:九岁时(一九〇七)随其父至上海,为其配眼镜,晚间向空中一望,惊奇至绝,原来乃第一次发现太空中有无数光明闪烁之星星!先生一生喜悦怒放奔腾之雪莱,赞美隽永犀利之大卫斯。盖先生日常讲话与作品,兼此二人之特质而有之也。

徐志摩一生与陆小曼、林徽因的爱情故事,也是人间至美至情至性的故事,这给向无近世爱情传统的传统中国文化里,添上了浓墨重彩的一笔。正如当时英文《中国评论周刊》七卷十一期上温源宁的一篇文章里说的:徐志摩在爱情中也是一个理想主义者,就像雪莱,他爱的是理想美人的幻象。

民国二十年(1931)11月19日,他赶去北大上课,为了不耽搁学生的学业,从南京搭乘邮机北返,临行前一天晚给林徽因留字:"定明早六时飞行,此行存亡不卜……"林徽因看到留字,心中放不下,终于打电话给徐志摩,徐志摩说他哪能随便死,"我还要留着生命看更伟大的事迹呢"。不料竟成谶语——邮机在济南党家庄附近的开山失事。

一个浪漫主义的诗人,死于飞行的太空,也许算得死得其所?——只是徐志摩实在太年青了,才活了35年。

　　轻轻的我走了
　　正如我轻轻的来
　　我挥一挥衣袖
　　作别西天的云彩
　　……

浙江省社会科学院越文化研究所周静女士在她的近著《逝水人生——徐志摩传》(杭州出版社2004年6月版)里坚称与其说徐志摩是"理想主义",不如用"少年气质"来命名更确切——"他那最宝贵的少年气质,那是一种对事与物无差别的善意"。

这个一生都未脱"少年气质"的天才诗人,他的人生旅程,从海宁硖石出发,从中国到美国到英国,又回到中国……而在这一路旅行中,杭州也曾是他的一个主要的驻脚处,他以35年的人间生涯而留下来的日记,居然有两部是关于他在杭州的:1911年的《府中日记》,1923年的《西湖记》。

《府中日记》原由同济大学教授陈从周先生(生于1918年11月27日,卒于2000年3月15日)保存。徐志摩的父亲徐申如,是陈从周太太蒋定的舅舅,又是陈从周嫂嫂徐惠君的叔叔,故陈从周与徐家有着"双重戚谊"(参见陈从周《记徐志摩》,载《陈从周天趣美文》,广东人民出版社1999年7月版)。2001年5月,海宁乡贤虞坤林先生前往陈从周先生寓所晤其长女陈胜吾女士,陈胜吾女士得悉虞坤林正在编辑《徐志摩先生来往书信》,遂拿出陈从周先生生前保存的徐志摩早年日记两册(即《府中日记》和《留美日记》)供参考。虞坤林征得陈胜吾女士同意复印了一套。虞坤林归而整理,与徐志摩的其他几部日记合为一册,取名《徐志摩未刊日记(外四种)》,由北京图书馆出版社于2003年11月出版。这是《府中日记》的第一次公开面世(参见2004年4月27日"中青在线"转载新加坡《联合早报》黄涓文章《失踪近一世纪徐志摩日记现身》)。

这部《府中日记》是徐志摩从故乡海宁的开智学堂毕业后到省城杭州府中念书时写的日记。日记起迄时间为:1911年2月18日(农历正月二十日)——7月17日(农历六月二十二日)。共计五个月零二天。记录这部日记的本子,是徐志摩正月

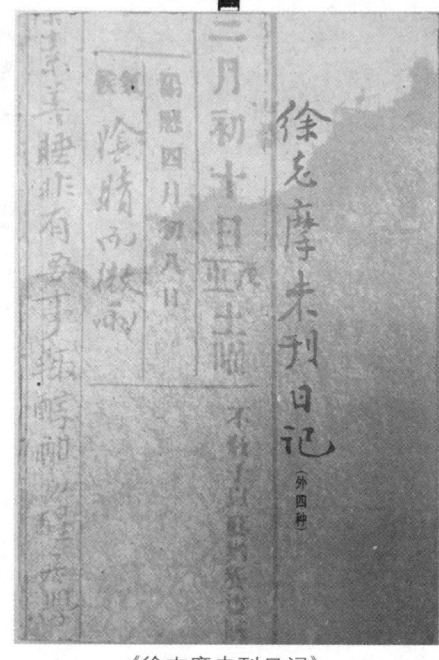

《徐志摩未刊日记》

二十一日(即徐志摩抵杭州的当日)"夜间到清河坊商务印书馆"购得的"学堂日记"(参见《府中日记》正月二十一日所记,载《徐志摩未刊日记(外四种)》),"上面印有中外名人格言、诗句、日月、星期。假日有自修课程、游览地方、亲朋问候诸目;开学后则有受课细目、预记项目等,颇为仔细实用"(见关佩贞《徐志摩日记失而复得》,转引自周静《逝水人生——徐志摩传》)。这部日记颇能见出当年学校的风气,徐志摩的少年气质、抱负、才华,乃至徐家的育子方法。

杭州府中,即后来杭州高级中学的前身。她的创始人是光绪年间的杭州知府林启。当时学校位于大方伯巷。

这部《府中日记》开篇有一段文字:

惟年辛酉,又申既毕业于高小学堂矣,其将奚适乎?闻之人曰,沪地学校多务名,不若杭州之为实。且学校在租界,则车水马龙不免无[有]分心之虞,固不若杭城之为愈也。遂谋肄业府中校。去岁曾倩燕孙君代为报名,俟考期定后赴考可也。同往者有沈、张二君,则此行亦不虞寂寞。

日记整理者虞坤林加注云：燕孙即潘应升，硖石镇人，此时已在杭州府中念书，故有请他代为报名一事。沈、张二君，即同乡沈拱垣（字叔薇）及张仕章，同赴杭州府中念书。"惟年辛酉"当为笔误，应是"辛亥"。文中"[ ]"符内字，系整理者更正处。

这段话字迹不像出于徐志摩手笔，虞坤林从行文语气上推测为徐志摩之父徐申如所写。

这短短一段文字，至少可透露两个信息——

一是沪上学校"多务名"，即所谓好弄"新名词"、好翻"新花样"，这也不自今日始，近百年前就有公议。至于杭城学校今天是不是"为实"，舆情似无定论，但当年恐怕还是为民间所肯定的。

二是徐家乃至当年一般较为开明的家庭教育对孩子自理能力的养成教育。徐申如说"同往者有沈、张二君"，未道及有家长陪同前往省城入学。徐志摩写于正月二十一日的日记里也只说："……偕沈拱垣君赴车站，吴啸庐君及张仕章君先在，遂买票赴杭……"吴啸庐，名清，硖石米业小学教员。三个十三四岁的孩子（徐志摩那年14岁），离开故乡到省城念书，路上陪同者仅一小学教员，车票都是自己去买的。而今日报刊屡屡报道大学生入学都要父母一起陪了去，则家庭对孩子自理能力的培养真不可同日而语了（回忆上个世纪80年代初我考上北京师范大学中文系，从浙江嘉兴坐火车去北京念书，路上同行的也仅有去北京出差的我家的一位邻居。那时我们同学考上大学去北京、上海、南京、成都、杭州、金华等地念书的，几乎都自己前往，极少有家长陪同的，哪知今日会演变成这样的风气！）

徐家是海宁世家，徐申如也是目光远大、理财观念极新、创业本领极强的海宁大富翁，他除了承继先人留下来的传统产业，还开办了硖石第一家钱庄、投资沪杭甬铁路……家业不断兴旺。但纵然有钱，他也不娇宠徐志摩。从《府中日记》可知，徐志摩到杭州念书，寻舍租房等事，都由徐志摩自己料理，如正月二十一日所记"预记事件：明日拟租顾姓市屋……"，当天徐志摩则寓居同升栈。

《府中日记》记录了徐志摩的功课、课外书阅读、社交以及游山玩水等等，颇有趣味。

在功课方面，《府中日记》除了记录当时的课程之外，还记录了各科考试的命题，如"文课"作文题《西湖风景多矣，春日晏游更饶乐趣。试各举其所最赏心者》、《茅容杀鸡供母而与客以蔬食论》（见"三月三十日"日记），徐志摩做了前一个题目。"修身"课的考题是《〈易〉言自强,〈老子〉贵柔弱,试言二者之得失》（见"四月十一日"日记）。"历史"课考题是《秦启岭南至汉初而绝，武帝复收入版图，试综举而著之篇》(见"五月廿四日"日记)。"算术"课考题有三：一，自某国输入货物一宗，按则例应纳税25%，但其中已损坏20%免税，尚须纳银四百六十二元，问原价若干？ 二，鸡犬共头五十，共足一百六十，问各若干？ 三，有ABC之三角形，BC为AB之五倍，AC为AB+BC之3/4，周围长1890丈，问各边长若干？(见"五月廿四日"日记)……硖石东山中学教师、海宁乡贤顾永棣先生《写在徐志摩未刊日记之前》一文(载《徐志摩未刊日记(外四种)》)评说当时的这些试题道："试题是综合性，思考性的，很能启发学生的才智，培养学生的独立思考能力……这些考题对当今教育工作者应该是有启迪作用的。"顾先生是教育工作者，三句话不离本行，我很同意。但我还要补充的是，仅仅取这样的题目还不够，还要有允许学生独立思考的氛围和空气，不然的话，题目是出了，答案或结论却还是"统一"的，则无论如何谈不上培养学生的独立思考能力，谈不上启发学生的聪明才智。

徐志摩《府中日记》手稿

《府中日记》记录了徐志摩在府中看课外读物的一些情况。如正月廿二日(徐志摩到杭城的第三天)所记与沈、张出游清和坊，购回"《新三国》、《新西游记》各一"，并在当天的日记里简要记录了读后体会："阅《新西游记》三册，颇具讽意，此书非无益小说可比，以有言外旨也。"正月廿四日记"晚膳后，阅小说数页……"正月廿五日记"晚膳后……阅小说……(借潘君小说书三册)"。二月廿二日记"阅《民立报》片刻"。二月廿三日记阅《西湖报》、《民立报》。三月初五日记"阅小说《三名刺》一册"。四月初一日记"阅《鲁滨孙飘流记》数页"。四月初五日记"今阅报章……"四月初七日记"向三年[级]生江世澄君借得《小说月报》二册阅。载有各种小说，若《香囊记》则言情也；《汽车盗》则侦探也；《薄倖郎》则哀情也。其中情事曲折动目，至膳时始释卷"。尤其值得书上一笔的是，徐志摩在日记里数次记录阅读谦本图的书，还在这部《府中日记》之后以十几页篇幅抄录其中四篇北美游记：《尼亚哥拉》、《仙都——加利佛尼亚》、《落机山之奇观》、《大湖》。谦本图的书汉译全称为《谦本图旅行记地理读本》，这部书由美国谦本图（F.G.Garpenter）著，孙毓修译述，商务印书馆1908年5月初版，1911年2月再版。14岁的徐志摩不仅阅读这部书，还手自抄录其中华章，这既表明少年徐志摩的世界情怀，少年徐志摩的眼界，似也可稍窥当日新兴的美利坚新大陆在中华国民心目中的地位，似也可稍窥当日中华国民对新大陆所代表的一种自由、进步、刚健有为的精神的向往。

少年徐志摩并不安分于课内知识的学习，他在府中的同学郁达夫，后来写的《志摩在回忆里》一文中说徐志摩和徐志摩表兄沈叔薇：

他们俩，无论在课堂上或在宿舍里，总在交头接耳地密谈着，高笑着，跳来跳去，和这个那个闹闹，结果终于会出其不意地做出一件很轻快很可笑很奇特的事情来吸引大家的注意的。

而尤其使我惊异的，是那个头大尾巴小，戴着金边近视眼镜的顽皮小孩（按：即徐志摩），平时那样的不用功，那样的爱看小说——他平时拿在手里的总是一卷有光纸上印着石印细字的小本子——而考起来却总是分数得的最多的一个。

少年徐志摩可以轻轻松松地对付功课，所以周静的《逝水人生——徐志摩传》也说"很难得出结论说他（按：指徐志摩）是一个刻苦勤勉的学生"。徐志摩可能不是一个刻苦勤勉的学生，但他肯定是属于有比较强的自制力和比较好的自我反省能力的孩子，他在三月十四日所记的日记可以为证：

多日戏嬉无所事，置读书于度外。今日上课反觉倦而不振，闲之为害也。功课多失落，同学告余曰，今礼拜六，地理小考之期也，下礼拜三考历史之期。余闻斯言，不觉嗒焉若丧。盖自开校至今，地理、历史两科曾未尝寓目焉，今考期已迫，其将奈何！嗣今以后，苟能攻心于各科学，少事嬉戏，则又何患乎？又申其勉旃。

徐志摩功课可以拿第一，天赋和余力使他能参与课堂以外的社会文化活动，关心课堂以外的大事小事。三月廿二日日记称：

昨闻四年级中合购一球，今日一年级中亦以招股，组织一球会，以余与徐元琳、徐钟琳、张士章诸君为发起人。徐钟琳兼会计员，不及一刻而认股者已及五十一股……

班级球队建立，则踢球、比赛……虞坤林《整理后记》（载《徐志摩未刊日记（外四种）》）据此云：这也"初步表现出他（按：指徐志摩）的组织能力（可称为社交能力强）"。如果说徐志摩日后在现代中国文化界于组织社团、编辑杂志诸事有很强的粘合能力，是不是可以从他念书府中组织球会一事见出端倪呢？

当时中国内忧外患，社会和文化正处在一个大变革时期，这是中国社会和文化变革的一个非同寻常的时期。14岁的徐志摩感同身受，不能不形诸笔墨，见诸日记。"今闻世界大演说家安狄先生来杭"（四月廿八日日记）；"向宝庆医局乞得入场券两纸。今日午后四时半系演说'中国现势之缺点'。明日为'将来之希望'"（四月廿九日日记）；"听美人爱狄演说，一时可惊、可警、可耻、可憎之心齐起于脑中"（五月初一日日记）。在五月初一日的日记里，徐志摩继续写到：

可惊者，所说中国之弱点，一至于此；可警者，闻其奴隶瓜分之说，彼外人与我漠不相关，犹几声泪俱下，乃大声曰，青年之人，尔知爱国乎！我国人闻之而不知发愤者，无人心也；可耻者，聆其诚实清洁之说，讥我笑我，然我国之人奚有？此事性质，彼以中国人尊德、诚实、清洁则国强矣。闻其说而羞耻之心不生者冷血也……

这几则日记所录，可稍知当日杭州与外界交通之风气，也可知少年徐志摩的心志、视野和思维的力度。

在徐志摩其他的几则日记——如二月廿三日、四月初二日、四月初四日、四月初五日等——都有对时政的扼要记录和评说。徐志摩最初留学美英，专攻政治经济，也未始没有个人的抱负在里面，这也可从他轮船过太平洋时写下的洋洋千言《赴美分致亲友书》里见出。而他的父亲徐申如希望他留洋学习的，除了金融，便是政治。这儿显然有家教在里头，但也未始没有徐志摩的个人志向。而这份心志，在他就学于杭州府中时便已有了很充分的流露。

从日记所载也可看出，徐志摩不仅有志向，而更具备对人事的观察力。譬如二月廿六日所记的他随父亲在昭庆寺参加为铁路所开的会：

十下钟始开会，到场约一二千人。公举史伟深君为临时议长，所议事为筹款总理诸问题，各股东互相讨论辩驳。自开会至闭会绝无精妥之方法，惟举临时查账员四人，父亲亦在被举内，五时半始散会……

一个14岁的孩子，能把这么大这么复杂的事看得这么清清楚楚，记录得这么简明扼要，除了家庭熏陶的因素，就该是他本人的天赋了。而徐申如常带徐志摩出入这样的场合，显见得为父一片苦心，深寄厚望。徐志摩后来在人生事业诸大事上，有违父教，徐申如的痛心和失望也就可想而知了。

14岁的徐志摩，浑身洋溢着少年人的活力和好动好玩的天性。在他的日记里多有他游玩西湖山水的记录，他几乎走遍了游遍了西湖山水。如正月廿六日所记：

午后无班（按：指无课），回寓。三人同至西湖游顽。乘船往游孤山、访林君之遗迹。时值早春，湖光明媚，梅花灿烂，诚仙人之乐地也。既出孤山，至唐庄，复至岳坟瞻仰忠臣之遗范，不觉令人肃然。游兴未赊，而日已将西下，爰即鼓棹而归。

寥寥数语，真如优美隽永之小品。

又如四月廿四日所记：

复至玉泉。泉长三四丈，宽丈余。数千百之鱼家其中也。黄者、红者、青者、黑者为数最多，而绿、而白则所仅见者也。至长者约七八尺。鱼之奇者，体作三弯状，无以名之，名之曰弯鱼。市馒头投池中，群鱼奔赴，相争不下，有若世人之趋利者然。其内又一小池，面积仅二丈余，虾蟹游其中，水深不及尺，地流泉之一种也。以足蹴池畔石，水泡自地底而上，状珍珠然，故名之曰"珍珠泉"。

这一段文字，给我们留下了当日玉泉及玉泉鱼类之多于今日的一个文字记载。颇有唐人柳宗元记写永州山水的趣味。而其状物写生，也可见出少年徐志摩观察之

细锐和观察力之强，足见近代科学精神对他的影响。

徐志摩记游山水，也偶或记述游玩中所历世态人情。如四月初九日所记：

再至西湖，人拥挤甚，几无容足地，以小洋四角唤得小舟一只，至岳墓，船家乞洋一角作饭资。后游毕而出，船已远飏，茫茫大湖竟无觅处。噫！滑头世界果然无一非滑头矣。彼舟子年逾半百，尚刁狡若是，世情不可问矣。

我粗粗统计，这部《府中日记》记录徐志摩自己游湖山的约近20处。日记里也未见父亲徐申如对徐志摩游山玩水有何教训。也许开明绅士徐申如也是赞同的，作为商人，他肯定不希望徐志摩死读书。大概徐志摩游玩时多有涉险山的，所以日记中有"家中祖母谆谆以少游险陡为训"之句（见五月初五日日记）。

这部《府中日记》记到1911年7月17日（农历六月二十二日）为止。然后是暑假，接下来，到了秋天，辛亥革命爆发，杭州府中（府中已在当年的5月正式更名浙江

孤山放鹤亭（摄于1930年前）

官立第一中学堂)停办,徐志摩休学回硖石,直到1913年春,学校改名浙江省立第一中学校重新开学,徐志摩才在中断学业一年半后得以重回校园。

徐志摩第二部记他在杭州活动的日记为《西湖记》。《西湖记》最早结集出版是在民国36年(1947),由晨光公司付印,陆小曼所编。关于《西湖记》的写作日期,陆小曼写明是"一九一八年九月七日——十月二十八日"但虞坤林考释陆小曼所定日期有误,当为"一九二三年九月至十月间的日记"(参见虞坤林"编者按",载《徐志摩未刊日记(外四种)》)。虞坤林所考定的日期应该是对的。徐志摩写《西湖记》时,已是他留学归国的第二年。

如果说,写《府中日记》时,徐志摩还是一个淘气的孩子,他对时政的横议也还带着少年的激烈、冲动和稚嫩;那么,到写《西湖记》时,他已经有了政见和政治的思想了。他在英国曾随伦敦政治经济学院导师拉斯基的夫人,到某个选区为当时的工党领袖麦克唐纳挨门逐户游说拉选票,他

湖心亭(摄于1921年前)

的民主政治观念在那时形成,他把英国的政治模式作为一种理想的国家政体(参见周静《逝水人生——徐志摩传》)。1923年的冬天,徐志摩应张君劢之约写了一篇政治宣言式的文章《政治生活与王家三阿嫂》,他在文中说:"英国人是'自由'的,但不是激烈的;是保守的,但不是顽固的。自由与保守并不是冲突的,这是造成他们政治生活的两个原则;唯其是自由而不是激烈,所以历史上并没有大流血的痕迹(如大陆诸国),而却有革命的实在;唯其是保守而不是顽固,所以虽则'不为天下先',而却没有化石的僵。"(转引自周静《逝水人生——徐志摩传》)。这恐怕也可看成是徐志摩本人的社会政治思维和社会政治主张的表述。

《西湖记》写于1923年9月7日——10月28日,是他慈爱的老祖母病逝后所记,主要活动的地方则在硖石、杭州和上海。在上一年的11月初,徐志摩已违父教,在《新浙江·新朋友》上两次登报刊布《徐志摩与张幼仪离婚通告》。他心中早已深深爱恋着思念着的是林徽因,林长民的长女,一个在他留学英国时就已走进他心中的容颜清丽、个性活泼、才气逼人的女孩。但林徽因这时已跟梁启超的长子梁思成恋爱了,"他想离林徽因更近,但事实上,林徽因离他更远了"(周静《逝水人生——徐志摩传》)。而跟陆小曼相识相恋,则要等到1924年。1923年的秋天,徐志摩感情上的波动是非常大的,归国后人生事业的无起色,也使他感到焦虑。而疼爱他的老祖母的病故,更令他触景生情,悲痛万分。所以《西湖记》里有这样的话:"今天的十月十五日——今天呢?老祖母已做了天上的仙神,再不能亲见她钟爱孙儿命里命定非命定的一切——今天已是她离人间的第四十九日!这是个不可补的缺陷,长驻的悲伤。我最爱的母亲,一生只是痛苦与烦劳与不怿,往时还盼望我学成后补

徐志摩、陆小曼在杭州

偿她的慰藉，如今却只是病更深，烦更剧，愁思益结，我既不能消解她的愁源，又不能长侍她的左右，多少给她些温慰。父亲也是一样的失望，我不能代替他一分一息的烦劳，却反增添他无数的白发。我是天壤间怎样的一个负罪、内疚的人啊！"（《西湖记·十月十五日 回国周年纪念》，载《徐志摩未刊日记（外四种）》）。

但跟朋友们在一起时，徐志摩还是快乐的。他与胡适结为知交，也是在这一年的夏秋，在杭州的西湖山水间。有人讲过这样的带点儿玩笑的话：胡适是没有说不清的道理，徐志摩是没有表达不清的感情。10月13日的日记里徐志摩写到："与适之谈，无所不至，谈书、谈诗、谈友情、谈爱、谈恋、谈人生、谈此谈彼：不觉夜之渐短。适之是转老回童了，可喜！"胡适在1923年的夏秋养病小住于西湖边烟霞洞，正与表妹曹佩声（诚英）作婚外之恋。《西湖记》记写与朋友的交游花去了不少的笔墨，今拣与杭州相关者稍作摘录。譬如10月1日，与任叔永（鸿隽）、沙菲（陈衡哲）、朱经农、胡适、曹佩声、陶知行（行知）等同游海宁斜桥观潮，晚归杭州——

过临平与曹女士看暝色里的山影，黑鳞云里隐现的初星，西天边火饰似的红霞。

楼外楼吃蟹，精卫大外行！

湖心亭畔荡舟看月。

三潭印月闻桂花香。

堪称很美妙的笔记文学。

《西湖记》描写西湖和西溪的文字，也颇可一观。譬如10月21日所记的，其中写湖心亭——

我们第一天游湖，逛了湖心亭——湖心亭看晚霞看湖光是湖上少有人注意的一个精品——看初华的芦荻，楼外楼吃蟹，曹女士贪看柳梢头的月，我们把桌子移到窗口，这才是持螯看月了！夕阳里的湖心亭，妙；月光下的湖心亭，更妙。晚霞里的芦雪是金色，月下的芦雪是银色……

其中写阮公墩——

阮公墩也是个精品，夏秋间竟是个绿透了的绿洲，晚上雾霭苍茫里，背后的群山，只剩下轮廓！它与湖心亭一对乳头形的浓青——墨青，远望去也分不清是高树与低枝，也分不清是榆荫是柳荫，只是两团媚极了的青屿——谁说这上面不是神仙之居？

在这一天的日记里，徐志摩比较了北京西山和杭州西湖——

我形容北京冬令的西山，寻出一个"钝"字；我形容中秋的西湖，舍不了一个"嫩"字。

我曾客居京华五年，西山四季都去游过，冬天西山以"钝"作形容，徐志摩一字千金。

这一天的日记还记录了西湖和西溪的芦花、花坞的景致——

西溪的芦苇，年来已经渐次的减少，主有芦田的农人，因为芦柴的出息远不如桑叶，所以改种桑树，再过几年，也许西溪的"秋雪"，竟与苏堤的断桥，同成陈迹！

　　在白天的日光中看芦花，不能见芦花的妙趣；他是同丁香与海棠一样，只肯在月光下泄漏他灵魂的秘密；其次亦当在夕阳晚风中。

　　……

　　花坞的竹子，可算一绝，太好了！我竟想不出适当的文字来赞美；不但竹子，那一带风色都好，中秋后尤妙，一路的黄柳红枫，真叫人应接不暇！

　　致力于中国现代文学文献的收藏和整理的陈子善先生，在给《徐志摩未刊日记（外四种）》写的序里说："徐志摩的'纯粹性灵'，徐志摩的浪漫主义情怀，以及徐志摩'浓得化不开'的散文笔调，在他这些日记中全部真实呈现，坦露无遗。"这个评语应该不是虚言。徐志摩本人是非常看重自己的这些日记的，日记几乎成为他每天必做的"功课"。他在《留美日记（1919年1月26日——12月21日）》7月10日所记里有过这样的表露：

　　日记竟一荒永荒，真不应该。人之异于禽兽，以其有智慧，能思想，思想最空森，亦最奇妙。综前映后，层出不穷。然非讨切记述以寻其线索，而理其源流，则罔而无所归宿。精金宝石一等烟云有足惜也。惟学问少所臻诣，思路必不纯洁，故难于著专篇而宜于随笔。日记有百利而无一弊……

　　这是徐志摩对日记的认识，所以他一生往前走去，一生未停笔日记。不仅徐志摩，现代中国的文化学者和文学家，都很看重日记这个体裁，虽然各自的着眼点有所不同。教育家、文学家夏丏尊说"日记文学，是实际生活的记录，可以打破一切文字上的陈套"（《文章作法》）；徐志摩杭州府中的老同学、文学家郁达夫认为日记文学"能使真实性确立"（《日记文学》）；思想家、文学家周作人也认为日记文学"是文学中特别有趣味的东西，因为比别种文章更显明的表现出作者的个性"（《日记与尺牍》）；文学史家阿英还区分新文学中的日记为记游日记、社会观察日记、私生活日记和情书日记四大类，加以讨论（《日记文学丛选·序记》）；思想家、文学家鲁迅《马上日记之一》里对日记的言谈，是被经常引用的，他以为"日记的正宗嫡派"当属"写给自己看的"那一类，无须摆"空架子"，"可以看出真的面目来"。徐志摩保存和流传下来的《府中日记》、《西湖记》等日记，确像鲁迅所言。而其中所含的教育、文学、历史、社会民情、旅游和乡邦文化等方面的内容，我们今日读来，还觉得意味隽永和深长。

最忆是杭州

『湖上的华时』
——俞平伯与杭州的文学文化因缘

西湖畔西泠桥侧孤山脚下的俞楼，也是我平日常爱走走的地方。

背靠青青山坡,面对一湖碧水,俞楼闲闲地立在芳草地上。100多年前,晚清大学者俞樾(1821—1907,号曲园),晚年就在这座小楼里授徒讲学。门对青山绿水,蓝天白云,闲赏春柳秋月,日出日落,俞老先生真是有福之人。

俞樾眷恋西湖,尤其仰慕孤山林和靖、苏东坡的遗迹。俞老先生的好友彭玉麟、学生徐花农等人,就在孤山西麓"六一泉"旁,觅得一地,筹资筑屋,以供老先生晚年休养。开始建楼时,老先生坚决不允,他在给徐花农的信中说:

今西北奇荒,方谋多方赈济,兴此不急之工,一不可也;露台为百金之屋,汉文尚且惜之,兹以我一人之故,致酿众人之资,二不可也;且鄙人何德何能,而可据此湖山胜地?三不可也。

但他的学生们这回没有遵从师命,还是继续建楼。1877年(清光绪三年)12月,楼成,遂名俞楼。因仿苏州曲院,故又名"小曲园"。落成之日,学生坚请老先生移居,老先生拗不过,接受了。1878年2月,俞老先生偕姚夫人来住,他把俞楼当作讲学之所。

  桥边香冢邻苏小,
  山上吟庵伴老坡。
  多谢门墙诸弟子,
  为余辛苦辟行窝。

这是老先生为楼落成而写的诗。老先生还写了一副楹联:

  合名臣名士,为我筑楼,不待五百年后斯楼成矣;
  傍山南山北,循地选胜,适在六一泉侧其胜如何。

感激之情,喜悦之心,溢于言表。杭州之地,尊师重道之蔚然成风,也是自古已然矣。

当日新楼落成,杭州名流纷纷撰写了楹联,著名的如:

  把酒贺湖山,喜六一泉旁,又有名流分半席;

俞樾像

研经多岁月,看三百卷后,更传杂纂到千秋。

楼以姓传,万里关山来后学;
地因人杰,一湖风月属先生。

这些楹联,情景交融,有意境,有文采。我们想象这么一位儒雅的传统学术大师,居住在清幽雅致的西湖山水畔,或者说,清雅的湖畔,有这么一位儒雅的饱学之士来居住,你能说这不是相映成趣相得益彰么?

俞樾的讲学西湖,也许可以看作杭州学风之盛的一个象征。事实上,宋元以降,杭州英才辈出,名士如云,它始终是中国南方的一个文化中心。

俞樾去世是在 1907 年(清光绪三十三年),十多年后,他的曾孙俞平伯从 1920 年 4 月至 1924 年底,也曾居杭四五年,其中约有七八个月小住俞楼。其时,俞平伯的年纪约在 21 岁至 25 岁。

俞平伯居杭时间虽然不长,但奠定他在现代中国文学和文化学术史上基本地位的重要篇章,就是在这一段日子里产生的:他的第一部新诗集《冬夜》,由上海亚东图书馆出版于 1922 年 3 月;第二部新诗集《西还》由上海亚东图书馆出版于 1924 年 4 月。这个时候,俞平伯正住在杭州。这两部作品,《冬夜》里的大部分诗歌作于杭州,《西还》中的《夜雨之辑》四十七首,大半也是写于杭州。他的散文集《杂拌儿》,虽然是由上海开明书店出版于 1928 年 8 月,这个时候,俞平伯已移居北平,但里面的不少篇章,却是写于杭州。而由上海开明书店出版于 1928 年末的《燕知草》,里面所写的,全部都是杭州的景物与人事。1921 年 4 月至 7 月,俞平伯受胡适"整理国故"的影响,与顾颉刚通信讨论《红楼梦》。俞平伯研究《红楼梦》的学术名篇、也是中国"新红学"的奠基作品之一的《红楼梦辨》,就完稿于 1922 年 7 月初的杭州,1923 年 4 月由上海亚东图书馆出版。

俞平伯虽然居住杭州的时间不长,但这却是他一生里为数甚少的学

俞楼旧貌

术和文学创作的一个"井喷期"。是不是因为杭州和西湖更适合俞平伯的学术文化性格和性情呢?

在作于1925年2月20日的《芝田留梦记》里,俞平伯写到:

在杭州小住,便忽忽六年矣(案:连头带尾应是五年。俞平伯1925年4月13日写于北京的《西湖的六月十八夜》说"我在杭州一住五年")。城市的喧阗,湖山的清丽,或可以说尽情领略过了。其间也有无数的悲欢离合,如微尘一般的跳跃着在。于这一意义上,可以称我为杭州人。

俞平伯祖籍浙江德清,1900年1月8日出生于江苏苏州,而愿意把自己称为杭州人,这缘故正如他所自述的。

细心的朱自清,在给俞平伯《燕知草》写的序里更明白地说了两层意思:

杭州是历史上的名都,西湖更为古今中外所称道;画意诗情,差不多俯拾即是。所以这本书若可以说有多少的诗味,那也是很自然的。西湖这地方,春夏秋冬,阴晴雨雪,风晨月夜,各有各的样子,各有各的味儿,取之不竭,受用不穷;加上绵延起伏的群山,错落隐现的胜迹,足够教你流连忘返。难怪平伯会在大洋里想着,会在睡梦里惦着!

这是第一层意思,西湖山水胜迹,诗情画意,最合俞平伯的趣味和心境。

接下来,朱自清笔锋一转,又说:

但"杭州城里"在我们看,除了吴山,竟没有一毫可留恋的地方。像清河坊城站,终日是喧闹的市声,想起来只会头晕罢了;居然也能引出平伯那样怅惘的文字来,乍看真有些不可思议似的。

朱自清于是顺理成章地引出第二层意思:

其实也并不奇。你若细味全书,便知他处处在写杭州,而所着眼的处处不是杭州。不错,他惦着杭州;但为什么与众不同地那样黏着地惦着?他在《清河坊》中也曾约略说起;这正因杭州而外,他意中还有几个人在——大半因了这几个人,杭州才觉可爱的。好风景固然可以打动人心,但若得几个情投意合的人,相与徜徉其间,那才真有味;这时候风景觉得更好……你看,这书里所写的,几乎只是和平伯有着几重亲的H君的一家人——平伯夫人也

俞平伯与夫人许宝驯

在内;就这几个人,给他一种温暖秾郁的氛围气。他依恋杭州的根源在此,他写这本书的感兴,其实也在此……

朱自清序里写的"和平伯有着几重亲的H君的一家人——平伯夫人也在内",就是指的杭州许家,"H君"即是俞平伯的岳父——儒雅的许引之。许引之也是俞平伯的舅父,还是知己,所以朱自清文章里才有"和平伯有着几重亲"这样的话。

我们今天读到的俞平伯那时记写杭州和西湖的散文,既是他的当日性情和心情的表达,也是关于当日杭州和西湖的风景和市俗的小品画作。

《湖楼小撷》是俞平伯入住俞楼后写的美丽的散文,由"春晨"、"绯桃花下的轻阴"、"楼头一瞬"、"日本樱花"、"西泠桥上卖甘蔗"等五章组成。

"春晨"写的是俞平伯随岳父一家由杭州城头巷寓所移居西湖俞楼,度过的湖楼小住的第一个春晨,时在1924年3月31日,写作日期是同年的4月1日。

这是我们初入居湖楼后的第一个春晨。昨儿乍来,便整整下了半宵潺湲的雨。今儿醒后,从疏疏朗朗的白罗帐里,窥见山上绛桃花的繁蕊,斗然的明艳欲流。因她尽迷离醒睡之间,我只得独自的抽身而起。

今朝待醒的时光,耳际再不闻沉厉的厂笛和慌忙的校钟,惟有聒碎妙闲的鸟声一片,密接着恋枕依衾的甜梦。人说"鸟啼惊梦",其实这样说,梦未免太不坚牢,而鸟语也未免太响亮些了。我只以为梦的惺松破后,始则耳有所闻,继则目有所见。这倒是较真确的呢。

记得我们来时,桃枝上犹满缀以绛紫色的小蕊,不料夜来过了一场雨,便有半株绯赤的繁英了。"小楼一夜听春雨,深巷明朝卖杏花。"可见自来春光虽半是冉冉而来,却也尽有翩翩而集的。来时且不免如此的匆匆;涉想它的去时,即使万幸不再添几分的局促,也总是一例的了。此何必待委地沾泥,方始怅惜绯红的妖冶尽成虚掷了呢。谁都得感怅惘与珍重之两无是处。只是山后桃花似乎没有觉得,冒着肥雨欣然半开了。我独瞅着这一树绯桃,在方楞内彷徨着。即如此,度过湖楼小住的第一个春晨。

典雅清丽的遣词造句,款款而道细微的心曲,从容,雍容,一派有文化有趣味的世家子弟的风格。而西湖春来的一角景色,也借着俞平伯的温婉笔致以被临写出来,宛如一帧小品工笔。没有俞平伯这样的文学和文化的修养,写不出这样的文字;就算有这样的修养,而没有俞平伯这样的秉赋和雍容的气质性情,也不能写出这样的文字。

写于4月7日的"绯桃花下的轻阴"这一章,浓墨重彩地描绘了桃花和轻阴这

"湖上春来的双美":

　　桃花仿佛茜红色的嫁衣裳,轻阴仿佛碾珠作尘的柔幂。它们固各有可独立之美,但是合拢来却另见一种新生的韶秀。桃花的粉霞妆被薄阴梳拢上了,无论浓也罢,淡也罢,总像无有不恰好的。姿媚横溢全在离合之间,这不但耐看而已,简直是腻人去想。我勉强作如是解析罢,但亦自知这种迷眩的神情,终久不会在我笔下舌端留余其万一的。反正今天,桃花犹开着,春阴也未消散,不妨自去领略它们悄默中的言说。再说一句,即使今年春尽,还有来年哩。"青山不改,绿水长流。"湖上春光来时的双美,将永永和"孩子们"追嬉觅笑。尊贵的先生们,请千万不要厌弃这个称呼哟!虽说有限的酣恣,亦是有限的酸辛;但酸辛滋味毕竟要长哩。正在春阴里的,正在桃花下的孩子们,你们自珍重,你们自爱惜!否则春阴中恐不免要夹着飘洒萧疏的泪雨,而桃树下将有成阵的残红了。你们如真不信,你们且觑着罢。春归一度,已少了一度。明年春阴挽着桃花姊妹们的赪红的手重来湖上,你们可不是今年的你们了,它们自然也不是今年的它们了。一切全都

是新的。惟我的心一味的怯怯无归,垂垂的待老了。

　　春光美景的描摹里,委婉地表达了自己的惜春、伤春的心怀。

　　写于4月9日的"楼头一瞬"这一章,颇多对从俞楼望见的湖山风物的描绘:

　　从右看去,葛岭兀然南向。点翠的底子渲染上丹紫黑黄的异彩,俨如一块织锦屏风。楼阁数重停峙山半。绝顶上停停当当立着一座怪俏皮,怪玲珑,怪端正的初阳台,仿佛是件小摆设,只消一个小指头就可以挑得起来的。岭麓西迤于西泠。迤西及北,门巷人家繁密整齐。桥上卧着黄绛色的坦平驰道。道傍有几丛芳草,芊绵地绿。走着的,踱着的,徘徊着的,笑语着的,成群搭沟的烧香客人。身上穿的大半是青莲毛蓝的布衫,项下挂的大半是深红老黄的布袋。桥堍以外,见苏堤六桥之第六名曰跨虹,作双曲线的弧拱。第五桥亦可望见。这儿更偏南了,上也有行人,只是远了,只见成为一桁,蚁似的往来。桑芽未生呢,所以望去也还了了。不栽桃柳只栽桑的六条桥,总伤于过朴过黯。但借着堤旁的绿的草黄的菜花,看它横陈在碧波心窝

【清】董邦达:《孤山放鹤图》

里，真是不多不少，一条一头宽一头窄，黄绿蒙茸的腰带。新绿片段地挽接着，以堤尽而亦尽，已极我目了。草色入目，越远便越清新，越娇俏，越耐看的。从前人曾说什么"芳草天涯"，到身历此境，方信这绝非浪饰浮词，恰好能写出他在当年所感。"更行更远还生。"满眼的春光尽数寄在凭阑人的一望了。

　　这是俞平伯用文字作的写生，接下来的片段里，他继续描绘：

　　湖光眩媚极了，绝非一味平铺的绿。（一见钩勒着的水，便拿大绿往上一抹，这总是不很高明的画法。）西湖的绿已被云收去了，已被雾笼住了，已被朝阳蒸散了。

　　近处的水，暗蓝杂黄，如有片段。中央青汪汪白漫漫的，缬射云日的银光；远处乱皱着老紫的条纹。山色恰与湖相称，近山带紫，杂染黄红，远则渐青，太远则现俏蓝了。处处更萦拂以银乳的朝云，为山灵添妆。面前连山作障，腰间共同搭着一绺素练的云光，下披及水面，濛濛与朝雾相融。顶上亦有云气盘旋，时开时合，峰尖随之而隐显。南峰独高，坳里横一团鱼状的白云。峰顶庙墙（前年曾登过的），豁然不遮。远山亭亭，在近山缺处，孤峭而小，俏蓝中杂粉，想远在钱塘江边了。

　　云雾正密接着，朝阳忽然在其间半露它娇黄的脸，自然要被它们狠狠的瞪着眼。这个情急已欲出，它两个死赖还不走，而轻清的风便是拨乱其间的小丑。阴晴本是风的意思，但今儿它老人家一点主意也没有，一点力气也没有，好象它特地为着送给我以庭院中的鸡啼，树林中的鸟语，大路上的邪许担子声音而来的；又好象故意爱惜船夫的血汗，使大船儿小划子在湖心里，只见挪移而不见动荡。它毫不着力的自吹。春风的心力已软媚到入骨三分，无怪云雾朝阳都是这般妖娆弄姿，亦无怪乍醒的人凭到阑干，便痴然小立了。

　　请原谅我做了一回"文抄公"。但俞平伯文字的风格，不亲见，又如何能领略呢？俞平伯文中的气度、情怀和趣味，仅靠我的转述，又如何能表达出来呢？如果说《湖楼小撷》的文字，还像朱自清在《燕知草》的序里所点评的"好像昭贤寺的玉佛，雕琢工细，光润洁白"，那么《雪晚归船》这一类作品的文字，则如"吴山四景园驰名的油酥饼——那饼是入口即化，不留渣滓的"（引朱自清语），这是一种朴素的趣味——

　　淡淡的说，疏疏的说，不论您是否过瘾，凡懒人总该欢喜的是那一年上，您还记得否？您家湖上的新居落成未久。它正对三台山，旁见圣湖一角。曾于这楼廊上一度看雪，雪景如何的好，似在当时也未留下深沉的影象，现在追想更觉茫然。——无非是面粉盐花之流罢，即使于才媛嘴里依然是柳絮。

然而H君快意于他的新居，更喜欢同着儿女们游山玩水，于是我们遂从"杭州城内"翦湖水而西了。于雪中，于明敞的楼头凝眸暂对，却也尽多佳处。皎洁的雪，森秀的山，并不曾辜负我们来时的一团高兴。且日常见惯的峦姿，一被积雪覆着，蓦地添出多少层叠来，宛然新生的境界，仿佛将完工的画又加上几笔皴染似的。记得那时H君就这般说。

静趣最难形容，回忆中的静趣每不自主的杂以凄清，更加难说了。而且您必不会忘记，我几时对着雪里的湖山，悄然神往呢。我从来不曾如此伟大过一回，真人面前不说谎。团雪为球，掷得一塌胡涂倒是真的，有同嬉的L为证。

以掷雪而L败，败而袜子湿，等袜子烤干，天已黑下来，于是回家。如此的清游可发一笑罢？瞧瞧今古名流的游记上有这般写着的吗？没有过！——惟其如此，我才敢大大方方的写，否则马上搁笔，"您另请高明！"

毕竟那晚的归舟是难忘的。因天雨雪，丢却悠然的双桨，讨了一只大船。大家伙儿上船之后，它便扭扭搭搭晃荡起来。雪早已不下，尖风却澌澌的，人躲在舱里。天又黑得真快，灰白的雪容，一转眼铁灰色了。雪后的湖浪沉沉，拍船头间歇地汩然而响。旗下营的遥灯渐映眼朦胧黄了。

那时中舱的板桌上初点起一支短短的白烛来。烛焰打着颤，以船儿的欹倾，更摇摇无所主，似微薄而将向尽了。我们都拥着一大堆的寒色，悄悄地趁残烛而觅归。那时似乎没有说什么话，即有三两句零星的话，谁还记得清呢。大家这般草草的回去了。

周作人《志摩纪念》一文里有言："平伯、废名一派涩如青果。"这个"涩"字，正道出了俞平伯《雪晚归船》这一类文字的美学趣味。

俞平伯记写杭州和西湖的文字，名篇佳作实在不少：《西湖的六月十八夜》等散文，发抒性灵，描景状物，细腻绵密，文思郁勃；《眠月》里，俞平伯触景生情，思绪飘忽，若有所悟，似又浸染着一种惘然和寂寥的心绪；《清河坊》"抒写自己对故土的热恋和小康人家的乐趣"（引自王保生《俞平伯和他的散文创作》，载《俞平伯散文选集》，上海文艺出版社1983年4月版）；城站（杭州人俗称当时的火车站），按朱自清的印象，这是一个"终日是喧阗的市声，想起来只会头晕"的地方，但俞平伯的《城站》一文，写个人的经历，事虽小，写来却是那样的怅惘而有情味。再譬如《打橘子》一文，回忆少年时代在杭州城头巷三号朱老太爷的花园里打橘子的情景，"亲切中又透着若干凄凉"。《月下老人祠下》，也正如王保生在他的论文里所说的"渗透全文的却是一种今日得宽裕的闲适心情"。《燕知草》一书的取名,来自俞平伯的两句诗"而今陌上花开日,应有将雏旧燕知",回忆往事的深情和惆怅,淡淡地透露着。俞平伯与朱自清是很谈得来很合得来的好友,两人的散文

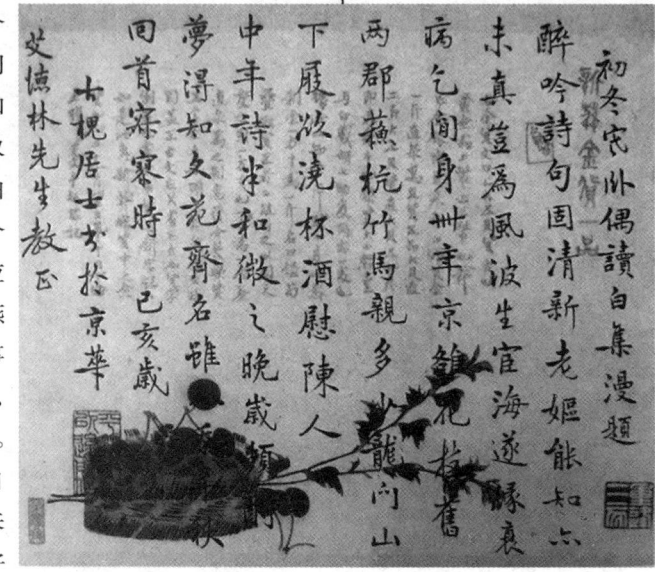

俞平伯手迹

也常被对比着研究,譬如阿英等就这样做过比较。苏雪林刊于《青年界》1935年3月第7卷第1号的《俞平伯和他几个朋友的散文》里是这样对比着俞平伯和朱自清散文的风格的:"俞氏虽无周(作人)广博之学问与深湛之思想,而曾研哲学,又耽释典,虽以不善表现之故有深入深出之讥,而说话时自然含有一种深度。至于朱氏则学殖似较俞氏为逊,故其文字表面虽华赡,而内容殊嫌空洞。俞似橄榄,入口虽涩,而有回甘;朱则如水蜜桃,香甜可喜,而无余味。俞、朱笔法都是细腻一路。但俞较绵密而有时不免重滞,朱较流畅有时亦病其轻浮。俞似旧家子弟,虽有些讨厌的

架子,而言谈举止总是落落大方;朱似乡间孩子初入城市,接于耳目,尽觉新奇,遂不免憨态可掬。"以"橄榄"、"旧家子弟"来作譬俞平伯的散文风格,是说到了点上。俞平伯那时能够写出那么多的散文名篇,应该是得西湖山水之助了,也是得益于杭城及城中亲人所给予的温暖如春的氛围了。而他的性情似乎也是更适宜于这样的山水,更适宜于这样的气氛。

俞平伯写新诗时,中国的新诗正在萌芽。他的新诗大部分作于杭州。以《冬夜》为例,闻一多《冬夜评论》虽然尖锐地批评过《冬夜》的不足,但他也还是承认《冬夜》"是映射着新思潮的势力的","是一个时代的镜子,历史上的价值是不可磨灭的"。闻一多还具体举出了《冬夜》对新诗的一个贡献:音节。在闻一多看来,这是"当代诸作家,没有能同俞君比的"。朱自清给《冬夜》写的序里归纳了俞平伯诗的三个

特色,其中之一就是"音律的艺术"。中国新文学兴起的中心主要在北京和上海,但杭州恐怕也是现代文学史家不能不关注的一个城市吧。近世杭州的学风和文风,近世杭州的城市文明,是不是也可以作为研究的专题呢?

俞平伯完稿于杭州的《红楼梦辨》一书,则是"新红学"的一个显著的实绩。邓绍基《新红学的奠基人——俞平伯》总结说:俞平伯考证了《红楼梦》文本本身,从文本中举出大量内证,结合外证,证明前八十回和后四十回非一人所作,从而构成信说。"《红楼梦辨》又是《红楼梦》版本学的开端著作之一。"(载《中国社会科学院学术大师治学录》,中国社会科学出版社1999年9月版)余英时曾断言:"从各方面的条件来看,俞平伯应该是最有资格发展红学史上新典范的人。"他看出了俞平伯早期的《红楼梦辨》里"含有的新典范的种子"(参见《近代红学的发展与红学革命》,载《文史传统与文化重建》,余英时著,三联书店2004年8月版)。《红楼梦辨》不只在"红学史"上有重大价值,它在中国现代的古典小说研究和古典文学研究史上,也是有着重要的学术意义的。顾颉刚当时给《红楼梦辨》作的序言中,就有过这个意思,前些年刘扬忠曾以当代学术话语系统"语言"对顾颉刚的话作过概括:"《红楼梦辨》并不是一般的解决'个案'问题的平庸之书,而是为新时代如何做学问昭示广阔道路的典范作品,它具有开辟文学研究新天地的普遍性品格。"(参见刘扬忠《俞平伯学术成就简论》,载王瑶主编《中国文学研究现代化进程》,北京大学出版社1996年12月版)"新红学"的建立和演进,也不只是"红学史"上有重大价值,它也是中国现代学术文化史的一个重要的果实,中国现代学术是以《红楼梦》研究开其端的(参见《冷观"红楼热"》,载《红楼梦寻》,吕启祥著,文化艺术出版社2005年2月版),所以余英时曾表述道:"从学术史的观点来看,红学无疑地可以和其他当代的显学如'甲骨学'或'敦煌学'等并驾齐驱……"(参见《近代红学的发展与红学革命》)放在这样的大背景前来认识,《红楼梦辨》的学术文化史贡献,就非常清晰了。俞平伯可能是五四以来的新文化人物里传统的"名士气派"最浓的一个人,可正是这个传统的"名士气派"最浓的人,为中国"红学"、文学研究以及学术文化的现代转型,作出了开创性的工作。俞平伯不是"广场政治家",没有呼喊过煽动性的政治口号,也没有投身激进的大时代社会政治实践,但他以自己的切实的结实的工作,推动了中国文学和学术文化的现代化进程。

我在《眼光向下的革命》(载《博览群书》2000年7期)一文里,曾举钟敬文的例子,说过这个意思:在现代史上,譬如在上世纪的二三十年代,杭州的文化仍然有它的可取之处。至少它并不比其他的省辖市来得落后。现在,俞平伯的故事又给我们提供了另外一个很好的例证。我的意思是说,如果杭州的文化在现代中国史上,确实是有着开明开放和创造的文化品格的话,那么我们不该数典忘祖,而要经过我们的研究,努力彰显这样的文化品格,更重要的是要能承继这种文化品格,这份文化精神。

"湖上的华时",仿佛"倒啖甘蔗的生活法","前半段清闲极了,后半段是凄恻极了"(俞平伯《芝田留梦记》)。1924年9月25日下午1时40分,夕照山上遍体疮痍的雷峰塔终于轰然倒塌了。俞平伯的岳父许引之老先生不惜工本地去收集塔砖、塔经和塔图,9月28日俞平伯陪老岳父求购经卷,傍晚归舟湖楼,天阴风冷,许老先生当晚受风寒,因此成病,一个多月后,竟去世了。许引之是俞平伯的岳父、舅父兼知己,俞平伯长歌当哭,写《西关砖塔塔歌》(按:因吴越王所建的雷峰塔,在吴越国时代处在当时城市的西关外,故又有"西关砖塔"之名)以作哀悼,"无以平生酬雅爱,为君歌此《西关塔砖歌》。吟成凄咽何人和?灵不来兮风磨陀",这是长歌的最后四句。

所以俞平伯《芝田留梦记》说湖居的秋冬,"家中人也惨怛无欢,谈话不出感伤的范围,相对神气索然……"俞平伯后来还以小说的形式为他的老岳父写过一篇万字长文《重过西园码头》,文中写到:"偷安的江浙居然构兵(按:指1924年的江浙战争),古旧的雷峰塔俄而倾圮……正如《红楼梦》上说的'渐渐露出那下世的光景来'……"

1924年12月,俞平伯携眷从杭州回到了北京,与父母一起,居住在了东城老君堂寓所。

"湖上的华时,落幕之际,唱起的却是忧伤而美丽的挽歌。"(《古槐树下的学者——俞平伯传》,箫悄著,杭州出版社2005年2月版)。

70多年后,我寻访俞楼,楼尚在,而里面已人去而物非,不见旧时的影子了。

如果俞楼里面还能复原当初的陈设和布置,那会有多好啊。

如果今天的杭州,也能像以前那样,譬如像上个世纪二三十年代,在城里,在湖边,在山间,散落地居住着一些实至而名归的活生生的文化人物——譬如马一浮、俞平伯、林风眠、蒋梦麟、竺可桢……这样的文化人物,这个城市应当会更加可爱的。而这些文化人物的散淡的、平和的、宽厚的、博雅的精神风貌、文化品格,与西湖山水又是如此的神韵相合和相通啊!

最忆是杭州

『我用残损的手掌……』
——『雨巷诗人』戴望舒抗战片段

我用残损的手掌
摸索这广大的土地：

这一角已变成灰烬，
那一角只是血和泥；
这一片湖该是我的家乡，
（春天，堤上繁花如锦障，
嫩柳枝折断有奇异的芬芳，）
我触到荇藻和水的微凉；
……

这是有"雨巷诗人"之称的戴望舒，1942年7月3日写于香港的诗篇《我用残损的手掌》开头的几行句子。诗中的"湖"指的是杭州西湖，戴望舒小时候家就在西湖的附近，在戴望舒记忆里，西湖是世界上最美的风景，而他尤其不能忘的是最好的季节里的西湖——这两个加了括号的诗句，说明他写的不是当时日军占领下的杭州，而是他回忆中的杭州，那座繁花似锦的美丽城。

戴望舒写作这首诗篇时，他刚刚从日军的监狱里被放出来。——1942年的春天，戴望舒在香港被捕并被投进日军的监狱，此后，经过挚友叶灵凤的全力奔走营救，5月30日，戴望舒才获释出狱。7月3日，戴望舒写下了这首凝重的《我用残损的手掌》，这是中国新诗史上最优秀的诗篇之一。

冯亦代《戴望舒在香港》（载《龙套集》，冯亦代著，三联书店1984年12月版）一文里说：出狱时，望舒变得非常虚弱，"日本地牢里的阴湿，使他的气管炎变成经常的了"。戴望舒的香港的同事郑家镇，后来在回忆文章《我认识的戴望舒》（载《香港文学》1990年第7期）中描写过望舒当时的哮喘情况："好一副书生气质，患哮喘，冬天穿较多衣服，少不了围巾，手中总有一条白手帕，似是患了重伤风，老是医不好的重伤风。"北塔所著的《雨巷诗人——戴望舒传》（浙江人民出版社2003年11月版）说，狱中生活跟戴望舒几年后的英年早逝直接相关。

1937年8月13日，中日淞沪战争爆发，日军很快占领上海。在沦陷区的上海，已成文化名人的戴望舒，根本不愿为襄赞

戴望舒像

日本写任何一个字。他在他当时编译的《现代土耳其政治》（这部书的蓝本是奥地利学者诺贝特·德·比肖夫所著的《土耳其在世界中》）的《编者赘语》里，借口赞扬土耳其民众的觉醒而呼吁本国同胞："与其受人宰割，不如起来拼一死战。"戴望舒可能上了日本宪兵的黑名单，他也隐约感受到了这种阴影。1938年5月，戴望舒挈妇将雏与叶灵凤夫妇一同乘船来到当时尚未陷落的香港。

戴望舒一到香港，就主持了《星岛日报》文艺副刊《星座》的编务。戴望舒有意借《星座》来做抗日宣传之事。由于戴望舒在文坛上的大名和他的人缘，他主持《星座》在约稿、用稿上以抗战为核心，所以《星座》很快就成为抗战文艺的一个重要据点，如郁达夫、徐迟、萧乾、沈从文、卞之琳、郭沫若、艾青等等全国一大批作家，就被戴望舒团结进了《星座》为据点的香港抗战文艺事业之中。戴望舒还"曾写信给

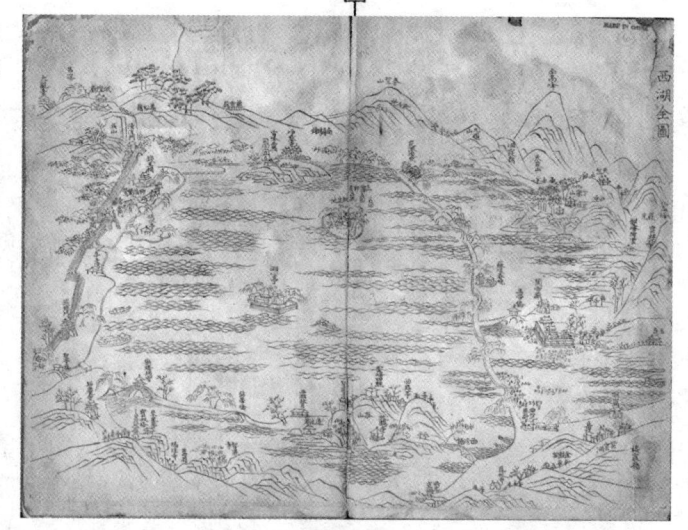

西湖全图

西班牙共和国的名流学者，请他们专为《星座》写一点文字，纪念他们的抗战两周年，使我们可以知道一点西班牙反法西斯战争的现状，并使我们可以从他们得到榜样、激励"（见《星岛日报》文艺副刊《星座》第41期，1938年9月10日第14版《编者话》）。

1938年底，应总部设在重庆的中华全国文艺界抗敌协会的邀请，戴望舒参加了香港分会的筹备工作，负责人是1938年底南下香港的楼适夷。1939年3月26日，中华全国文艺界抗敌协会香港分会成立。由于1941年美国对日宣战之前，英国与日本还是友邦，英方对日本军国主义实行观望态度和绥靖政策，香港当局严格控制中国人的抗日言行，专门成立了特别检查组。中华全国文艺界抗敌协会香港分会成立时，协会名称不得不改作留港会员通讯处。协会名义上由当时在香港大学任教的许地山当家，实际上的领导工作差不多

都落在了戴望舒的肩头，大家愿意围绕着望舒展开工作，因为望舒一手操持起来的《星岛日报》文艺副刊《星座》"是一个全国性的、权威的文学副刊"（参见《江南小镇》，徐迟著，作家出版社1993年版）。1941年12月25日，日军占领香港。对于香港人来说，这是一个"黑色的圣诞节"。

日军控制香港后，立即逮捕了几乎全部的在港知名华人，包括戴望舒在内。戴望舒活跃的抗战姿态，很显然引起了日军的注意。日本宪兵动用酷刑审讯戴望舒，试图从他口中获取文艺界抗日人士名单等资料。

戴望舒在狱中的时间虽然很短，但所受的酷刑和折磨，是非常惨烈的，这使他出狱后仍无法摆脱这噩梦，过了两年之后，1944年1月18日，他在写《等待（二）》一诗时，还记忆犹新地写下了这样叫人刻骨铭心的句子：

在这阴湿，窒息的窄笼：
做白虱的巢穴，做泔脚缸，
让脚气慢慢延伸到小腹上，
做柔道的呆对手，剑术的靶子，
从口鼻一齐喝水，然后给踩肚子，
膝头压在尖钉上，砖头垫在脚踵上，
听鞭子在皮骨上舞，做飞机在梁上荡
……

北塔在《雨巷诗人——戴望舒传》里说："如果不是亲身所受，望舒怎么会写得如此具体可感、撕肝裂肺？！"这也正如方锡德所说：望舒"作为敌人的囚徒，在敌人的地牢里，饱尝了肉体的大痛苦，体验了死亡的大考验"（见孙玉石主编《戴望舒名作欣赏》，中国和平出版社1993年6月版）。紧接着上面对酷刑的描述，诗人"充满韧劲和豪情地写到"：

多少人从此就没有回来，
然而活着的却耐心地等待。

让我在这里等待，
耐心地等你们回来：
做你们的耳目，我曾经生活，
做你们的心，我永远不屈服。

戴望舒在狱中还写下了可以称得上是他一生的代表作《狱中题壁》：

如果我死在这里，
朋友啊，不要悲伤，
我会永远地生存
在你们的心上。

你们之中的一个死了，
在日本占领地的牢里，
他怀着的深深仇恨，
你们应该永远地记忆。

当你们回来，从泥土
掘起他伤损的肢体，
用你们胜利的欢呼

把他的灵魂高高扬起。

然后把他的白骨放在山峰，
曝着太阳，沐着飘风：
在那暗黑潮湿的土牢，
这曾是他惟一的美梦。

请想一想，"把他的灵魂高高扬起"，"把他的白骨放在山峰"，这些句子所藏着的戴望舒对"死后的境地"的想象，是"多么宏阔而高远"（北塔语）。这是戴望舒在狱中惟一留下来的诗篇，戴望舒告诉我们这首诗写于1942年4月27日。这是他写于狱中的文字，但是不是真的题写于壁上，我们无从知道。如果是写于纸上，那么又是如何藏匿的呢？按北塔的分析，"在日本占领地的牢里，他怀着的深深仇恨"这样赤裸裸的反日、反侵略的言论，恐怕是不能被日本宪兵看到，如被发现，戴望舒肯定会被施以更加严酷的刑罚，至少要延长关押的时间，怎么可能到了5月就释放了呢？姑且录此，聊备一说吧。

现在我们回到本文开头的《我用残损的手掌》，继续读下去：

这长白山的雪峰冷到彻骨，
这黄河的水夹泥沙在指间滑出；
江南的水田，你当年新生的禾草
是那么细，那么软……现在只有蓬蒿；
岭南的荔枝花寂寞地憔悴，

尽那边，我蘸着南海没有渔船的苦水
……
无形的手掌掠过无限的江山，
手指沾了血和灰，手掌沾了阴暗，
只有那辽远的一角依然完整，
温暖，明朗，坚固而蓬勃生春。
在那上面，我用残损的手掌轻抚，
像恋人的柔发，婴孩手中乳。
我把全部的力量运在手掌
贴在上面，寄与爱和一切希望，
因为只有那里是太阳，是春，
将驱逐阴暗，带来苏生，
因为只有那里我们不像牲口一样活，
蝼蚁一样死……那里，永恒的中国！

北塔分析说：他的手掌之所以是"残损"的，可能是因为监狱的酷刑，也可能是因为生活的磨难。他的手掌虽然已经"残损"，但他还要用它来抚摸，而且抚摸的不是个人生活中的细枝末节，而是"广大的土地"、"无限的江山"！他把祖国的版图想象成一幅画，刻印在自己的脑子里，然后一任自己的手指一角一角地摸索。虽然这用手掌摸索国土的意象可能来自许拜维艾尔《遥远的法兰西》中的诗句"我用饥渴的手，寻找遥远的法兰西"，但戴望舒化用它而表达了一个中国人的强烈而深沉的故国情感。法国汉学家苏珊娜·贝尔纳《生活的梦》（载《读书》1982年第7期）里，给予这首诗相当高的评价："在这篇作品中，诗人竭力把前期经验——形象的感染力（对每个地区的描写，都力求概略而精确）、强烈的感受（芬芳、微凉、彻骨的寒冷、从指间滑出的水等）——与新的内容和新的感情结合起来。""此作处于戴诗过去、现在、未来的交叉点上。新的抒情，坚定而自信。诗人终于找到了自己的另一个声音，它不再是孤芳自赏的低吟，也没有了失望的悲苦，它转向世界，朝向每一个人。"

当我们读完戴望舒这首《我用残损的手掌》，没法不想起戴望舒的成名作，那首写于1927年的《雨巷》。写《雨巷》那段日子，戴望舒正短暂蛰居于他的故乡杭州——

撑着油纸伞，独自
彷徨在悠长，悠长
又寂寥的雨巷，
我希望逢着
一个丁香一样地
结着愁怨的姑娘。
……

同一个诗人，而前后写出如此不同的诗篇。

这个杭州的"雨巷诗人"，1905年（清光绪三十一年）11月5日出生于杭州，在杭州他度过了少年生涯，直到从宗文中学（即后来的杭州第十中学，2005年4月重组后更名为杭州宗文教育集团）毕业，

戴望舒与家人合影

1923年秋，戴望舒从杭州的之江大学投考有"武黄埔，文上大"之称的上海大学，进入文学系学习，并旁听社会学系的课程。

20世纪20年代的"雨巷诗人"，岁月的磨练，而最终写出了意境开阔的大诗篇。这是大时代的磨练，更是诗人内在的人格、精神的底子里就存了这样的"潜质"，所以也才能够不为苦难所摧毁，而是愈挫愈奋。

中学时代的戴望舒，已经有了男儿志在四方的宏愿，他曾在1922年上海世界书局出版的一本一时颇为走红的通俗文学杂志《红》上发表过一则颇有寓意的笑话《死所》：一胆小鬼问一水手他的父亲、祖父和曾祖父都死在哪里。水手答都死在海里。胆小鬼又问水手何以还要去航海。水手没有正面回答，反问胆小鬼他的祖宗三代死在哪里。胆小鬼答床上。水手讽刺胆小鬼既如此何以还要天天晚上上床睡

觉。正如北塔《雨巷诗人——戴望舒传》所分析的，这个故事的写作里，已显露了他非凡的对位法结构能力，这种叙事模式在他以后的诗歌之中用得极为普遍。这则笑话，显然并不属于娱乐文字游戏之作，而是怀抱着对人生意义的终极关怀。

超越个人的关怀，中学时代的戴望舒已经在心底埋下了。1923年元旦，戴望舒和他的几位少年文友，创办了旬刊《兰友》，戴望舒自己任主编，编辑部就设在他家里。在民国时期，5月9日是国耻日，因为1915年袁世凯在日本武力逼迫下签定了丧权辱国的"二十一条"。戴望舒《国破后》一文中沉痛地写到：

全国同胞所痛哭流涕的国耻日，在民国十二年的日历上发现了……如今我们《兰友》在这国耻日来作一个爱国的呼声。

这一篇文章，令我们联想起戴望舒写于抗战中的《狱中题壁》、《我用残损的手掌》等诗篇。或者说，这种与民族、与祖国休戚与共的情怀，这种超越个人的关怀，从少年到中年，在戴望舒是一以贯之的，他写于抗战中的诗篇，与他中学时代在杭州写成的文章，其精神深处原是一脉相承的。

戴望舒在香港结出的艺术与人格精神的果实，种子却是他在杭州的少年时代里就埋下的。

在我将要结束这篇短文时，且让我们再一次诵读戴望舒发表于1939年元旦《星座》上的诗篇《元日祝福》吧——

新的年岁带给我们新的希望。
祝福！我们的土地，
血染的土地，焦裂的土地，
更坚强的生命将从而滋长。

新的年岁带给我们新的力量。
祝福！我们的人民，
坚苦的人民，英勇的人民，
苦难会带来自由解放。

最忆是杭州

今宵听雨兼听风 如在西湖山馆里
——青年钟敬文在杭州的民俗学活动

我住京华四十年,
几曾清夜闻淅沥?
今宵听雨兼听风,
如在西湖山馆里。

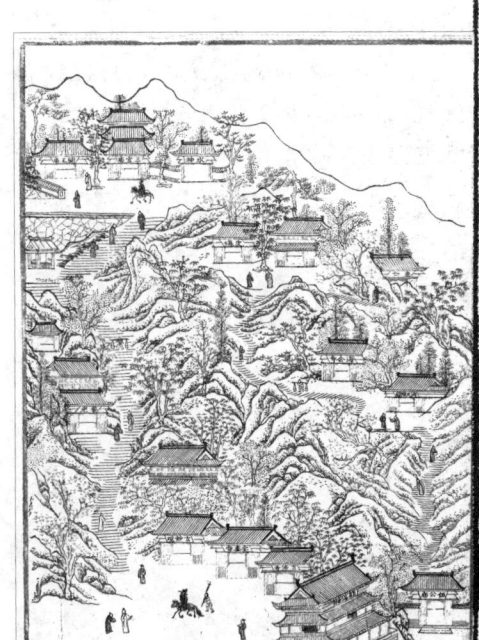

1992年3月20日,九十大寿的钟敬文先生,在北京师范大学小红楼他的寓所里,写下了上面这一首诗。这位现代中国民俗学之父,在这样一个风雨之夜,想起的却是他青年时代在杭州的岁月。西湖边的岁月,应该是有理由真的在钟先生的记忆中刻骨铭心的——

这是钟先生一生中的又一段学术的黄金时代,也是钟先生的散文写作的又一段黄金时代,而杭州也因为钟敬文的来到,成为当时的中国民俗学的一个新的中心。

出生于广东海丰的钟敬文,本来是不必然要来杭州的,因为广州在那时也算是富于"文化风"的大都会,可是自1928年至抗日战争爆发,钟敬文前后客居杭州长达七年。这个故事说来还是颇有些意味的。

1926年秋天,受旧日同学杨成志的影响,钟敬文从陆安师范毕业后蛰居的故乡,来到了广州。当时,钟敬文已在民间文学和民俗研究的领地里,做了许多工作,与北京大学的学术组织——歌谣研究会的一些学者如顾颉刚等也多有联系(后来胡适著《白话文学史》,记述北大歌谣会,也提到了钟敬文所做出的努力)。

到广州后,钟敬文先是在珠江南岸一所外国人办的学校——岭南大学中文系做文牍员,后来转到附中教国文。他在岭南大学,受顾颉刚的启发,着手整理清代学者李调元编的《粤风》,这是我国尚存的第一部多民族的情歌集。钟敬文把这部《粤风》分作两部分,做了标点、方言考释和翻译等工作。第一部分就以"粤风"为书名先于1927年6月由北京朴社出版,顾颉刚作序。第二部分的翻译则与也在岭南大学工作的燕京大学的毕业生刘谦初合作,取名"俍偅情歌",于1928年由中山大学语言历史研究所刊出,这时,钟敬文已经离开了岭南大学。

1926年前后,北方的一批学者相继南下,一些人如顾颉刚,先到厦门大学,后转至广州的中山大学,先后来到中山大学的还有董作宾、容肇祖、陈锡襄等人,他们都曾参与过民俗学活动或受过这门学科的影响。钟敬文也在1927年的秋天,由岭南大学到中山大学做傅斯年的助教并兼教预科的国文。这些民俗学研究的中坚力量汇聚到中山大学,1927年11月,中山大学语言历史研究所的民俗学会成立,《民间文艺》周刊(后更名为《民俗》)是研究会的会刊。中山大学成了当时全国民俗学活动的中心。钟敬文既做研究,又承担杂志的编辑工作。《民间文艺》周刊先由董作宾和钟敬文一起编辑,不久,董作宾被派回河南调查殷墟出土文物及做考古发掘的预备工作,杂志的编辑就由钟敬文一人承担。《民间文艺》周刊出满十二期后,改名《民俗》周刊,从第一期到第二十四期,均由钟敬文一人负责编辑。

可是好景不长，时隔一年，到1928年8月前后，年轻的学者钟敬文即因让中大民俗学会经手付印苏州王翼之的《吴歌乙集》，而被当时的中山大学校长戴季陶认定是宣扬"猥亵"，从而被迫离开中山大学。这个决定虽然是由校方作出的，但其实是反映出了校内一部分学者对顾颉刚所主持的民俗学会工作的不满和轻视。所以当时顾颉刚在给胡适的信里说：

即使民俗学会中不应印出秽亵歌谣，其责亦在我而不在敬文。今使敬文蔽我之罪，这算什么呢！岂不是项庄舞剑，意在沛公！又岂不是太子犯法，黥其师傅！

远在北京的当时中国知识界第一流的思想家和学者周作人，从民俗学者江绍原那儿了解到情况后，甚至说过这样的话：

钟敬文以猥亵语停职，自亦系意料中事，我们前此笑骂章士钊、刘哲，其实此刻要人中此种比比皆是，我们尔时亦太少所见耳。

周作人这儿所说的"笑骂章士钊、刘哲"，指的是20年代中期，章士钊做北洋

钟敬文（右三）与中山大学民俗学会成员合影（摄于1928年）

政府教育总长时，以儒家经典反对新文化运动，刘哲也曾为张作霖军政府之教育总长，观念腐旧。周作人这样来作比，也正反映出新文化的学者们对民俗学所拥有的"不言而喻"的共同认识（参见《眼光向下的革命——中国现代民俗学思想史论（1918~1937）》，赵世瑜著，北京师范大学出版社1999年版）。

1928年秋，钟敬文在中山大学被迫离职后，由当时的浙江大学区秘书长刘大白的推荐，到杭州担任教职。20世纪20年代，"教育独立"的思潮和运动曾在中国教育界风起云涌。这个思潮的核心主张是教育家办教育，排除行政系统的干预。1922年蔡元培《教育独立议》、李石曾《教育独立建议》是代表文献。1928年前后一度试行的大学院及大学区制，则力求在"法理上"为教育独立奠定根基。1927年6月，蔡元培出任大学院长，改变教育行政制度，在地方上实行大学区制，由大学区内的核心大学校长代行省教育厅长职能，以期教育、学术合一。这一试验先行于苏、

浙两省,待取得经验和成功后,再逐步推向全国。大学区制的底本主要取自法国制,少量参用美国、德国制。可惜"逾淮成枳",大学区制移植入中国后竟走样得面目全非,正如江苏中央大学区中等学校教职员联合会发表宣言中所批评的:"学术之空气未浓,而官僚之积习方深。以学术机关与政治机关相混,遂使清高学府,反一变而为竞争逐鹿之场。"这使蔡元培深感意外,所以当李石曾执意试办更大的北平大学区时,蔡元培主张审慎行事。这项改革至1929年夏被废,国民政府宣布停办大学区,大学院随即改为教育部。

刘大白对钟敬文的遭遇,深表同情,1928年12月7日他在给钟敬文所著的《民间文艺丛话次集》写的序里说道:

钟敬文先生是一位研究民俗学的学者;但是他为了忠实于民俗学研究的缘故,为了普遍地丰富地搜罗民俗学的研究材料的缘故,竟受了事业上不应受的挫折。他所受的挫折,并不原因于教训和知识的冲突,而原因于教训主义者的不守自己的职分。

刘大白,浙江绍兴人,也是中国"五四"新文化和新文学运动里的活跃分子,学者,有名的白话诗人。

钟敬文离开广州北上经上海,与早有过学术通信往来的赵景深会了面。赵景深后来在复旦大学中文系做教授。他在《记钟敬文》里记下了当年钟敬文的样子:

他似乎喜欢修饰,头发总是梳得很光的,爱做出漂亮的举止……说话很文雅,低而略柔,这几点似乎都像孙席珍。但面貌与席珍并不一样,是一个饱满的圆脸。身材很长。或许他还带点女性的羞涩吧。他字写得很小,也纤细得有如作簪花格的卫夫人。

钟敬文来到了杭州。

杭州在不经意间因钟敬文的来到,而成为了一个新的民俗学中心。

钟敬文先生晚年回忆这一段岁月:短短几年,民俗学运动高潮再在浙江出现(参见《民俗文化学:梗概和兴起》,钟敬文著,中华书局1996年版)。

从1928年秋到1937年10月,除开中间三年留学日本早稻田大学,钟敬文在杭州度过了大约七年的光景。

钟敬文初来杭州时,已是受了两重的挫伤:一是前面所说到的事业上,还有一重是失恋的感伤。钟敬文在写于1928年12月的散文《从西湖谈到珠江南岸》里说到:杭州和西湖的"朴素、宁静、柔婉,可以调和着我暂时汹腾、决裂的心"。一位学艺术的友人告诉钟敬文,"他住在这里不到一年,却把平昔蜚扬的英气消磨了不少,如再居停下去,恐要变成个了无生气的木乃伊呢"。但在钟敬文却正好相反,他对那位友人微笑作答:"生动热烈是可爱的,但我现在是有点疲倦了。我需要休憩,我需要暂时的休憩。这里的幽婉、静默,正是一服绝妙的清凉剂呢……"钟敬文到杭州的第二年,陈秋帆也从南京到了杭州。她是钟敬文的新的恋人。征得秋帆女士的同意后,钟敬文在西湖南一带的三台山,租了一家别墅住了下来。赵景深在《记钟敬文》里说"秋子"(即陈秋帆)"活泼而且大方。从此敬文大可把他的䌓君忘掉,填补这恋爱的创伤了"。老朋友许钦文好多年后谈起这件事,仍然为钟敬文庆幸和祝愿:"夫人陈秋帆女士……乘暇翻译拜伦传……有了美满的家庭,共同努力文化事业,可使故人快慰。"

钟敬文初到杭州,先是在杭州的一所高级商业中学(这所高级商业中学应该是现在的浙江工商大学的前身)教国文,稍后到浙江大学文理学院兼课。开始时,他住在学校里的宿舍,后来移居城东偏僻的街堂里的一个小楼上,房虽小,但从窗边望出去,可以见到碧色的草木和苍翠的山尖。这里还与大文豪郁达夫的"风雨茅庐"不远,于是

郁、钟诗文互赠,两人又常在"风雨茅庐"喝绍兴酒、海阔天空地谈论……

后来钟敬文由于身体不好,辞去浙大的教职,暂时移居到里西湖边的大佛寺,住在寺楼上的一间厢房里。一边休养,一边准备浙江民众教育实验学校的新学期的课——他应原浙大的同事孟宪承的邀请,将到这所学校去教一门新课"民间文学"。浙江民众教育实验学校是孟宪承为浙江教育厅创办的,学校的目标是培养办理民众教育行政和民教馆、民校等专业人才。钟敬文到这所学校教书时,还帮助办《民众教育季刊》。钟敬文写于1988年8月的散文《我与佛寺——西峰寺随笔》里还念起这段日子,在山清水秀的西子湖边,写作,或风晨雨昏,放眼望望湖上的特殊的景致,以为"是颇值得寻味的"。1933年,他又回到浙江大学文理学院任教。

钟敬文、陈秋帆1929年摄于杭州

1929年春,钟敬文在浙江大学文理学院兼课时,与钱南扬(时为中文系助教)、刘大白(时任大学区秘书长)同事。他们都对民间文学有兴趣。刘大白应杭州《国民

日报》之约，主编附刊，刘大白遂找钟敬文、钱南扬商量出一种民俗学刊物。三人商定的结果，就在当年推出了附刊《民俗周刊》。这是杭州民俗学活动的开始。

第二年夏，中国民俗学会在杭州成立。最初参加学会的人有钟敬文、钱南扬、娄子匡、江绍原等。

钱南扬是浙江平湖人，毕业于北京大学，爱好民俗学，致力于梁祝传说研究。他办事热心，但不久就离开了杭州。娄子匡是浙江绍兴人，他是1930年到杭州，和钟敬文等一起编辑《民俗周刊》。他与各地的民俗学研究者建立了广泛的联系。江绍原曾执教北京大学，是宗教学者，他曾闲住杭州，但不大管实际事务。他从宗教这个切入点来研究民俗。

钟敬文晚年撰写的《我与浙江民间文化》（载《北京师范大学学报》1988年第2期）里讲道：

杭州的中国民俗学会虽然工作人员很少、资金匮乏，但由于当时民俗学已日益引起各界人士的兴趣，加之获得了京、沪各地学者顾颉刚、周作人、容肇祖、赵景深、董作宾等的支持和基层民俗爱好者的热情响应，因此学会一经诞生，便很快产生了较为广泛的学术影响。学会的宗旨是收集、研究民俗，同时从民族学、文化史和社会学等多角度对它进行考察。学会的实际活动是组织民俗队伍，出版民俗刊物。

短短几年，北大、中大时期涌现过的民俗学运动高潮再在浙江出现。除杭州外，浙江省内的宁波、绍兴、湖州和永嘉等地，其它省份如福建、广东和四川等，都有民俗学分会的建立。会员发展至200余人。各地分会所出版的民俗学、民间文艺学刊物，有的竟达170余期……

这真是一幅壮丽的民俗学调查和研究的图景。诞生于1918年的中国现代民俗学，是作为新文化的一翼产生和存在的。赵世瑜教授在《眼光向下的革命——中国现代民俗学思想史论（1918—1937）》（北京师范大学出版社1999年版）中说：

中国现代民俗学自其产生之后，便逐渐成为一种学术运动，一场学术革命，……它不仅向学术界和全社会推出了崭新的研究内容和研究方法，而且像其它学科的学者一样，力图通过本学科的努力，为解决中国的社会问题和文化问题提供自己的帮助。

当时以杭州为中心的新的民俗学研究高潮的兴起，这固然表明浙江具有丰厚的民俗资源，民俗学家正可据以做出大成绩，也表明钟敬文等先生的工作的努力。在浙江的当代文学界，有一个说法：浙江人大多要到浙江之外的地方去，才能成名。这个说法虽然讲的是"浙江"，但其实所指的是省会城市杭州，这是不言自明的。支持这个说法的一些事实依据是，譬如在现代文学史上,鲁迅、茅盾、徐志摩等著名作家,都是在外地譬如在北京、上海功成名就。这个说法也许有它的道理,它包含的深一层意思也许也值得我们回味。但是另一方面,有一个基本的事实,我们恐怕也该考虑。民国十六年(1927),南京国民政府改革地方建置,撤销道制,实行省、县两级制。杭州首任市长邵元冲力图使杭州跻身特别市行列,未获成功。杭州建市从一开始就与北京、上海拉开了距离。在现代史上,北京、上海能够有别于国内其他城市而成为全国的南北文化中心,这是由它们各自的地理位置、历史原因等等因素综合作用而形成的,这是不依某个人的主观意志为转移的。在中心里成名要比在中心之外成名机会更多一些、可能性更大一些,这也是一个事实。它恐怕不好用作褒贬城市的依据。钟敬文的故事也许可以告诉我们,至少在现代史上,譬如在上世纪的二三十年代,杭州的文化仍然有他的可取之处。至少它并不比其他的省辖市来得落后。至于今天的杭州在全国的省会城市里处在一个什么样的位置,它的文化氛围、文化建设、文化胸襟,与其他省会城市相比较,究竟位于哪一个"区间",哪一个"段位",则当然是另外一个需要我们好好探讨的问题。这是两个不同的问题,不可混为一谈。

钟敬文除了与民俗学同仁组织学术活动,编辑《民俗周刊》、中国民俗学会丛书(十二种)、《民间文化资料小丛书》(十种)等等之外,自己也完成了多种著论,如《中国民谭型式》(或称《中国民间故事型式》)、《中国的地方传说》、《金华的斗牛风俗》、《蛇郎故事试探》等。《中国民间故事型式》还引来国外学者的注意。1933年日本民俗学会编的《民俗学》月刊全文刊载了《中国民间故事型式》。该刊编者小山荣三氏在《编辑后记》里称道钟敬文的这篇论文是"有意义的尝试"。直江广治博士在《中国民俗学的历史》一文中也对这篇论文多加肯定。数十年来,日本学术界常把它作为研究中国民间文学的一个依据,如泽田博士就在《支那民俗学的收获》一文里就明确说它是"中国故事分类"的"依据"。到20世纪70年代,直江博士著文《中国民俗学的发展与现状》时,再次肯定这篇论文的开创之功。有的民俗学者还推测德国学者艾伯华1937年编著出版的《中国民间故事类型》、美籍华裔学者丁乃通1978年编著出版的《中国民间故事类型索引》会在不同程度上受到过钟敬文这篇论文的影响。有的学者调查了"五四"以至二三十年代的中国民俗学论文后说:"据目前所知,五四以来,我国还没有一部民间文学著述在国外引起过如此广泛的注意。"(参见肖立《礼失求诸野——中国民俗学之父钟敬文》,载《世纪老人的话:

钟敬文卷》，董晓萍等编，辽宁教育出版社1999年版)

为了加深自己的民俗学和民间文学的理论功底，1934年4月，31岁的钟敬文与夫人陈秋帆女士(时年24岁)，由上海抵日本长崎，然后乘火车到达东京。经日本著名的民俗学家西村真次先生的接纳，钟敬文作了早稻田大学文学部的研究生。他在这里跟从西村真次先生学习日本和欧洲的民俗学理论，学习神话学、民俗学和文化学。他还打算进行中日民间故事、传说的比较研究。1936年秋天归国。

当年钟敬文留日前夕曾作《别杭州东渡》诗：

几年湖上看春光，
别去依依似故乡。
归梦西来应有信，
海潮相约上钱塘。

之后，钟敬文又"如约"回到了杭州。日本学者武田泰淳所著的《钟敬文》，曾以优美的文字分析了钟敬文东渡与回国的原因与心情：

像钟氏那样，一味沉醉于此(民俗、民间文艺)百花园中，充当忠实的园丁，埋头研究的人，是稀有的。

他从醉梦中醒过来。醒来一看，周围是褪色的十年如一日的花园。他离开花园，渡过东海，犹如往昔徐福求不死药一般，如今则要求花园的真正生命力，到世界各国的书籍中去旅行了。最后，他决定踏实花园，建筑城堡。带着这个设计图，他回到了祖国。

回到杭州后，钟敬文仍在民众教育实验学校任教，同时担任国立杭州艺专(按：即中国美术学院前身，初名国立艺术院，1929年更名国立杭州艺术专科学校，1950年后又多次改换校名)文艺导师。

钟敬文回来后，他对民俗的对象范围有了更全面的理解。他以为，民间文化不仅应该包括故事歌谣、岁时习俗、人生礼仪等内容，而且应该注意到所产生、流传并作用于人民群众物质生活和精神生活的东西，从更开阔的角度对其进行收集和研究。对中国的民间艺术加以发掘、整理、保存和宣扬，是为中国和世界人民的艺术宝库增添财富，也是我们这些民间文化的研究者不容推卸的责任。

依据这样的认识，钟敬文便在1937年5月5日至9日，与同事施世珍共同主持，在杭州湖滨的省民众教育馆举办了一次规模空前的"民间图画展览会"。

施世珍是浙江义乌人，初读于浙江民众教育实验学校，后考入南京的中央大学专攻美术，毕业后回到民众教育实验学校任教。他是一位画家，负责这次展览的民间绘画、木刻的收集工作。

这次展览会共展出作品3000余件，大部分来自浙江本省，也有江苏、安徽和绥远等省的部分送展图画。

钟敬文在《民间图画展览的意义》中说："两三年来本校师生所勤劳地搜集了的民间图画，现在我们以一种近乎宗教的严肃和喜悦的心情，把它展现于社会人士之前了。这在我们的国里，恐怕是一种创举，不然，也是一种比较不常见的学术事件罢。"

"民间图画展览会"得到社会各界的好评。浙江省报《东南日报》特为发表社论，说这次展出"为国内文化界一件创举，颇饶深隽意义"。当时的西湖博物馆历史文化主任胡行之也在《东南日报》上著文，说这次展览的"重大意义"，"就是在掘出我国固有的民众日常艺术，举之为世人重新认识，对于社会学、心理学以及艺术学等方面都有大大的帮助。"小说家许钦文、美术家姜丹书教授等，也都在《东南日报》上发表了意见。

钟敬文本人的学术研究，也进入了一个新的阶段，他在晚年撰写的《我与浙江民间文化》（载《北京师范大学学报》1988年第2期）里讲道：

自1936年末起，杭州中国民俗学会的理论刊物的质量有了相对提高；我个人则根据民俗学事业的发展，提出了构建中国自己的民间文艺学理论体系的设想。如果描述现代中国民俗学史中理论方法史的发展轨迹，这一时期可以算做是一个转折点。

中国的民俗学史学者说，钟敬文发表于《北京师范大学学报》"人文社会科学版"1992年第5期上的名篇《民俗文化学发凡》，其基本构想的形成可以追溯到他当年当留日以及归国到杭州的学术研究岁月。

当初钟敬文离开广州前，顾颉刚为他设宴饯行，在筵上他告诉钟敬文："钟先生此刻去杭州，还赶得及吃到西湖特产的莼菜呢。"到杭州的第二天，同事许钦文请他到一家酒楼上喝酒。许钦文以他是新到的客人，要教他尝一尝本地风光的菜肴，于是他便吃到了西湖特产的莼菜。而前后七年的西湖岁月，钟敬文不仅品尝到了西湖特产莼菜，他还成长为了一个优秀的民俗学家，而且还在杭州留下了脍炙人口的散文名篇。这是他散文的一个丰产期，散文集《西湖漫拾》1929年由上海的北新书局印行，另一部集子《湖上散记》编成于1929年冬，1930年3月由明日书店出版。在杭州，他幸运地得到了新的爱情；他还曾与大文豪郁达夫比邻而居，诗文互赠……

钟敬文差不多已把杭州认作是他的第二故乡了。

1937年"八·一三"事变，日寇大举侵华，钟敬文与夫人秋帆女士就此离开了杭州，想不到，这一别就是四十多年。1982年秋天，钟先生携夫人陈秋帆女士来杭州讲学，钟先生重游西湖，已是幡然一老翁，不复当年的玉树临风，赋诗《重到西湖》：

劫灰除尽见清时，

孤山（摄于1921年前）

旧地重来惬所期。
映眼湖波如昨梦，
凌空堤树显新姿。
友朋凋谢情犹系，
祠庙兴衰理可思。
骚客不须多讳忌，
西湖今日好题诗。

他回忆当年与秋帆女士在杭州的生活，于是作成《书感示秋帆》：

当时你我都年少，
镜水吴山足迹俱。
功业无成头共白，
重来愧食浙江鱼。

1987年秋天，钟先生再到杭州，讲学之余，又乘兴吟诗《与浙学界同志讲中国民俗学会旧事后感赋》：

结社操觚更创刊，
初生牛犊气无前。
今来旧地谈前史，
功过分明一芜然。

这时，陈秋帆女士已经故世。钟先生一个人去寻找旧日的寓所，写下了《西泠桥畔寻秋帆旧寓》：

月明荡漾数来过，
潜读桥西记小窝。
今日人亡居亦改，
眼中一碧剩残荷。

2002年1月10日，钟先生以百岁高龄于北京友谊医院辞世。1月9日的晚上10点钟后，弥留病榻的钟先生气息越来越微弱，渐渐地听不清别人的话了。先生对着他的一个博士生轻声说："我想回家……"

在弥留的时刻，钟先生会不会又想到了他的第二个故乡杭州呢？

从此只应长入梦

植物园·闲适·人性

生活在杭州也有些年头了,游西湖却并不是经常的事。而植物园则例外,一年里总要去上几回。

植物园以它最纯净最素朴最真实最有生命力的绿色和从容不迫的空间叫我感到由衷的轻快愉悦。人生在这一刻脱离匆忙劳碌,摘下面具而返朴归真。

想一想在琐碎的"几乎无事的悲剧"的日常现实里,为了应对生活的每一个侧面,生命被切割得四分五裂。分裂的生命以它的每一个碎片去对应和应付生活的每一个面。然而在这一个瞬间,在这单纯而安宁的绿色空间里,我又重新感到了一个完整的健全的自我的存在。也许在下一个瞬间,完整的自我又将分崩离析,但至少在这一刻,生命又重建起了与生俱来的自身的整体性,又体验到了由完整的生命体中泉涌而来的清澈的沦肌浃髓的快乐。

想一想紧张的没有余裕的生活,好像一部没有扉页没有天头地脚、密密麻麻印满了文字的书。我们常常来不及完全地彻底地占有某一个瞬间,这个瞬间就匆匆离我们而去。我们已经深深地陷进了生活,为生活而生活,为行动而行动。我们几乎没有闲暇没有心情来稍稍超越生活而品味生活的意义或对生活提出疑问。我们已经深深地陷进了生活而忘掉了生命的目的。神经在匆忙和疲倦里日渐迟钝和麻木。然而在这一刻,我感觉到在我的身体里有某种沉睡着的细细的东西正在渐渐苏醒,感到一种由内而外漾遍全身心的闲

龙井(摄于1921年前)

武林山图（清乾隆四十九年）

适。

　　为什么不能为闲适说几句话呢？正是在闲适里我们才有心情享受和品味生活的意义，我们才可能对忙忙碌碌不亦乐乎的人生提出一个怀疑主义的伟大疑问，我们才有余暇沉入生命的"最内在的极"，我们才可能细微地内省到生命深处的某种隐秘的存在。莫非人性复归的问题根本上也就是一个关于闲适的问题么？一位天才思想家所构想的未来伟大的"人间乐园"，不就是一方人人有余暇来志满意足地发展自己的潜能和健全自己身心的乐土吗？当然，这些现在都还谈不上，今天为了维系和发展人类生活毕竟还得凭借"泰初有为"的入世精神。然而，为了缓冲紧张的现代生活带给人心理上的疲惫感，为了保持神经的敏感和感情的常新，为了尽量合乎人性地发展生命，我们不是仍然有必要在某些瞬间重回闲适的境界体验和品味闲适么？

　　这一刻，我又想起最近一次的对于植物园的印象：四季常青的树木和随坡起伏的平和的青青草坪，蜿蜒出没在绿色植物间的寂静的小路，早春太阳闲闲的慵倦的暖意，淡淡的远山和晴朗的辽远的蓝天……愿我们的植物园光景常新吧。

最忆是杭州

吴山意境

好几年没有去吴山。翻看报纸,一组关于吴山的照片,勾起游山的兴致。星期天,遂与太太与友,出门南行游山。

吴山不高也不陡,上下平缓,有什么好呢?

吴山是城中之山。西湖景点,都在城外(我是说"老城")。明清话本小说,讲起游湖,必说"一日步出钱塘门外"如何如何。遍观今日杭城山水,似乎惟吴山一景安居市井。吴山没有仙风道骨,也不能用"青春美少女"之类来比喻。但这正是吴山的好处:它是世俗的,这正像"吴山"的名字,很普通,所以很亲切,漫不经心,信手拈来,但正好体现了世俗的风情。吴山脚下,是河坊街黑瓦粉墙的老房子。你从这些老房子中间一路上山。上山路口的斜对面,早先有一家豆腐小吃店,据说杭州人没有不享用过这家小吃店的。山上遍植林木,也没有什么"气宇轩昂"或"小巧玲珑"之类的东西,有一些亭台楼阁,但似乎都用不上这类成语。你大可以舒松筋骨,随意做些什么。最妙的是从山上看山下老房子。保俶山上也能看,但那总感觉是从城外看城中,隔了一层。惟吴山让你自觉身居市井,是在城内看山下,所以不隔。尤其是明月之夜,山下飞檐在夜的背景前轻轻画出轮廓,万家灯火让你想象市井生活的温暖和适意。而吴山顶上一楹联最是简洁地道明了这份情趣:

八百里湖山,知是何年图画;

十万家灯火,尽归此处楼台。

吴山是一座世俗的山,它体现了世俗文化的意境。吴山顶上的对联则是吴山意境的画龙点睛之笔。

吴山(摄于1921年前)

最忆是杭州

走过北山路

季节轮回。当秋风吹起，满城秋色金黄灿烂的时候，走过典雅安详的北山路，看秋水长天，阳光清澈地照在路面上，上面轻轻画出疏影横斜，我乃有所平静。

曲院风荷(摄于1921年前)

一种像箫声吹过心头的秋意,漾起我深埋的一份古典情怀。我轻轻地抽出一本书,静静地坐到树林深处……

秋风中我深深感谢四季里安排进了这样一段明如镜清如水的日子。我想起刚刚经过的那个酷暑,毒日当头,火热的阳光和热浪如红鬃烈马在你体内奔突驰骋,它激荡起你体内的所有能量来与它相抗衡。一方面是来自外部世界的剧烈冲击,一方面是你体内各种能量的冲突搏杀……于是经历一个炎夏,如同经历一场惨烈的激战,你死里逃生,身心交瘁,渴望坐下来好好休息一下,重新恢复体内的平衡,积蓄新的能量……正在这时,天高云淡,可容你闲庭信步的秋日来到了。

两个季节,使我想起两种艺术。夏天好比欧美现代派艺术,譬如表现主义等等,冲突,剧烈,亢奋,矛盾;而秋季正与中国传统艺术相类似,譬如宋人的诗、江南的园林或者启功的书法,宁静,安详,优雅,沉着,从容不迫。两个季节,又好像代表了人生的两个侧面,动的和静的,冲突的和恬淡的,狂烈的和安宁的。

不是要分出两个季节及其所象征的物事的高下,世界和人生都少不了它们中的任何一样,区别只在于,有时需要这个,有时则要那些。轮回和交替是一种完美的运转方式。

最忆是杭州

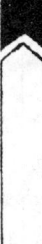

青山湖

我们到临安青山湖时，正是春天里阴晴不定的日子。

青山湖

湖上寥廓,远山青青。春风吹来,恰到好处地叫人生出几分凉意。

青山湖,我是重来了。三四年前的旧游,印象就非常好。当时也是一家杂志社在这里开组稿会,也是住在圣鹤山庄,心情很放松,白天讨论,天南海北;夜晚湖边漫步,听水声看月色,情趣很浓。旧地重来,心情已不复当年,而青山湖的好处领略得更充分了。

青山湖是安静的,这份安静,不是青灯孤卷、老僧入定之静,而是"动若脱兔,静若处子"之静。它是美丽的、清纯的,是有生命的。满眼青山绿水,我们可以想见青山湖源头的天目山泉该是如何的清澈动人。如果说小住天目山深处,四周山声风涛泉音,能叫人慧心升华,有可能写出一部纯粹的书的话;那么,青山湖夜游,你的内心深处会苏醒出一些很细微很生动的东西。如果说西湖身处十丈红尘,那么,青山湖是偏安一隅的,它更本色一些,虽然少了些妩媚,却多了几分安详静谧。而绵延湖上的池杉,宛如水中隐士或名士,我更愿意把他们看成是飘逸而善饮的"竹林七贤"。长风过处,树声萧萧,可是这些风流名士在讨论诗艺或哲学?

"水面初平云脚低,杨花落尽子规啼。更无俗物挡人眼,叶尽孤村见夜灯。""未掣鲸鱼碧海中,十年尘事只如风。偶来水馆逢为客,借问谁家花最红。"台湾钱济鄂先生集白居易、李白、杜甫、韦庄等人诗句所成绝句,确有几分说到好处。

人海归来,青山湖是休憩休闲的好去处。

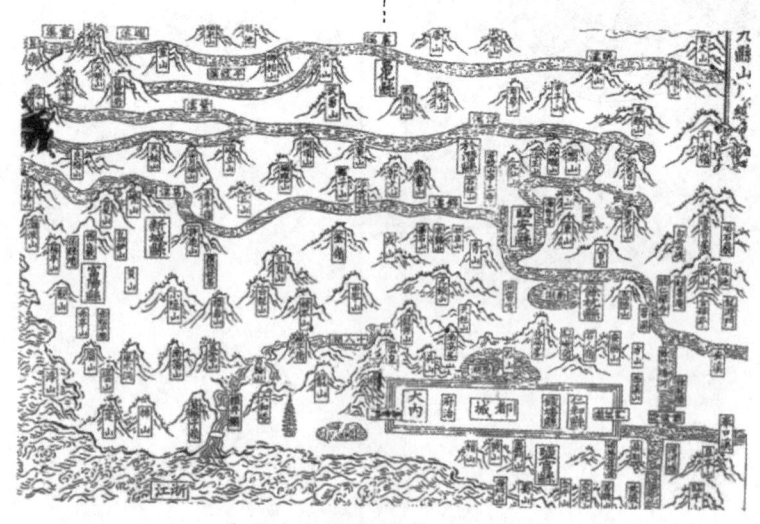

九县山川总图(南宋咸淳四年)

最忆是杭州

龙须峡谷

我们入住临安天目山麓太湖源大酒店时,已是夜里。一夜秋风秋雨。

早晨醒来，以为还是风雨大作，开窗才知，雨已歇息，是山溪之声。连日风雨，溪声更加清壮了。

走入龙须峡谷，缘溪而行，果然溪水奔流，清澈见底；奇石峭岩，草木丛生。峡谷得名龙须，原因是山壁上长满龙须草，它是传统中医的药材，《本草纲目》见载。一条峡谷，深山中常有，仅仅因为长了龙须草，就能知名，似乎不太可能。龙须峡谷近几年来名满苏浙沪，最主要因为它是太湖的主源。它的"成名"，大约与近些年来寻根问祖的社会思潮暗合。龙须溪是一清见底的，所以水中的微生物也极少，当地人说，这是溪鱼长不大的一个缘故。俗语说："水至清则无鱼。"我原来一直以为，水清藏不住鱼。现在想来，水清而少微生物，也是少鱼和养不大鱼的主因了。扩大一点说，人要聪明，也该"杂食"，所谓触类旁通。"杂交"有优势，交叉、边缘的学科，往往更具生长力，也是这么个道理。

龙须峡谷，一路迤逦行来，有龙须壁、云碧潭、戏猴坪、神风谷、醉花瀑、百丈漈、仙乎台等景点。这些自然是旅游开发后缘物成形所取的名字。但这条峡谷也并不是名不见经传的"山野之

【明】蓝瑛：《白云红树图》

人"。龙须山上古佛院，元时，高峰原妙和中峰明本两位日本临济宗祖，到这里参禅修学。这座佛院，我前两年来游时，仅有遗址，这回重游，已然香火缭绕了。

雨后游山，更能得山水之趣，尤其是像以太湖源闻名的龙须峡谷。水声潺潺，山意朗润，颇像一幅元人笔下的水墨长卷，一路展卷，峰回路转。比之山，我更喜欢水。无水之山，是"枯山"。有了水，山才有趣味。说来好笑，我头回来时，在九八年春，只记得它叫龙须峡谷。第二回是从安吉天荒坪到临安，说是去太湖源玩，我也不知是什么地方。到了方知，就是龙须峡谷。以"太湖源"来主打龙须峡谷生态游的品牌，这很聪明。从地理上来看，把龙须峡谷之溪水说成是太湖最远的源头，确有道理。

峡谷出来，顺访临安城里老残茶艺馆。主人老残，也参与了"太湖源"规划设计，谈吐颇有阅历。我的印象，这是一位热心乡邦文化的民间高人。我们省几乎各县都有几位这样的"乡绅"。我觉得，建设乡土文化，这个群体是会有很大能量的。

最忆是杭州

林泉高致

富阳，山青水秀。明代大旅行家徐霞客所著游记曰："环坞一区，东西皆石峰嶙峋，黑如点漆，丹枫黄杏，翠青松，间错如绣，水之透壁而下者，洗石如雪，今虽久旱无溜，而黑崖白峡，处处如悬匹练。"

【元】黄公望:《富春山居图》(局部)

这段简洁的文字,钩玄提要了富阳多奇石、佳木、山泉的风景特点。如此好山水,霞客不由得"心甚异之"。

洞桥镇地处富阳西部山区,山中景色,犹有可说道者,枫林咽泉为其中之一。

春和景明,三五友人沿三溪乡枫林坞乡村小路,迤逦而入山中。春雨刚过,空气都是湿润的。山路弯曲,春笋遍布,或山边或路中,无人挖掘,或可想见此地人所罕至。

约步行二十余分钟,转过数丛青青竹林,一片巨石兀立涧前,石上大书"枫林咽泉"四字。拾级而上,大石下一泓清泉汩汩涌出,时而泉水甚大,时而泉水甚小。叩问"咽泉"何谓?同行的洞桥乡贤缓缓道出一个出典。这泓泉水时来时止,就像人喝水一样,喝一口停一下。水来的时候,石下"咕咕"作响,如水入咽喉,于是便称作"咽泉"。这是民间的说法,不是科学家的解释,但倒也十分形象和有趣。按照地理科学的说明,这种泉的学名是"虹吸泉",因为泉水多数出在石灰岩地层,石灰岩受地下水溶蚀,在内部形成了一些沟和洞。当它们凑巧连在一起时,就会出现虹吸现象。我受古代山水画影响而存先入之见,以为是"枫林烟泉",此刻身临其境,才知"咽泉"之名较"烟泉"更确当。

"咽泉"是看到了,可枫树不见一株,更说不上"枫林"。乡贤说是上世纪五十年代"大跃进"大炼钢铁时给砍伐一尽(后来又有当地人说早在清代已不见枫林了)。"枫林咽泉"是古新登有名的八景之一,"咽泉"也是江南两大奇泉之一,今泉尚在而林已绝,殊觉可惜。乡贤说他们已在规划种植枫树,相信这不会是虚言。洞桥镇人前年编出了一部《富阳市洞桥镇古树名木》画册,书中收入洞桥古树名木百余幅彩色照片,详细著录树龄、所在地址和树种特征,书后并附"洞桥镇古树名木挂牌清单"。对自己的古树名木家底盘点得这般清清爽爽的洞桥人,我是相信他们说的话的。

数年后重游,"枫林咽泉"或当一如其名。

最忆是杭州

〈秋天·江南·文人〉

当冬天在冷雨中来到时，我怀念悄然远逝的秋天。

秋风秋声，秋水长天，有一种独特的、格外动人的清明、寥远和空灵。走过湖畔，踏遍空山，江山次第澹泊安然地展现元人笔下的水墨画卷,清秋如水。一切景语皆情语，秋天风景不正是秋天情怀吗？这种萧然淡远的境界，正是我们在那些经典的中国古代艺术作品里能够生动地体会得到的。我相信中国古代诗人对秋天的偏爱自有其深刻的美学理想：春天奔放而浓艳，夏天热烈而暴烈，冬天则太过惨淡和凄楚，惟有秋天，高华丰硕却出之以旷远清澈的形态，一如胸罗万卷、倚马走笔的中国古代才子，意态闲远。秋天也有玉的风采。玉是中国古典美学的理想境界，它有高含量的内涵，而其光彩却并不咄咄逼人，而是无比沉着。清秋如水，清秋也如玉，它象征了中国古典艺术的美学境界。而从时间上说，秋尽之后，生命将发生戏剧性的转折，由初生、成长、成熟至凋零，正如由序幕、展开、高潮将至和结尾，秋天不正是拉辛所说的"富于包孕性的片刻"么？生命轮回，四季的根本性变化将从秋天开始。

那么，在这一切之外，我们还能对秋天再说些什么呢？

"秋尽江南草未凋"，这是唐人杜牧的句子。这使我再度联想到江南、文人和秋天之间的对应关系。

江南文化是中国古典文明里的一种富于原创性的气韵生动的独特创造。苏杭园林、小桥流水、宋元以来繁华的民间商业、吴越山歌的情韵、"三言""二拍"的世俗风情、江南才子的落拓不羁，诸如此类开辟了中国传统文化的崭新风景，它使传统的中国文化在正襟危坐的另一面，露出了灿烂可爱的一笑，多么亲切动人！它从内部对庄严肃穆的正统文化轻俏地实施

【明】唐寅：《落霞孤鹜图》

着小小的瓦解,这个专事捣蛋的文化"第五纵队"!近世以来江南所以屡屡出现反正统的著名人物和事件,难道不正跟这个"亚文化"有渊源吗?那么文人呢?姑且仿照本雅明的定义("文人"是一群被大生产制造出来的自由人,他们穿梭在现代社会的城市缝隙里,毫无定见地以自己的言语从事着解构社会、批判社会的工作……),中国"文人"也是这样一群自由人,他们表面上跟古代社会与政体和光同尘,内心生活却别有洞天,他们穿梭其间游刃有余,专事营构自己的文化天地,淡泊、清高、飘逸、古雅……或者干脆远离社会,"携灯画竹到天明""朝雨锄瓜夜读书""采菊东篱下,悠然见南山"……他们虽然不足以成为一个独立阶层,却无疑是古代中国社会里的自由分子。而秋天呢?如果我们把中古社会的盛世比作春光,那么,延续自然程序而来的秋天不正时刻准备着把这个盛世从内部予以消解么?秋天是这个自然程序的组成部分,也预言着这个程序当其走向顶峰时所必然将至的衰败。

江南、文人和秋天,多么生动的水墨长卷。我相信这是一个说不尽画不完的艺术母题。

秋天渐行渐远,冬天已至。临风挥手,我遥向秋天作别。

吴琴木:《西溪会琴图》

最忆是杭州

〈从蒋梦麟先生的一段话谈起〉

蒋梦麟先生,浙江余姚人,近世著名的教育家。

从蒋梦麟先生的一段话谈起

蒋梦麟不是杭州人,但他在杭州、南京等城市,均有过较长期的学习、生活和工作的经历,所以发而为文,讨论自己所居住过的城市,就颇多真知灼见。

蒋梦麟在西南联大任教时,用英文写作了《西潮》。这部书1945年在美国出版,又过了十四五年,他才把这部书译成中文,中译本由台北中华日报社正式出版。

蒋梦麟在这部书单列一章(第二十四章),标题为"杭州、南京、上海、北京"。蒋先生在本章开头即说:

杭州富山水之胜,上海是洋货的集散地,南京充满了革命精神,北京则是历代的帝都,也是艺术和悠闲之都。

接下来,对于杭州、南京,蒋先生又详加解说:

南京……是个必须从废墟上重建的城市。新都里充满着拆除旧屋,建筑新厦的精神。北京的人固然也憧憬着未来,他们却始终浸淫于旧日的光辉里,但是南京除了历史记忆之外,并无足资依赖的过去,一切都得从头做起。因此大家在思考、计划和工作,生活也跟着这些活动而显得紧张……空气永远是那么紧张,北京的悠闲精神无法在南京发荣滋长。

蒋先生书里讲的这个话,是就国民政

六和塔(摄于1921年前)

府定都南京以后所言。所以那时的南京，在蒋先生眼里就分外具有活力和朝气。那时蒋先生在做国民政府的教育部长。

对于杭州，蒋先生的印象是：

杭州……在古文化上，杭州有点像北京，因为它是"学人之省"的首府，但是缺少北京的雄伟。杭州像上海一样带点商业色彩，但是色调比较轻淡，同时因为没有洋主子存在，故有表现个性的自由。在改革和建设的精神上，它有点像南京，但是气魄较小。杭州究竟只是中国一省里的城市，北京和南京确是全国性的都市。

蒋先生还说：杭州最大的资产是西湖，杭州西湖不但饶山水之胜，而且使人联想到历代文人雅士的风流韵事，但是杭州的缺点也就在此，所以眼光也就局限于此。

所以接下来蒋先生写到："从南京传播过来的改革和建设的精神终于把杭州从沉醉中唤醒了。揉揉眼睛以后，它渐渐看出浙江省未来发展的远景以及它在重建中国的过程中所应担负的任务。"

蒋梦麟，1886年1月出生。1901年到杭州一所教会学习修习英文。1902年考入浙江高等学堂。1927年先后任国民党浙江临时政治会议委员兼秘书长、浙江教育厅长、第三中山大学区（浙江大学区）校长。1928年10月到南京任大学院院长，后为教育部长。1931年1月赴北京大学任校长。以上为蒋先生在宁杭两地主要学习、生活和工作的时期。

蒋先生对上世纪二三十年代杭州、南京的这些认识，我上世纪八十年代后半期从北京到杭州工作，游览南京，对南京和杭州的感觉，也几乎与数十年前蒋先生的认识相同。当时我也是觉得杭州温山软水，而南京的城市则气魄雄健。杭州的大学，缺少创造性的学术，眼界窄，胸襟小，缺少思想，而不及南京的大学的开放开阔，不及南京的大学有那么多的名士大家。杭州的大学，绝大部分是刚从中专升格上来的，而不及南京有那么多在大陆雄踞一流的大学。从中专升格到大学的学校，也未始没有办成为一所有思想有文化的大学的可能，譬如哈佛大学、卡内基-梅隆大学等等，创办之初也只是不成气候的"小学校"，即使能够颁发"博士"学位了，那时也还不入英、德等欧洲大学的法眼，而后来跻身世界一流——但这需要条件、机会和时间。

事实上，在上世纪二三十年代，杭州或浙江贡献给南京的大家名士，不在少数。而那时杭州的地区性而非全国性的都市格局，相对来说，出去的，比如到南京的，多于引进的，比如从南京引进的。这样的格局，自然也就局限了杭州的文化发展。

今天的杭州基本上还是一个商业大

《西潮·新潮》书影

业学生的地方。高等教育这是杭州至今还不能跟南京比的一个方面。

当然,今天的南京也遇到了文化和经济发展的"瓶颈",正如杭州的发展也有自己的"瓶颈"。

如果说蒋梦麟先生在杭州、南京学习、生活和工作时代,还主要是"现代化"问题,那么,今天全球化、国际化也使杭州、南京面临了新的挑战。

而新的机遇也可能在这里。

中国大陆几个较大的经济—文化圈子的形成,使城市之间合作发展的可能性增强。譬如长三角区域的各个层面的合作。历史上,宁杭两城之间,文化人的交流是很多的,他们都各自对宁杭文化作出了贡献。2013年春夏南京杭州高铁的开通,拉近了这两个省会城市的距离。这种交流或许也会更多更频繁。

影响一个城市或国家发展的几个主要因素是:文化(价值观)、体制、知识、资金。在这几个因素中,文化(价值观)是引领,体制是价值观落到实处的保障,知识和资金是两个推进的引擎——双引擎。

杭州、南京或许可以在这几个方面互为促进,建设新的有创造力的城市新文化,争取站到中国大陆城市新一轮发展的潮头。

城市,还谈不上高等教育和文化的大城市。杭州建了那么多的高教园区,但还没有引进一所全国乃至世界一流的大学来杭州办新校区,或合作建设中外合作大学,譬如中英合作大学(如西交利物浦大学),中美合作大学(如上海纽约大学)。这是杭州高等教育的极大的不足,这也是杭州的高等教育对不住杭州的优质高中毕

最忆是杭州

后记

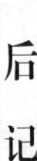

十多年前,孩子还小,双休日,我们全家通常会有一天用于游山玩水,然后选一家饭店大快朵颐。

后记

那些年里，孩子读小学，功课亦不紧张，湖山之胜，美食之享，真是快何如之。山外山、天外天、楼外楼、知味观、奎元馆、状元馆、刘庄……我们都一一去品尝过，有的店去过多次。但是当落笔写这本书时，在美食一项，却是颇费踌躇，想来想去，终于没有写出来。一则，味觉可体会却不易表达，再则，我们的传统的饮食名号，在经历了那些年的动荡之后，很多都已是属于"老店新开"。那些老店鼎盛时代，我们还未来到这个世上，所以那时候这些名店的滋味，我们是没有感性的经验的。不知古，无从比较今，也就无从对今天的美食有比较透彻的表述。所以思来想去，还是放弃了这一部分的内容。

收在这部书里的一些篇章，大体可分为风景、人物、心情三辑，涉及古今杭州的文化、文艺、教育、政治、社会和山水风光。也许这不是一册关于杭州的"百科全书"或"旅游指南"，但通过其中的一些个"点"的把握，我自信还是写出了杭州所可能含着的"底蕴"和它所可能具有的多方面的"品质"。这些表述，我自信还是比较有新意，有趣味，也有一些思想在里面的，而不是止于"炒冷饭"。在我们这个资讯高度发达的时代，想要搜寻杭州的历史资料，那是非常容易的事。所以我想做的还是温故知新，尽可能有一些新的材料和新的解读。如果这册小书能够给读者诸君游西湖游西溪游杭州助助兴，则笔者所愿足矣。

感谢南京师范大学出版社和王欲祥老友给我这个机会，让我对杭州的城市文化和城市文化建设借这一册书的撰写而能够有所表达。

自1987年7月大学毕业，至今20多年过去了，我得谢谢我的太太卢京英女士。我的孩子缘缘也先后由杭州行知幼儿园、杭州学军小学、杭州文澜中学、浙江大学附属中学，而在前年6月考入位于苏州独墅湖高等教育园区的西交利物浦大学（中英合作办学），攻读通信工程专业。我的两鬓也斑白了。我们将老去，衷心祝福我的孩子缘缘健康成长，学业有成。

2014年春节期间，我们家族为我父亲举行了八十寿辰的庆典。父亲母亲为家庭，为我和我孩子的成长，付出了多少心血啊。而今垂垂年迈，养育之恩，无以回报，衷心铭记。我在此深深祝愿我的父亲母亲健康长寿，快乐幸福！

周维强
2014年5月5日，立夏
杭州西溪风情花园寓所